全国革命老区县发展史丛书·广东卷

茂名市茂南区革命老区发展史

茂名市茂南区革命老区发展史编委会　编

SPM 南方出版传媒　广东人民出版社
·广州·

图书在版编目（CIP）数据

茂名市茂南区革命老区发展史／茂名市茂南区革命老区发展史编委
会编. —广州：广东人民出版社，2021.3
（全国革命老区县发展史丛书·广东卷）
ISBN 978-7-218-14618-8

Ⅰ．①茂…　Ⅱ．①茂…　Ⅲ．①茂名—地方史　Ⅳ．①K296.53

中国版本图书馆 CIP 数据核字（2020）第 231070 号

MAOMING SHI MAONAN QU GEMING LAOQU FAZHANSHI
茂名市茂南区革命老区发展史

茂名市茂南区革命老区发展史编委会　编　　版权所有　翻印必究

出 版 人：肖风华

责任编辑：王立东　帅梦娣
责任校对：窦兵兵
装帧设计：张力平等
责任技编：吴彦斌　周星奎

出版发行：广东人民出版社
地　　址：广州市海珠区新港西路 204 号 2 号楼（邮政编码：510300）
电　　话：（020）85716809（总编室）
传　　真：（020）85716872
网　　址：http://www.gdpph.com
印　　刷：广州市浩诚印刷有限公司
开　　本：715mm×995mm　1/16
印　　张：22.875　　插　页：6　　字　　数：300 千
版　　次：2021 年 3 月第 1 版
印　　次：2021 年 3 月第 1 次印刷
定　　价：88.00 元

如发现印装质量问题，影响阅读，请与出版社（020-85716808）联系调换。
售书热线：（020）85716826

广东省编纂《革命老区县发展史》丛书
指导小组

组　长：陈开枝（广东省老区建设促进会会长）

副组长：林华景（广东省老区建设促进会常务副会长）

　　　　宋宗约（广东省农业农村厅二级巡视员、广东省老区建设促进会副会长）

　　　　刘文炎（广东省老区建设促进会副会长）

　　　　郑木胜（广东省老区建设促进会副会长）

　　　　姚泽源（广东省老区建设促进会副会长兼秘书长）

　　　　谭世勋（广东省老区建设促进会副会长）

　　　　廖纪坤（广东省农业农村厅总经济师）

办公室

主　任：姚泽源（兼）

副主任：韦　浩（广东省农业农村厅扶贫协作与老区建设处处长）

　　　　柯绍华（广东省老区建设促进会副秘书长）

　　　　伍依丽（广东省老区建设促进会副秘书长）

茂名市茂南区革命老区发展史编纂委员会

在举国欢庆新中国成立 70 周年前夕，中国老区建设促进会王健会长请我为《全国革命老区县发展史》丛书作序，作为一名在老区战斗过并得到老区人民生死相助的老兵，回首往事，心潮澎湃，感慨万千，深感义不容辞，欣然应允。

中国革命老区，是以毛泽东为代表的中国共产党人在领导人民推翻帝国主义、封建主义和官僚资本主义三座大山，争取民族独立和人民解放伟大斗争中建立的革命根据地，在这片红色的土地上，诞生了无数可歌可泣的革命英雄儿女，为后人树起了一座不朽的丰碑，她是新中国的摇篮，是党和军队的根。

在艰苦卓绝的战争年代，老区人民把自己的命运与中华民族的命运紧紧地联系在一起，与中国共产党和人民军队的命运紧紧地联系在一起，他们生死相依，患难与共。我曾亲历过战争年代，并得到过老区红哥红嫂的救助，切身感受到发生在身边的一幕幕撼天动地的革命故事，在那极其艰难的条件下，老区人民倾其所有、破家支前，不怕艰难困苦，不怕流血牺牲。"最后一碗米送去做军粮，最后一尺布送去做军装，最后一件老棉袄盖在担架上，最后一个亲骨肉送去上战场"，这是当时伟大的老区人民为建立新中国做出巨大牺牲的真实写照，它将永远镌刻在中国共产党、中国人民解放军、中华人民共和国的历史丰碑上。他们的光辉业绩永载史册，他们的革命精神必将影响一代又一代的革命新人，造就一代又一代的民族脊梁。

在社会主义革命和建设时期，革命老区和老区人民响应党的号召，面对落后的面貌、脆弱的经济、恶劣的生态环境，他们本色不变，精神不丢，自力更生，艰苦奋斗，干一行爱一行。始终坚持"革命理想高于天"，自觉做共产主义远大理想的坚定信仰者和忠实实践者，勇于向恶劣的自然环境和贫穷落后宣战，他们在各条战线上为国建功立业，用平凡的双手创造了一个又一个不平凡的奇迹，彰显了老区人的崇高精神和人格力量。

在改革开放的伟大进程中，老区人民解放思想，勇于创新，发奋图强，攻坚克难，老区的经济社会建设取得了辉煌成就。特别是在改变中国的面貌、中华民族的面貌、中国人民的面貌、中国共产党的面貌的伟大实践中发挥了至关重要的作用。老区人民既是改革开放的参与者，也是改革开放的推动者。

艰苦练意志，危难见精神。老区人民在近百年的革命战争、社会主义建设和改革开放的伟大实践中，孕育形成了伟大的老区精神：爱党信党、坚定不移的理想信念；舍生忘死、无私奉献的博大胸怀；不屈不挠、敢于胜利的英雄气概；自强不息、艰苦奋斗的顽强斗志；求真务实、开拓创新的科学态度；鱼水情深、生死相依的光荣传统。这是党和人民宝贵的精神财富、丰厚的政治资源，是凝心聚力、振奋民族精神的重要法宝，也是社会主义核心价值观的重要内容。

中国老区建设促进会怀着强烈的政治责任感和历史使命感，组织全国各地老促会人员克服困难，尽心竭力编纂《全国革命老区县发展史》丛书，记录老区的光辉历史和辉煌成就，传承红色基因，弘扬老区精神，是功在当代、利及千秋的一件大事。手捧这部丛书的部分书稿，读着书中的故事，倍感亲切，深感这部丛书具有资政、育人、存史的社会功能，有着重要的时代和历史价值。它是不忘初心、牢记使命的源头活水，是赞颂共产党、讴歌老区人民的一部精品力作，是弘扬老区精神、传承红色记忆的丰厚载体，是一项继承优秀传统文化、弘扬革命文化、发展社会主义先进文化，坚定"四个自信"的宏大文化工程。它必将成为一种文化品牌，为各界人士了解老区宣传老区支持老区提供一部有价值的研究史料。希望读者朋友们能从中了解并牢记这些为党和民族的利益不断奉献的老区人民，从中得到教益，汲取人生奋斗的精神动力。

新时代赋予新使命，新起点开启新征程。让我们更加紧密地团结在以习近平同志为核心的党中央周围，坚持以习近平新时代中国特色社会主义思想为指导，增强"四个意识"，坚定"四个自信"，做到"两个维护"，弘扬老区精神，铭记苦难辉煌。为实现"两个一百年"奋斗目标，实现中华民族伟大复兴的中国梦作出新的更大的贡献！

遆治田

2019 年 4 月 11 日

　　2017 年 6 月，中国老区建设促进会组织全国各地老促会启动编纂《全国革命老区县发展史》丛书，按照"建立中国共产党、成立中华人民共和国、推进改革开放和中国特色社会主义事业"三大里程碑的历史脉络，系统书写革命老区百年历史，深入挖掘革命老区红色文化资源，这对于充实丰富中国革命史籍宝库、在新时代传承红色基因、弘扬革命精神、强固根本，对于激励人们在新的历史条件下夺取中国特色社会主义伟大胜利，实现中华民族伟大复兴的中国梦具有重要意义。

　　丛书编纂以习近平新时代中国特色社会主义思想为指导，以《中国共产党历史》《中国共产党的九十年》等重要文献为基本依据，以党的领导为核心，以老区人民为主体，以老区发展为主线，体现历史进程特征，突出时代发展特色，坚持辩证唯物主义和历史唯物主义相统一、历史真实性与内容可读性相统一的原则，书写革命老区从站起来、富起来到强起来的光辉革命史、不懈奋斗史、辉煌成就史，把老区人民的伟大贡献、伟大创造、伟大成就、伟大精神充分展示出来，形成一部具有厚重历史特征和鲜明时代特色的精品力作。这是一部培根铸魂、守正创新，既为历史立言，又为时代服务，字里行间流淌着红色血脉、催生着革命激情的传世之作。丛书的编纂出版将成为讴歌党讴歌人民讴歌时代、传播红色文化、为革命老区和老区人民树碑立传的重要载体。

丛书按照编年体与纪事本末体相结合、以编年体为主的编写体例确定框架结构；运用时经事纬、点面结合的方式记述史实；坚持人事结合、以事带人的原则处理人与事的关系；采取夹叙夹议、叙论结合以叙为主的方法展开内容。做到了史料与史论、历史与现实、政治与学术统一，文献性、学术性、知识性相兼容。

为编纂好《全国革命老区县发展史》丛书，打造红色文化品牌，中国老区建设促进会认真组织积极协调，提出政治立场鲜明、史料真实准确、思想论述深刻、历史维度厚重、时代特色突出、编写体例规范、篇目布局合理、审读把关严格、出版制作精良的编纂出版总要求，力求达到革命史籍精品的精神高度、思想深度、知识广度、语言力度，增强丛书的权威性和社会影响力。各省（区、市）、市（州、盟）、县（市、区、旗）老促会的同志，以强烈的使命感、责任感和紧迫感，勇于担当，积极作为，认真实施，组织由老促会成员、专家学者等参加的十余万人编纂队伍。编纂工作主体责任在县，省、市组织协调、有力指导、审读把关。各方面人员以高度负责的精神和科学严谨的态度，满腔热情地投入工作，为丛书编纂出版做出了重要贡献。丛书编纂工作还得到了党和国家有关部委、地方各级党委政府及有关部门的大力支持和积极参与，社会各界也给予了热情帮助。中共中央政治局原委员、中央军委原副主席、原国务委员兼国防部长迟浩田上将，对老区人民怀有深厚感情，对革命老区建设发展十分关注，欣然为《全国革命老区县发展史》丛书作总序。

丛书由总册和1599部分册（每个革命老区县编纂1部分册）组成，共1600册。鉴于丛书所记述的史实内容多、时间跨度长和编纂时间紧，不妥之处，敬请批评指正。

中国老区建设促进会

● 革命遗址、文物 ●

鳌头镇飞马革命烈士纪念碑

烧酒革命历史纪念馆

鳌头革命史迹展览馆

朱也赤纪念亭

朱也赤烈士之墓

茂电信武工队用过的木椅台桌等用具

革命烈士梁月等人用过的衣服遗物

朱也赤烈士使用
过的枕箱

飞马武工队队员用过的
交通灯、罗盘、药具等
物品

飞马武工队队员用
过的兵器

飞马武工队队员用过
的蓑衣、箱包等物品

朱也赤烈士使用过
的物品

● 工作剪影 ●

2019 年 1 月 19 日，茂名市委书记许志晖（右二）、茂南区委书记李相（右四）到茂南区镇盛镇老区调研

2018 年 3 月 30 日，茂名市委常委、组织部部长徐晓霞（右三），茂南区委书记李相（右四）到新坡镇老区车田村调研

1998年春，时任广东省老促会理事长罗天（左一）到茂南调研群众饮水问题

2018年7月17日，茂名市政协副主席、茂名市老促会会长罗明（左一），茂南区老促会会长彭国才（右二）深入茂南区金塘镇老区龙眼残园改造示范点调研

2008 年 5 月，时任茂名市老促会理事长邓刚（左三）在羊角镇横岭村委会与当地干部交谈改水事项

2016 年 9 月，茂南区山阁镇老区烧酒村大桥建成通车，茂名市老促会原会长邓刚、时任会长黄涛、茂南区老促会会长彭国才等领导前往祝贺

2019 年 7 月，茂名市、茂南区老促会有关领导深入金塘镇老区白土村调研并合影留念

2018 年 10 月，茂名市老促会时任会长黄涛（右一）、原会长邓刚（右二）到茂南区鳌头镇老区调研

2017 年 5 月 7 日，茂南区委书记李相（右一）到公馆镇老区油甘窝村与农户讨论未来如何利用露天矿生态公园的优势，发展观光农业

2019 年 9 月 10 日，茂南区委副书记、区长廖述毅（左二）到公馆镇老区旧村调研

2017年12月20日，时任茂南区委常委、组织部部长叶秀新（中）深入新坡镇老区关车村委会开展夜谈夜访活动，推动党员联系户工作进一步落实

2019年7月8日，茂南区老促会召开工作会议，制定有力措施，积极推动老区各项建设工作开展

● 老区新貌 ●

"鱼跃龙门"雕塑

新农村一景

金塘镇国家级万亩冬种
甜玉米创高产示范基地

鳌头镇省级圆椒标准化
生产基地

茂南区种鸽基地

茂南石化工业园

微信扫描二维码
您立即开展本书的
延伸阅读。

铭记历史，更能让我们守初心，担使命，开创未来。

茂南区为茂名市的政治经济文化中心，是茂名最早开展革命斗争活动的地区之一。

茂南人民勤劳、勇敢，富有光荣的革命传统。20 世纪初，黑暗统治笼罩中华大地，人民生活在水深火热之中。茂南一批进步青年为寻求革命真理和救国救民之道，奔赴广州等地求学，接受马列主义理论和进步思想，投身革命的洪流。1922 年，金塘镇白土村青年朱也赤参加中国社会主义青年团，成为全国首批团员，走上革命的道路。不久，朱也赤在广州加入中国共产党，并根据党组织的安排，回到南路领导茂名县（当时辖区含茂南和高州）的革命工作，点燃了革命的星星之火。1926 年 5 月，朱也赤建立茂名县党支部并任书记，掀起了轰轰烈烈的南路农民运动高潮。1927 年，朱也赤领导怀乡起义，打响了茂名地区武装斗争的第一枪。1928 年，在国民党反动政府的大肆围捕下，朱也赤等革命先烈壮烈牺牲，茂名县党组织遭受严重破坏。但革命之火已有燎原之势，为茂名地区革命斗争的最终胜利奠定了坚实的基础。

抗日战争时期，茂南人民积极开展抗日救亡运动，重建党组织，先后建立公馆、飞马、羊角、烧酒等党支部，开展统战工作，应对国民党反共逆流。同时，在各乡组建抗日游击小组，抓紧武装起义准备工作。1945 年，在烧酒、飞马等地举行抗日武装起义，建立抗日根据地，揭开了茂南武装斗争的新篇章。7月，组建南路人民抗日茂名大队，在大队长郑奎带领下，转战茂化廉遂敌后抗击日寇。在中国共产党的号召下，许多茂南志士毅然离乡背井，奔赴抗日第一线。他们不怕流血牺牲，宁死不屈，英勇杀敌，狠狠打击了日本侵略者的嚣张气焰，在伟大的抗日战争史上留下了茂南人光辉的一页。

解放战争时期，成立茂电信武工队。1946年5月，郑奎率武工队转战信宜，被敌人包围，慷慨就义。其后，茂电信武工队整编成茂电信独立连，成为抗击茂名县国民党反动军队的骨干力量。1947年4月，先后两次在鳌头箕仔岭、飞马与敌军正面激战，重挫敌军锐气。飞马等地的武工队机智勇敢，神出鬼没，屡创顽敌，令敌人焦头烂额，疲于奔命，游击区不断壮大。羊角、山阁等地武工队紧紧依靠群众，争取开明人士和进步保甲长支持，粉碎了敌人一次又一次的"清乡""围剿"。为支援茂名游击区的武装斗争，南路人民解放军主力部队东征西进，彻底打乱了茂名县反动军队的部署，茂名县迎来了革命胜利的曙光。

1949年10月，茂名县人民政府在金塘白土成立，发表《告茂名县各界人士书》，南下解放大军二野四兵团第十三军先头部队在副军长陈康率领下到达白土村。11月1日，白土升起茂名县第一面五星红旗。11月2日，第十三军从白土出发，雄赳赳气昂昂进入高州城，宣布茂名县解放，茂南人民欢呼雀跃，奔走相庆。

从20世纪20年代初到1949年中华人民共和国成立，茂南的英雄儿女前赴后继，舍生取义，数以百计的英烈献出了宝贵的生命。361个红色革命村庄的人民更是竭尽所能提供人力、物力、财力，为壮大革命力量，取得最后胜利，付出了巨大牺牲，作出了极大贡献。这些革命英雄经历了生与死的搏斗、战场与刑场的考验，铸造了信念坚定、爱党爱国、甘于奉献、艰苦奋斗、开拓进取的老区精神。新中国成立后，在中共中央、国务院和各级党委政府的关心、支持下，老区日新月异，发生了翻天覆地的变化。如今，90多年过去，烽火不再，而老区精神仍在这里生生不息，并激励着这块土地上的人们继续前行。

《茂名市茂南区革命老区发展史》以翔实的史料，完整地记录了茂南的革命斗争和发展史。对于广大党员、干部、群众特别是青少年正确认识茂南的革命历史，进一步传承红色基因，加强爱国主义教育，将起到重要的推动作用。

战鼓催春迎盛世，阔步前行路更宽。我们要以史为鉴，牢记全心全意为人民服务的根本宗旨，不忘初心，牢记使命，全力打造茂名"首善之区"，努力开创茂南更加美好的未来！

茂名市茂南区委书记　李相

1

第一章

区域和革命老区概况

第一节 区域基本情况

一、区域概况

茂南区位于茂名市政治经济文化中心，是茂名市党政机关所在地。茂南区辖 9 个镇、7 个街道办事处和 1 个开发试验区，分别是金塘镇、公馆镇、镇盛镇、鳌头镇、袂花镇、高山镇、新坡镇、山阁镇、羊角镇，河东街道办事处、河西街道办事处、红旗街道办事处、新华街道办事处、露天矿街道办事处、官渡街道办事处、站前街道办事处，茂南城郊经济开发试验区。其中羊角镇是在 2017 年 9 月 28 日由电白区划归茂南区管辖，有 22 个村委会，1 个社区居民委员会。2017 年全区共有 153 个村民委员会和 86 个社区居民委员会。

茂南区位于广东省西南部、茂名市南部，东毗电白区，南邻吴川，西接化州，北连高州。处于东经 110°44′～112°03′和北纬 21°28′～21°49′之间。区域总面积 587.78 平方千米。地处亚热带，属亚热带季风湿润气候，冬短夏长，阳光充足，全年平均日照时数 1900 小时，热量丰富，年均气温 23℃，雨量充沛，全年降雨量 1600 毫米。汛期 5—9 月，平均降雨量 1300 毫米，占全年降雨量 81%。有洪涝、寒露风、台风、干旱等气象灾害。

茂南区是鉴江平原的一部分，地貌属于台地平原。地势平缓，北部、中部油页岩为低丘，南部为河漫滩平原。位于羊角镇东北面的马头岭，海拔 218 米，为境内最高点。西北是低丘台地，东南为平原。岩层有凝灰岩、砂岩、砾岩、油页岩、片麻岩和零星的花岗岩。土壤主要由浅海沉积物、沙页岩和河流沉积发育而成，主要土类是水稻土和砖红壤。

2017 年，茂南区户籍人口 104.82 万人，其中男性 55.04 万人，女性 49.78 万人（含羊角 16.29 万人，其中男性 8.64 万人，女性 7.65 万人）。全区共 26.59 万户。2017 年末全区常住人口 100.12 万人（含羊角 13.72 万人），其中老区人口约 21 万人。人口平均密度 1732 人/平方千米。在常住人口中，当年出生 14878 人，人口出生率 15.71‰，人口自然增长率 10.12‰。

茂南区的方言主要有白话、雷州话和少部分客家方言。白话是粤方言的次方言，是茂南区分布最广、使用最多的方言，分布面积约占全区面积的 70%，是约 78.6 万人（占全区总人口的 75%）的母话。雷话（当地称黎话，当地"雷""黎"谐音，与黎族无关）使用人口约 21 万人，约占全区总人口的 20%，集中分布在袂花江流域与电白区交界的鳌头镇、袂花镇和羊角镇。客家话主要分布在羊角镇，使用人口约 0.7 万人。

茂南区除盛产稻谷、番薯、花生之外，还盛产荔枝、龙眼、香蕉、芒果等岭南佳果，是甜玉米、圆椒、玉豆等经济作物种植和精深加工的主要产地，罗非鱼繁养殖业发达，是全国最大的罗非鱼种苗繁殖基地。全区土地总面积 58778 公顷，北部、中部油页岩低丘占土地总面积的 22%。流经茂南区的河流有袂花江、梅江、白沙河、小东江。境内河流长度 80 千米，河流水量丰富，有利于农业生产发展。

茂南区已探明自然资源 7 种，分别为高岭土、油页岩、煤、黏土、河沙、矿泉水、黑泥。其中有丰富的油母页岩，可供开采量 51 亿吨。高岭土储量 8 亿吨，质量上乘，是全国高岭土精选加工基地及造纸涂料的主要供应基地,砖泥可供开采量达7502万立方米,沙可供开采量589万立方米,石可供开采量2690立方米。矿山分布于金塘、公馆、新坡、山阁、羊角等镇境内。茂南区森林植物种类繁多,主要树种有桉、松等,常见珍贵树种有桃花心、赤藜、红车、白木香等,还有毒箭木、香樟等国家二级保护植物。区内有广东茂名森林公园(国家4A级旅游景区)、灵惠寺等一批旅游资源。

二、区域及名称沿革

据史料记载,今茂南地区远在秦汉朝代前,已有先民生息繁衍。

茂南这片土地,秦代属于南海郡地。西汉时,设立高凉县,属于合浦郡高凉县地。东汉时分合浦郡置高凉郡,属于高凉郡地。三国时属吴国高凉郡高凉县地。东晋时属高凉郡地。西晋至东晋,当时在高凉地区有一位名医叫潘茂名,于东西山采药筑城,乡民受益。南北朝时期,梁中大通元年(529年)置高州,陈朝置高州高凉郡,又置高州南巴郡,今茂南属南巴郡地。隋朝将州郡县三级改为州县二级。隋文帝时,因民众广为传扬潘茂名的业绩,于开皇十八年(598年)新设置茂名县,今茂南属高凉郡茂名县地。

南北朝、隋朝时,今茂南一带也是冼夫人主要活动地区。唐贞观八年(634年)将南宕州更名潘州,州治所在茂名,领茂名、潘水、南巴三县,今茂南属潘水县地(部分属南巴县)。五代十国时期,后梁开平元年(907年),茂名县更名越裳县,龙德三年(923年)复名茂名县。北宋开宝五年(972年),废潘州,潘水、南巴两县并入茂名县,今茂南属茂名县地,后略有变动。熙宁四年(1071年),并窦州入高州,领茂名、电白、信宜三县,属广南西路，今茂南属高州茂名县地。元至元十七年（1280年）高州改名为高州路安抚司，大德八年（1304年）高州路治所由电白县（今长坡）迁茂名县（今高州城）。明洪武元年（1368年），高州路改高州府。洪武十四年（1381年），高州府领茂名、电白、信宜和化州原辖县吴川、廉江。清顺治四年（1647年）高州府属于高雷阳道，领化州和茂名、电白、信宜、吴川、廉江一州五县，府治在茂名县高州城。

明清两朝，茂名为粤西第一大县，今茂南属茂名县地。中华民国时期，撤高州府，1936年省设置的省第七区领辖八县一局的机构常驻茂名县城（1947年改为省第八区辖七县一局），今茂南区属茂名县南部的二区、五区和后改的乡（镇）。

中华民国时期，茂名县为广东省为数不多的一等县。辖今高州市、茂南区、吴川市区及化州市、电白县各小部分。1941年全县共五区四十六乡，1949年共五区四十四乡。

中华人民共和国成立后，茂名县先后属南路专区、高雷专区、粤西行政区、湛江专区，今茂南属这些地区的茂名县地。1950年共八区四十三乡，1953年共二十一区二百六十一乡。1958年8月26日国务院批准成立茂名工矿区市，1959年5月9日成立茂名市，茂名县南部的公馆、袂花、金塘、新坡、高山、鳌头、镇盛、山阁等镇先后划归茂名市。1983年实行市管县体制，1985年建置茂南区（管辖原茂名市所辖的地方，含公馆、袂花、金塘、新坡、高山、鳌头、镇盛、山阁等镇），属茂名市辖区。2017年9月28日，茂名市电白区羊角镇正式划归茂南区管辖。

茂南区各镇（现城区各街道大部分位于茂名建市时的新坡镇范围）行政区域多有变化。

三、区位优势

在茂名市着力打造粤西重要交通枢纽的机遇下，茂南作为中心城区抢抓机遇大兴交通，在高速公路、铁路、城市快速路等多个交通领域都取得较好成绩。打通了一批市政道路，对外交通也不断完善，与周边区、县级市基本形成了半小时生活圈。在茂南辖区内有沈海、汕湛、包茂高速公路和广茂铁路、茂河铁路、深茂高铁等便利的陆路交通网络。同时，从茂南到在建的粤西国际机场仅 45 千米。

日臻完善、四通八达的交通网络，为茂南乘势而上、赢得新发展提供了最有力的支撑。同时，茂名还纳入北部湾城市群发展规划，将承接国家在政策层面给予北部湾地区的大力支持。而国家、省陆续作出缩小粤东粤西粤北与珠三角发展差距、把粤东西两翼沿海地区打造成新的增长极、建设沿海经济带等重要部署，地处粤西腹地的茂南，必将迎来崭新的发展机遇，使区位优势得到进一步释放。

茂南区确立了"五园五区"的发展格局，河东、河西片区发展成熟，各种商贸配套较为完善，羊角、站南、西城片区开发建设日新月异。产业发展方面，在已有的茂南石化工业园、茂南产业转移工业园、中科云粤西产业园的基础上，2018 年又新建高岭土产业园、南方国际汽车产业园，这些区域都是茂南未来的重要增长极。

而随着"五园五区"的不断发展，茂南区在产业、城建方面的承载能力也越来越强，发展的潜力也越来越大。茂南大力配合茂名市竞演央视魅力中国城，并大力推进创建全国文明城市、国家卫生城市工作，其城市品牌、城市影响力也得到了前所未有的提升。

四、资源优势

（一）发挥高岭土资源优势

茂南区是全国著名的高岭土精选加工基地及造纸涂料的主要供应基地，区内高岭土资源丰富，原矿白度高、质量好，含量和品位居全国前列，是国内能生产达到国外先进水平的纸张涂料高岭土生产基地。

20世纪80年代中期，茂名市探明了一条东起茂南羊角大同、西至化州连界，长43千米、宽16千米的大型优质高岭土矿床带。经地质部门初步预测，区内高岭土矿产资源总量（保有储量＋预测储量）为8.06亿吨，黏土量1.68亿吨（均不含禁采区）。还有可综合利用的黏土岩矿（贮存在砂质高岭土矿矿层间的黏土岩矿，可生产填料级产品）矿石量2.05亿吨，黏土量102亿吨；与高岭土矿伴生的石英砂储量达4.2亿吨以上。茂南高岭土储量居于全国前列，仅次于世界最大的美国佐治亚矿带。

茂南高岭土原矿矿石松散，主要矿物组成为：高岭石50%～80%，长石5%～20%，石英10%～30%。几种重要的化学成分为：氧化铝的含量27%～34%，二氧化硅的含量50%～60%，氧化铁的含量0.5%～1.5%，二氧化钛的含量0.3%～0.5%。自然白度为60～80度，精选白度为80～90度。淘洗率为25%～35%，淘洗后小于2微米级含量达80%～97%。黏浓度达70%以上。高岭土矿大

高岭土矿区

部分是分散的单片状，并有发育良好的六边形晶体结构，具有含率高、结晶好、粒度细、纯度高、白度高、黏度低等特点，质量优于苏州土以及英国SPS土，是最适合制造高级铜版纸的原料。

根据广东省地质矿产局704地质大队1986—1999年先后取得的十余份地质勘查资料，茂南高岭土矿贮存于第三纪茂名盆地内，主要分两类：一类以沉积岩风化残积型矿藏为主，因富含石英砂，故称为砂质高岭土地。另一类高岭土是花岗岩、混合岩、伟晶岩风化壳型（简称风化壳型）。茂名盆地高岭土的发现，结束了外国专家认为中国境内没有大面积的"标准高岭""二次高岭"的说法。1986年，广东省地矿局704地质大队连续勘探后的结论是"茂名高岭土矿床是国内罕见的、特大型的优质高岭土矿藏"。1989年，轻工业部造纸研究所预言：茂南山阁高岭土的发现，开始了中国造纸涂布高岭土的新纪元。随后的几年，茂名掀起了一股高岭土开发热，并很快成为中国纸张涂料高岭土的重要原料基地。国家科委在有关文件中指出：全国造纸厂使用的高岭土，已有80%以上来自茂名矿区。据有关资料，2014年全国涂布加工厂使用的高岭土仍有70%以上来自茂名矿区（属茂南辖区），茂南已成为中国纸张涂布高岭土的主要生产基地。

茂南高岭土的大规模开发利用始于20世纪80年代中后期。因其在质量、数量方面独具优势，且具有矿产分布集中、矿体厚度大、埋藏浅、适宜露天开采等特点，吸引了不少厂家进来开采。

随着中国造纸工业在"八五""九五"期间的迅猛发展，相应对高岭土提出了较高的质量要求，包括细度、白度、黏浓度、磨耗值等。通过造纸和高岭土两大行业的共同努力、技术攻关，茂名已被确认为国内高档造纸所用高岭土的主要生产基地，同时也推动了高岭土生产技术的全面发展。

（二）发挥罗非鱼产业优势

茂南区气温适宜、水源充足、水质优良，非常适合罗非鱼养殖，区内金塘、公馆、高山、新坡、鳌头、镇盛等 6 个镇被列入茂名罗非鱼"金三角"产业基地，公馆镇同时被誉为"罗非鱼专业镇"，是茂名市罗非鱼"金三角"产业基地的核心，成为茂名市"中国罗非鱼之都"重要核心组成部分。茂南区采取以龙头企业带动养殖户发展新模式，推广罗非鱼养殖规模化、标准化、产业化，促进罗非鱼产品优质优价。全区已建成罗非鱼健康养殖示范场 8 家，获得国家无公害产地、无公害产品认证 10 个。经省农业厅组织专家实地核查、资料评审、候选名单公示后，茂南区罗非鱼成功进入申报 2018 年第二批省级现代农业产业园名单。

2018 年，茂南区罗非鱼产业生产企业中有 5 家省级龙头企业，6 家市级龙头企业。经过多年的发展，茂南区罗非鱼产业链日趋完善，形成饲料生产、种苗培育、标准化养殖、产品加工一条龙较完整的产业链，产品"游"出国门，全区已建成罗非鱼产业四大生产基地：

罗非鱼饲料生产基地。主要分布在该区公馆镇、金塘镇。2018 年，该区罗非鱼饲料生产企业有 33 家，其中有省级龙头企业 3 家、市级龙头企业 1 家，2 家上市公司进驻该区，2017 年年总生产能力 180 万吨，是粤西地区饲料加工生产基地。

罗非鱼种苗生产基地。面积 5600 多亩，年产优质罗非鱼种苗 7 亿尾，是广东省乃至中国规模最大、质量最优的罗非鱼良种生产基地。种苗繁育集中在公馆镇，2018 年，该区拥有 1 个国家级罗非鱼良种场和 1 个省级罗非鱼良种场。这两家良种场被评为首批全国现代渔业种业示范场。其中茂名市伟业罗非鱼良种场的新型杂交种吉奥罗非鱼被审定为全国水产新品种（全国首例），"简伟业"牌吉奥罗非鱼苗是广东省十大名牌产品之一，成为广东名鱼。

罗非鱼商品鱼生产基地。面积4万多亩，主要集中在公馆镇、金塘镇和山阁镇。2017年年产优质罗非鱼商品鱼3.1万吨，"简伟业"牌吉奥罗非鱼和"三高奥雄"牌奥尼罗非鱼是广东省名牌产品。

罗非鱼出口加工基地。2017年该区水产品加工年产量5.3万吨，其中罗非鱼加工量4万吨，该区的加工企业集中在金塘镇。而该区最大的罗非鱼加工企业是茂名市金诚冷冻食品有限公司，该公司是省级龙头企业，旗下拥有两家子公司，公司推行"企业＋基地＋农民"的产业化经营模式，由公司提供饲料、种苗、技术给养殖户，再回购养殖户的罗非鱼进行加工出口。

2018年，广东省政府决定拿出25亿元支持全省创建50个省级现代农业产业园。由于茂南区的罗非鱼产业链发展较为完善，从饲料生产、种苗培育、淡水养殖、罗非鱼切片出口、罗非鱼深加工都有一定的规模，因此，茂南区主动作为，在茂名市的统筹协调下形成各方合力，积极创建茂南罗非鱼现代农业产业园，进一步提高茂南区罗非鱼产业经济的核心竞争力。茂南区罗非鱼产业园范围涵盖茂南区公馆镇、金塘镇和山阁镇，规划建设三个核心区，养殖核心区设在金塘镇文林水库，融合乡村旅游。饲料生产和种苗培育核心区设在公馆镇，加工和物流核心区设在金塘镇和山阁镇。

（三）依托茂名石化基地优势

新中国为了解决"贫油"困境，在以茂南境为中心的茂名地区启动了油页岩开采炼油。据地质学家考证，茂名油页岩矿形成约距今6000万年。茂名油页岩露天矿东南起于茂南羊角禾塘岭，西北止于化州连界圩。矿山走向延长50多千米，自东往西分羊角、新圩、金塘、低山、石鼓、沙田 6 个矿区，历时三年对 500 多平方千米矿层的勘探，证明茂名油页岩储量达 51 亿吨，矿层平均厚度 15 米，最厚达 100 米，适宜大型露天开采。以年产 100 万吨原油计算，茂名油页岩可以开采 100 年。从 1961 年投产至 1993 年，茂名油页岩基地由于企业转为全力发展石油化工加工而停产，累计开采油页岩矿 1 亿多吨，生产页岩原油 292 万吨。

茂名石化已成为一家以炼油为龙头，石油化工为主体的大型炼化一体化企业，是中国首家达到千万吨级的炼油厂，也是中国最大的石油化工生产基地之一。炼油综合配套加工能力达到 2000 万吨/年，乙烯生产能力达到 110 万吨/年，同时拥有动力、港口、铁路运输、原油和成品油输送管道以及 30 万吨级单点系泊海上原油接卸系统等较完善的配套系统。

茂名石化

茂南区充分发挥茂名石化的资源优势，毗邻而建茂南石化工业园，发展迅猛，将打造成为省级工业园区。茂南石化工业园是做大主导产业的重要平台。该园区占地约 7300 亩，首期 1500 亩土地已全部进驻项目，二期 1000 亩土地正在开发建设。该园区以发展精细化工及石化产业为主体，依托炼油厂资源优势，可发展石油化工产业链中的中游、下游产品项目。园区已成功引入实华东油、华粤华信、顺和石化等大型企业，并能根据企业的发展需求，量身打造"小园区"，拉长石化产业链。

革命老区情况

一、革命老区镇简况

茂南区革命老区镇共有两个：山阁镇、羊角镇。

老区山阁镇位于茂南区东北部，距离茂名市中心 7 千米，东南与羊角镇为邻，西南与新坡镇相接，西北与金塘镇相连，东北与高州市分界镇、金山开发区接壤。1941 年属茂名县第二区，1953 年属茂名县第五区，1956 年属茂名县分界区，1958 年茂名县改高州县，属高州县分界公社，1961 年成立山阁公社，1963 年归属分界公社，1979 年 2 月经国务院批准划属茂名市郊，同年 5 月建立山阁公社，1983 年改为区，1985 年建置茂南区，属茂南区，1987 年改为镇。2018 年，辖 10 个村委会、1 个社区居委会和 107 个自然村，其中老区村庄有 28 个。

老区羊角镇古有一棵羊角扭（拗）树，明代形成羊角圩。镇因圩名，1987 年建羊角镇，隶属于电白县。2001 年 1 月 22 日，经国务院批准，从电白县中划出南海镇等 6 镇设立茂名市茂港区，羊角镇隶之。2014 年 2 月 17 日，国务院批准茂港区和电白县合并设立电白区，羊角镇归属电白区管辖。2017 年 9 月 18 日，经广东省民政厅批复，同意将茂名市电白区羊角镇划归茂南区管辖。羊角镇属广东省中心镇之一，位于茂南区东郊，西南与山阁镇、茂名市区相连，东与电白区霞洞镇、林头镇接壤，南与电白区坡心镇交界，北面与全国水果之乡高州市分界镇、根子镇毗邻。下辖22个村委会和1个居委会，344个自然村，其中老区村庄182个。

二、革命老区村庄简况

茂南区现有革命老区村庄361个，其中第二次国内革命战争时期老区村庄7个，抗日战争时期老区村庄85个，解放战争时期老区村庄269个（凡不作标明的均属解放战争时期老区村庄）。

【金塘镇】老区村庄21个

白土村委会7个：迳谷岭、方田屋、大村（现为村头）、新村、沉陂圩、石头屋、村尾（均属第二次国内革命战争时期）

民主村委会4个：上新坡、下新坡、富地坡、灯园

五联村委会3个：三丫塱、毛屋、立竹山（原勒竹山村）

南塘村委会2个：新村、旧村

文林村委会4个：文林大村、田头屋、茂东坡、禾塘岭（后面3个从文林大村分出）

桥东村委会1个：田头屋

【公馆镇】老区村庄22个

旧村村委会6个：木头塘、益智山、坡脊（以上属抗日战争时期），马鞍岭、地福村、朱砂岭

艾屋村委会3个：艾屋、陈福地、勒古窝（原勒股窝村）

造腾村委会2个：新塘、油桁屋

油甘窝村委会5个：林底、大坡、广西、峒心墩、禾塘岭

东华岭村委会1个：东华岭

竹仔岭村委会5个：竹仔岭、吐花山、军路、大园山、大墩

【鳌头镇】老区村庄56个

飞马一村委会 4 个：大村（现划入东村、西村、中南村、南村）、上六扇车、下六扇车（原属大村，现划入六扇车村）、姓胡村（现划入东村）（均属抗日战争时期）

飞马二村委会 8 个：婆迷（现为同四村）、大坡、大塘边（现划入大同村）、大同、上乙斗、下乙斗（原郁斗村）、张村、新安（以上均属抗日战争时期）

飞马三村委会 6 个：飞马北（现为北头村）、新圩、筒仔车、双湖、良扇车（以上原属大村）、渡头（以上均属抗日战争时期）

文蓬村委会 5 个：上文扬、下文扬（原属田洋村）（以上均属抗日战争时期），文蓬、忠保、桃子（从文蓬村分出）

潮利村委会 3 个：后村、车头、东沟

民庆村委会 2 个：新村仔、当群岭（从新村仔村分出）

腾蛟村委会 4 个：下腾蛟、新兴、沟仔边、田头屋（从沟仔边村分出）

塘札村委会 2 个：关屋、隔海车

林道村委会 3 个：林道、旺家山（从林道村分出）、下袂蓬（从文蓬村分出）

塘边村委会 3 个：塘边、红坎、埠头

北淦村委会 3 个：下北淦、埇尾、田头屋

文运村委会 12 个：文运、车田仔、和星（从车田仔村分出）、塘尾岭、马路头、苏文（从马路头村分出）、那陂扂、大龙尾、马路尾、边垌尾、下文运、石盘塘

彰教山村委会 1 个：旺基坡

【镇盛镇】老区村庄 10 个

彭村村委会 1 个：彭村

竹山村委会 3 个：竹山、龙面坡、新屋

茂山村委会 1 个：平垌（含碑岭）

环江村委会 3 个：下车、古梁（原梁屋村，现属环一组、环二组）、元岭

联唐村委会 2 个：联唐、梁屋山（原梁屋村）

【袂花镇】老区村庄 7 个

北斗村委会 5 个：上北斗、下北斗、新村（以上原属北斗村，均属抗日战争时期），上黄、下黄（以上原属黄屋村）

荔枝车村委会 2 个：荔枝车（属抗日战争时期），板排

【山阁镇】老区村庄 28 个

烧酒村委会 3 个：龙底（原隆底村）、秀主（原秀友村）、扶南（原芙南岭村）（均属抗日战争时期）

合益村委会 2 个：佳山、平田（均属抗日战争时期）

那际村委会 7 个：上那、中那、下那、龙山坡（以上均属抗日战争时期），树森渡、大圳口、车田屋

山阁村委会 3 个：酒铺、山脚、元屋岭

禄村村委会 2 个：禄村、南坑（从禄村分出）

高车村委会 5 个：高车头、大碰、黄坭车、大塘埯、增红

霞池村委会 3 个：上白花林、下白花林、谭窝

金塘岭村委会 3 个：大榕山、新陂、山塘尾

【新坡镇】老区村庄 18 个

合水村委会 8 个：合水、果子园、东利、新屋、高地、郁芬、里八、新村（东利、新屋、高地、郁芬、里八、新村从果子园村分出）（以上均属抗日战争时期）

文冲口村委会 4 个：文冲口、文安、捉鱼坡（后并入烧酒坡）、烧酒坡

车田村委会 3 个：车田、岭仔、北斗

关车村委会 3 个：关塘、沙车、加鸟山

【高山镇】老区村庄 9 个

章福村委会 2 个：车头屋、品盛（从车头屋村分出）（以上均属抗日战争时期）

文秀村委会 4 个：文秀、新福（从文秀村分出）（以上均属抗日战争时期），转位、长山坡（现为下长）

坡头村委会 3 个：坡头（属抗日战争时期），刘屋、道公（从刘屋村分出）

【官渡街道办】老区村庄 10 个

石鳌塘居委会 5 个：石鳌塘、庙山下、后背坡、铺仔岭、坡塘

南庄居委会 4 个：崩塘、双山田、新塘仔、猪肚陂（原猪肚陂村）

石磋居委会 1 个：石磋

【羊角镇】老区村庄 180 个

南香村委会 21 个：陂仔、大园（原属陂仔村）、大田头、文才（原书房村）（以上均属抗日战争时期），牛岗路、南香、新屋仔、南香塘、陂面、厚禄陂、石界冲、禄陂、父子塘、朱仔凌、田头屋、倪屋、鸡园、坡塘、麻雀、潭罗陂、新塘仔

青山村委会 18 个：木头塘、白银沟、下那邹、上那邹、牛岗路、黄竹头、上沙园、下沙园、水鸭塘、黄田仔（现为黄佛子）、青泉、坡仔、大园、河面、白石洞、雷加坑、根基坑、三石

石曹村委会 22 个：沙田坡、福地角（原属沙田坡村）、黄塘窭、上宾塘（原属黄塘窭村）、大塘边（以上均属抗日战争时期），铺仔岭、走马山西、石曹岭、架口塘、走马山东、黑石岭、六寮角、桂章岭、金煲、白牛脚、窭口、坑仔塘、长湖窭、望天塘、石曹、屋地岭、水牛埇

爱群村委会 23 个：灶香、石仔地（原属灶香村）、凰渐（现

为黄渐）、大村、车田屋、沙园、邓屋底（以上原属凰渐村）、高坡顶（以上均属抗日战争时期），水门、路车河、沙古墩、交椅岭、塘博窟、坎沙树、军窟、九尾垌、上坡、黄泥屯、新建、油桁屋、路车坡、埗塘（现为碰塘）、山尾

罗浮村委会15个：油麻坡、雍菜园（原属油麻坡村）（以上均属抗日战争时期），坡边、黄村、集莺、桥头、石龙头、长山阁、碧桥、打砖塘、旧村、长山、树标岭、径下、河屋瑯

禄段村委会15个：乌泥、妙义（原属乌泥村）、上水牛坡、下水牛坡（原属水牛坡村）（以上均属抗日战争时期），上泗水、下泗水、金竹山、丝茅田、丰塘、石桥、松柏岭、西瓜地、沙墩、后中坡、后背塘

共同村委会11个：大中、山尾、大王斜、田心、南华、苦草、百叶车、三顶车、黄坭塘、竹仔角、门口坡

大同村委会10个：樟木坑、大塘尾、洞心、黄坭田、上白肚、下白肚、九眼塘、大村、酒铺、高博头

柏屋村委会6个：新园、旱塘、三步坎、增良、十八岭、泉水窟

新城村委会7个：林屋、镇隆（原属林屋村）（以上均属抗日战争时期），黄屋、格坑、上白牛脚、柑木冲、车仔

来龙村委会5个：上西冲、方园、公山、牛屎堆、来龙

坡仔村委会3个：下坡仔、文行、上坡仔

山和村委会6个：山和、坎头山、水鸡塘（原属山和村）（以上均属抗日战争时期），旧营、路边园、深水田

竹营村委会2个：田头屋、牛江塘（现为罗江）

横岭村委会4个：佛子窟、横岭（原属佛子窟村）（以上均属抗日战争时期），长山、窟尾

田心村委会8个：田心、秧地头（原属田心村）、田头屋、

山斜（原属田头屋村）、山口、沙塘琅（原属那际村）（以上均属抗日战争时期），大坡、山口墩

黎明村委会 2 个：上清湖、朱堡堀

上庵村委会 1 个：山贝

杨屋村委会 1 个：河尾氹

第二章

大革命时期和土地革命战争时期

第一节 大革命时期

　　大革命时期（1924—1927 年），是中国共产党和国民党合作领导下的以反对帝国主义和北洋军阀的战争时期。以国共合作的统一战线为基础，至 1927 年 4 月 12 日蒋介石发动四一二反革命政变，大革命以失败而告终。茂电信化四县境内（即今茂名市所辖，其中茂名县主体包括今茂南区、高州市，茂南属原茂名县南部的二区、五区和后改的乡镇）一批在外求学的进步青年，接受先进思想，学习马克思主义理论，寻求救国救民真理，有的加入了早期中国共产党组织和其他进步组织。据文献记载，茂名地区最早参加中国共产党的是彭中英，他于 1923 年 4 月在巴黎加入中国共产党早期组织，1925 年由朱德带领到莫斯科学习，1926 年奉命回国，曾任南路特委书记。第一个参加社会主义青年团的是朱也赤，于 1922 年入团，1925 年参加中国共产党。在此之后，茂名县、电白县、信宜县、化县的进步青年先后在广州加入中国共产党早期组织，并陆续被派回茂电信化四县创建党的组织，开展农民运动。他们是茂名地区第一批中国共产党党员，是党在茂名地区播下的第一批革命种子。在他们的宣传、组织、策划下，茂电信化各地的党支部相继成立。党支部认真贯彻、执行上级党组织的政治路线、思想路线和组织路线，积极宣传马克思主义和中国共产党宗旨，扩大、发展党组织，壮大革命力量，开展农民革命运动，打击农村封建势力、地主、恶霸和土豪劣绅，农民运动风起云涌，轰轰烈烈。

一、在党的领导下革命斗争向前发展

20 世纪 20 年代的中国是半殖民地半封建社会，外受帝国主义列强的掠夺、瓜分，内受军阀割据的战乱和地主的残酷压迫、剥削，地痞土匪狼狈为奸，抢劫乡民，加上役税繁杂，茂名县人民过着非人的悲惨生活，苦不堪言。

茂名县人民生活在水深火热之中，时刻渴望改变黑暗社会现状和艰难困苦生活。有识之士目睹民不聊生的社会现实，痛心疾首，千方百计寻求救国救民之道。茂名县的一批进步青年，为寻求救国救民真理，奔赴外地求学，接受马列主义理论和进步思想。1919 年秋，茂名县青年朱也赤（茂南区金塘镇白土村人）考入广东高等师范学校读书，广东省党组织创建人谭平山在该校任教，朱也赤积极投身爱国运动，广泛阅读进步书籍，认真学习马列主义理论，树立了共产主义信仰。1922 年 5 月，朱也赤参加了中国社会主义青年团，走上了革命道路，不久在广州加入中国共产党。在广州读书的青年杨绍栋（茂南区袂花镇锦堂村人）也参加了革命，成为茂南的首批共产党员。

1921 年 7 月，中国共产党诞生。1923 年 6 月，中共三大在广州召开，制定了国共合作路线。1924 年 1 月，国民党第一次全国代表大会在广州举行，通过了《中国国民党第一次全国代表大会宣言》，接受中共反帝反封建的民主革命纲领，重新解释三民主义，确定"联俄、联共、扶助农工"三大政策。国民党一大后，成立国民党中央党部农民部，共产党人在其中起主导作用。农民运动特派员中，大部分是共产党员。朱也赤在广州也以中共党员身份加入中国国民党。自此，国共合作的统一战线正式形成，国民革命运动在全国迅速发展。

1925 年 1 月，中共广东区委健全所属办事机构，加强工农革命运动的领导。11 月，国民革命军南征，攻克茂名县城邓本殷"八属行署"，光复南路。根据中共广东区委安排，朱也赤领导茂名县革命工作。1926 年初，杨绍栋也被安排回茂名县开展革命工作。

朱也赤领导国民党茂名县党部筹备处工作，1926 年 1 月，茂名县党部成立，朱也赤被选为执委兼负责青年工作，毛次奇任干事兼负责组织工作；县以下的区也相继成立国民党区分部。中共党员深入农村，牢牢掌握了国民党县、区分部的党权。这些由进步力量掌握的区分部，对推动农民运动的开展，起了积极作用。

为了更好指导各地农民运动，1926 年 1 月，广东省农民协会执行委员会将全省划为西江、南路、潮梅海陆丰、北江、中路、琼崖、惠州 7 个地区，除中路地区由省农会直接指挥之外，其余地区设立 6 个办事处，分别任命各小事处主任。3 月，广东省农民协会南路办事处在梅菉正式成立，中共广东区委任命黄学增为南路特派员兼任办事处主任、韩盈任书记、梁本荣任委员、朱也赤任总干事。

省农民协会南路办事处积极开展发展党员、培训干部、筹建党组织等各项工作。在中共南路特派员黄学增的领导和组织策划下，南路各县先后建立了一批县级党支部或成立党的县委会。南路办事处宣传和推广各地农民运动的情况及经验，拉开了茂电信化农民运动蓬勃发展的帷幕。

二、传播革命火种

朱也赤在广州读书的几年间，每年寒暑假回乡之时，都带回进步书籍，邀请家乡知心朋友、亲戚、同学座谈，介绍进步书刊内容，讲解马列主义理论和无产阶级革命学说。有一次朱也赤还带回小型幻灯机，自编革命斗争的幻灯影片，在自家门前地坪放映。他边放映边解说片中画面，揭露地主资本家为富不仁的真面目，为贫苦百姓说话。乡亲们看得目不转睛，地主们听得心惊胆战。

1925 年 11 月 19 日，朱也赤随国民军南征，讨伐军阀邓本殷，攻克高州城后，被党组织部署在家乡工作。他换上竹笠布鞋，自带咸菜粮食，到茂名县各地的农民、工人、学生中去，教唱《农民苦》《农会歌》《国民革命歌》，并以自编自演木偶戏、话剧，放电影、幻灯片，讲演，派送革命书刊等方式宣传共产党政策主张，唤醒民众革命觉悟。

朱也赤、杨绍栋等中共党员与茂名县在外求学的革命青年，还积极购买《向导》《新青年》《少年先锋》《共产主义问答》《中国农民》等大批进步书刊，源源不断带回给家乡的中小学校。这些书刊先在学校传阅，再通过学生流传到千家万户，使在漫漫长夜中苦苦求索的劳苦大众，看到了希望的曙光。

1926 年 1 月后，朱也赤多次在高州城圣殿坡召开民众大会，向工人、居民、学生宣传国民革命，介绍农民运动情况，还通过县学生联合会，组织鼓励青年学生下乡发动农民、工人、商人等各阶层人民投身国民革命，支持农民运动。

朱也赤、杨绍栋等革命先驱，通过不同渠道、方式，直接或间接地在家乡宣传革命思想，传播马克思主义，介绍党的革命道理，为革命火种在茂名县的传播做好了思想、理论和组织上的准备。

三、建立中共茂名县支部

1925 年冬，朱也赤回茂名工作，是茂名县的第一个中共党员，他一边组织成立各乡农会，一边物色先进分子，培养发展中共党员。在朱也赤的发动下，各乡农会纷纷建立起来。1926 年 5 月，金塘白土成立乡农会。至此，全县已建立乡农会 7 个，会员 1200 多人。茂名县建立中共地方组织的基础已经具备。

同年 5 月，中共茂名县支部在高州南皋学舍成立，朱也赤任书记，委员有杨绍栋、毛次奇、关耀南、梁泽庵、梁列楷。党支部充分发挥战斗堡垒作用，领导全县人民开展了大规模的反帝、反封建的农民运动。

在朱也赤直接领导下，茂名县相继建立了共青团县委员会、县总工会、县妇女解放协会。共青团在省立九中、省立第五师范、茂名中学、茂南中学建立了支部，县团委成立高州青年社，发展社员 700 多人，创办《狂涛》小报发行于南路各县。县总工会成立裁缝理发工会、印刷工会、菜蔬工会、窑业工会、船业工会、木匠斧头工会、汽车工人工会等基层工会。县妇女解放协会在区、乡建立妇协部。

1926 年底，茂名县共产党员发展到 40 多人，全县的革命斗争在党的领导下向前发展。

四、迅速掀起农民运动高潮

1926 年 3 月，广东省农民协会南路办事处在梅菉成立，7 月，迁高州南皋学舍。1927 年初，成立中共南路地委，黄学增任书记，从事发展党员、培训干部、建立党组织等工作。南路各县先后建立了一批党支部。朱也赤负责的《高州民国日报》的《高潮》副刊，是宣传革命思想，宣传农民运动的重要舆论阵地。

农民运动是国民革命的重要组成部分，主要宗旨是打击土豪劣绅和不法地主，推翻封建地主阶级在农村的统治。

在中共茂名县支部书记朱也赤的领导下，该县先后任命梁列楷、李雅可、梁泽庵、杨绍栋为茂北区、茂西区、茂东区、茂南区农运特派员。茂南各乡农民纷纷成立农民协会，召开成立大会授旗授印，颁布农会章程，在广大农村废除腐朽的乡绅制度、宗族制度，实行一切权力归农会。农会建立了农民自卫军，开展打倒贪官污吏、打倒土豪劣绅的革命运动；实行"二五减租"新法，反对地主超耕易佃的变相剥削手法，保护农民权益；实行男女平等、婚姻自由，禁止妇女缠足，反对盲婚蓄婢；开办平民学校，开展群众识字运动；大力兴修水利，破除封建迷信。茂南各地掀起了农民运动的高潮。

（一）开展茂南农民运动　点燃革命星星之火

为了加强对农民运动的领导，1926年5月，朱也赤和茂南区农民运动特派员杨绍栋到公馆区开展农民运动。公馆圩周围村庄设有农民生理会。生理会原是农民自发的组织，每年收取相当数量入会费，农民加入该会后，遇到天灾人祸失收，会头便集合一些强悍的人去跟地主交涉，迫使地主减租。朱也赤到公馆后，和杨绍栋、刘蜀虎一起找到生理会的会头，耐心地做他们的思想工作。按照农会的宗旨、目的、任务，将书房岭、石车、阮博、造藤等村庄的生理会改组成为有革命目标，为广大农民谋利益的农会。

在山阁乡，朱也赤和莫强等小学老师四处宣传组织农会，领导山阁等乡建立起农会组织，同时支持当地农民抗交租税行动。

在朱也赤家乡的白土村，农民运动更为猛烈，农协会员发展到200多人。同时，朱也赤从农会会员中培养发展了朱明绍、朱祖武、朱维茂、朱兴民、朱绍礼等多名共青团员，成立了白土团支部，集中活动的地点设在朱明绍家里。村农会成立当天贴出告示：不准打骂妇女、不准利用荒年放债霸占土地、不准利用荒年加租剥削农民、实行耕者有其田，农会是农民最高权力组织。在村里开展了减租减息和清算地主罪行的斗争，先后清算了霸占祖尝的恶霸地主朱清浦，将稻谷分给农民；清算了霸占山、水、田、地的"四大占家"。把朱荣才霸占的山岭开放给农民割草放牧，种树造林；把江明轩霸占的上千亩荒坡分给农民开垦种植作物；把江浩辉霸占的400亩河溪地还给农民使用；把迫害长工的恶霸地主朱帝力批斗后推去游村示众。农民协会还搜集了火药、鸟枪、五排、单针和小台炮、刀枪剑戟等武器，组成100多人的农民自卫军，以镇压恶霸反抗，维护农村治安。农民运动的蓬勃开展，使乡村的恶霸地主心惊胆战，威风扫地，不得不听从农会的命令。

鳌头、袂花等地，都相继建立起农会，袂花龙湾、北斗等村还办起了合耕社。

1926年6月，经报请省农民协会批准，成立了茂名县农民协会筹备委员会，朱也赤任主任委员。

茂名县农协筹委会成立后，全县农运工作迅速开展，掀起新的高潮。全县有80多个乡建立了农会或筹备会，农协会员达20多万人。全县实行一切权力归农会后，世世代代受欺压的农奴翻身做了主人。农民民主选举农会干部，召开庄严的大会举行授旗授印仪式。扛着犁头红旗，高呼革命口号，接管农村政权，出布告、下命令，宣布"一切权力归农会"，实行减租减息，废除奴婢制度，倡导婚姻自由，兴修农田水利，实行男女平等。各乡农会建立农民自卫军20~30人，区级农会建立农民自卫军50多人，维持治安，保护农民利益，成立审核小组，清算乡、里的账目，勒令乡、里长清退贪污、挪占的款项。开展破除迷信和识字运动，办起平民学校、夜校，农民子女免费入学。农会还修桥补路，兴办公益事业，深得农民拥护。

（二）工人、青年、学生、妇女运动

朱也赤在积极领导农民运动的同时，也注重工人、青年、学生、妇女工作。成立工会，维护工人的合法权益；发展共产主义青年团地方组织，引导广大青年走向革命；组织学生团体开展学潮；建立妇女联合会，开展解放妇女运动。同时，号召工、青、学、妇各界行动起来，积极支持农民运动。

茂名县党组织建立初期，把学生运动作为一项重要工作来抓，成立学生会、青年社等青年学生组织，团结广大青年学生，组织学生开展各种活动，引导他们走向革命。1926年1月，在朱也赤等人的发动和组织下，成立了茂名县学生联合会。5月，中国共产主义青年团茂名县团委成立，并在茂南中学（今茂名第五中学）建立了共青团组织。当时，全县有团员100多人。青年团组织十分活跃，积极开展各种活动。他们组织青年阅读《向导》《少年先锋》等进步刊物，传播革命思想，利用节假日下乡宣传，协助农民办农会。学联和青年社组织学生大力宣传"联俄、联共、扶助农工"三大政策，党团组织在学联和青年社中吸收党员和团员。至年底，全县党员发展到40多人，团员发展到150多人。

随着党领导的农民运动的深入发展，妇女解放运动也开始兴起。旧社会封建制度盛行买卖婚姻，鼓吹"女子无才便是德"，提倡妇女缠足，强调妇女"三从""四德"，妇女在肉体上、精神上受到摧残。中共茂名县党组织在开展农运、工运、学运的同时，也掀起了妇女解放运动，大力提倡男女平等，开展妇女学文"放足"活动，废除纳妾、置婢、买卖婚姻、指腹为婚和童养媳等不合理制度。在党组织的领导下，茂名县成立了县妇女解放协会，区乡建立妇协支部。广泛发动妇女起来反帝反封建，争取妇女解放。

为加强国共合作，一方面共产党员以个人身份加入国民党，一方面推动重新组建了国民党县党部、区分部，选举进步人士担任委员，把尸位素餐、攫取国民党党权的豪绅撤换下来，提高革命质量。1926 年 12 月，朱也赤主持召开国民党全县代表大会，重新改选县执、监委员。选举结果：5 名执委中，朱也赤、杨枝水、毛次奇 3 位共产党员当选，保障了共产党在统一战线中的领导权。

（三）同破坏农会的反动势力作斗争

1925 年底，国民党部分执委召开了"西山会议"后，国共关系开始紧张起来。1926 年 5 月，以蒋介石为首的国民党右派，又召开了国民党二届二中全会，抛出了旨在限制共产党，篡夺国民党领导权的《整理党务案》。此后，右派就在各地制造事端，捣乱和破坏农会。

至 1927 年 1 月，国民党广东省党部右派林云陔到高州巡视南路党务，纠集反共势力组织了"国民党革命同志社"，以改选县党部，改组区分部为名，排挤县、区党部中的共产党人。由于当时受陈独秀右倾机会主义的影响，只妥协不斗争致使在县、区选举中，共产党人大多被排挤到极次要地位。从此，国民党右派在茂名的反共活动便越演越烈，斗争严重激化。

4 月 12 日，蒋介石在上海发动反革命政变，4 月 15 日，国民党右派又在广州发动反革命政变。形势突变，国共合作破裂，白色恐怖笼罩南粤大地。

经广东省农民协会南路办事处批准，茂名县农民协会筹备委员会于 4 月 14 日召开县农民代表大会。当晚，朱也赤主持召开了预备会议。17 日晚上，朱也赤在高州南皋学舍主持茂名县农民代表会议，18 日凌晨，他接到任当地驻军特务长、绰号"黄老虎"的中共秘密党员送来的密报："国民党蒋介石已叛变革命，高州反动派很快有异动。"同时收到中共党员陈信材从梅菉送来的紧急撤退隐蔽的通知。朱也赤当即宣布休会，安排代表迅速撤离。出席会议的 200 多名代表分多路撤离高州城，向广州湾（今湛江市）进发。代表们满腔义愤，一边唱《国际歌》一边写了很多标语，离城时沿路张贴，揭露敌人反革命政变的罪行。

朱也赤和代表们撤离不到一小时，反动军警就包围了南皋学舍。敌人扑空之后，在全城进行大搜捕，到各区、乡逮捕和杀害农会干部，共有 208 名中共党员和农运干部被悬红通缉，200 多名共青团员被开除学籍赶出校门。全县顿时陷入白色恐怖之中。从此，曾一度热火朝天的农民运动进入低潮，原来公开活动的中共党员和农会骨干，被迫转入地下从事隐蔽活动。

形势突变后，南路地委书记黄学增奉命留省工作，不再返回南路任职。5 月，成立南路农民革命委员会，朱也赤任主任，陈信材任副主任，梁木荣、李锡福、张树年等为委员，部署开展农民武装斗争，反击白色恐怖。

中共茂名县党组织针对国民党反动派的各种罪恶行径，坚决执行上级的指示，动员全体党员和农会干部积极采取各种有效措施，同国民党反动派作坚决的斗争，取得了阶段性的胜利，避免了重大的损失。

五、羊角农民运动

1925 年 6 月，中共电白支部成立，邵贞昌任书记。1926 年 1 月 26 日，邵贞昌在电城召开了电白县第一次农民代表大会，正式成立电白县农民协会，经呈请南路农协办事处批准，分别成立各区农民协会以及区、乡农民自卫军。3 月下旬，六区羊角农民协会成立，下设有军事部、宣传部、仲裁部、财粮部等，在羊角农民协会的统一领导下，开展各方面的工作。

羊角农民协会会员以佃农、雇农为主，并须办理一定手续才能入会，入会的每名会员可领到圆形铜质会员证章一枚。凭农民协会证章可以抗交"民团谷"，实行"二五减租"。当时在农村中，初步进行划分阶级，分佃农、雇农、半自耕农、纯自耕农等，不劳动、靠剥削过活的，都划为地主。在组织农会的同时，着手筹建农民自己的武装——农民自卫军，配有枪支弹药。羊角农会领导当地农民开展反对地主恶霸和贪官污吏的斗争，有力地打击了反动势力，广大农民吐气扬眉。

1927 年 1 月，邵贞昌调离电白，上级党组织派杨绍栋任中共电白县支部书记，党的力量不断发展壮大，使农民运动更加向前推进。3 月中旬，羊角农民协会会员参加由电白党组织领导的全县性声势浩大的示威游行。那天，成千上万群众，手执三角纸旗，振臂高呼口号，到处张贴"劳动人民团结起来！""农民协会万岁！""打倒土豪劣绅！"等标语。农民运动的胜利开展，使那些反动地主豪绅惶恐不安。在蒋介石发动四一二反革命政变后，4 月 22 日深夜，国民党军队 1000 多人，会同电白县土豪劣绅把持的反动民团，突然袭击全县各级农民协会，羊角农民协会不少骨干被捕和受到迫害。

在国民党右派血腥镇压之下，革命斗争转入低潮。羊角地区共产党人、革命志士和劳苦大众所走过的这段革命历程，虽是异常坎坷，但他们已在羊角大地点燃了革命的星火，给羊角人民带来了翻身解放的希望！

六、创办平民学校

1926 年，朱也赤在茂南公馆圩创办平民学校，对教育人民、打击敌人起了很大的作用。

朱也赤到公馆圩创办公馆平民学校，地址设在同善社内（现公馆圩医院旧屋），收祠堂庙宇财产作为办学经费。朱也赤亲自担任校长、杨绍栋为教导主任，学校设 8 个班，学生有 400 多人。学校办起来后，对农民子弟实行免费教育。为了充分发挥学校的作用，朱也赤还决定，白天给少年学生上课，晚上就加办农民夜校，分期分批对广大农民进行文化教育和政治教育。开学后，广大农民纷纷携老带幼前来学习。这期间，朱也赤经常抽出时间到学校为农民群众扫盲，不厌其烦地一字一句地教习，还为群众演讲，上政治课。贫苦农民都亲切地称他为"朱先生"。

平民学校组织农运宣传队，宗旨是传播革命思想，使农民子弟上学识字。学校教材大都是朱也赤和杨绍栋编写的，有文化课、政治课。朱也赤经常给学校师生上政治课，宣传马列主义和中国共产党的主张，辅导青年阅读《共产党宣言》等著作。教育学生努力学习，从小树立远大理想，做一个有抱负、有志气的青年人。每逢三、六、九圩日，学校组织一些学生到街上搞宣传活动，传播革命思想。在朱也赤的重视和安排下，学校还建立了中国少年先锋队组织，第一批发展了曾瑞芝等10人加入少先队，后来又发展了多批共110多人。朱也赤除了组织学生到公馆圩宣传外，还经常带领学生到山阁、镇盛、新坡等地宣传。当时整个公馆地区都流行着学生们宣传的口号："联俄联共，扶助农工，打倒帝国主义，打倒军阀。"这些宣传，深入人心，使当地青年人受到很好的教育。1928年底，朱也赤被国民党反动派杀害，这所深受农民喜爱的平民学校被迫解散。

朱也赤在公馆圩创办平民学校，产生的效果及影响是深远的。后来镇盛的彭村、公馆的书房岭（旧村）、新坡的合水村等地的革命斗争，都是该校播下革命的种子生根、发芽、开花的结果。

七、茂南中学开展反贪官斗争

茂南中学始建于1914年，位于公馆圩龙江河畔，是民国时期茂南最高学府。

朱也赤以茂南中学为据点积极开展学运。他常到茂南中学跟学生演讲，宣传革命道理。在茂南中学发展青年团员 10 多人，成立支部，由潘襟江任书记，张汝庚任副书记，共青团员和进步学生利用节假日回乡，宣传革命，发展农运。

1926 年 10 月，朱也赤来到公馆，领导茂南中学开展反贪官的斗争。公馆区区长张耀垣是县长张远峰的得力爪牙，他上任以来，恃势横行，敲诈勒索，包庇娼赌，大刮民脂民膏。朱也赤派杨绍栋、刘蜀虎等发动群众检举、核实材料以后，在公馆一个圩日，于茂南中学广场召开声讨贪官污吏大会，参加的有各乡农会会员及中小学校的学生数百人。群众上台揭发，全体到会群众签名上书控告张耀垣，会后游行示威。朱也赤代表群众到县政府找县长张远峰讲理，终于让他下令撤掉了张耀垣的区长职务。

土地革命战争时期

1927 年 4 月 12 日，国民党在发动四一二反革命政变后，疯狂屠杀共产党人和农会干部，大肆破坏中共地方党组织和农民协会。茂名县党组织面对敌人的凶残暴行，坚决贯彻执行中共中央和广东区委的指示，广泛发动党员和农民拿起武器，建立党自主领导的武装队伍，以武装斗争反击国民党反动派的血腥屠杀。同时，加紧发展中共党员，壮大党的组织。但是，由于敌人的大举镇压，武装起义暂时遭遇挫败。一批中共党员在对敌斗争中英勇就义，充分表现了共产党人坚定不渝的革命信念和不怕流血牺牲的大无畏精神。

一、开展武装斗争

（一）反击敌人暴行

蒋介石集团发动四一二反革命政变后，为了回击敌人的血腥镇压，中共南路党组织农协机关在朱也赤主持下从高州迁到广州湾（今湛江市），朱也赤会同陈信材、黄广渊等以南路办事处名义主持召开了南路各县、区党的组织负责人和农民代表会议，决定成立南路农民革命委员会，朱也赤任主任，统一领导南路的革命武装斗争。

8 月 1 日，周恩来、朱德、贺龙等领导北伐军 2 万余人，在南昌举行武装起义。南昌起义是中国共产党独立创建革命军队的开始。

8月7日，中共中央召开紧急会议，作出关于实行土地革命的决定。土地革命是中国共产党领导农民消灭封建和半封建性质的土地所有制度的革命。

8月下旬，中共广东省委派彭中英到南路工作，在广州湾（湛江）成立中共南路特委，彭中英任书记，朱也赤等为委员。1927年11月至1928年2月，中共广东省委撤销中共南路特委，先后派杨石魂、周颂年为巡视员，领导中共南路党组织工作。他们分赴各县组织农民武装，准备举行武装暴动，以武装斗争反击国民党反动派的进攻。

根据广东省党组织和南路党组织的布置，信宜、茂名、化县党组织先后组织了武装暴动，打响第一枪的是1927年12月15日朱也赤、罗克明领导的信宜县怀乡起义。1928年3月，爆发了李雅度、周君载、李淑明领导的茂名沙田暴动。1928年4月，化县党组织领导了五区暴动和7月夏收暴动。同年7月，茂名县党组织策动了国民党军队特务营两个连的"高州兵变"。这些斗争虽先后失败了，但在茂名革命斗争的历史中发挥了重要作用。

（二）怀乡起义

1927年12月，朱也赤及中共信宜县委书记罗克明等领导组织了怀乡起义，朱也赤担任起义总指挥。茂南共产党员和农会骨干朱慈生、朱亚三、邓四、黄镇西、朱雅荣等数十名农军北上，与怀乡起义军会合，成立信宜革命军，朱也赤任司令，罗克明任副司令。15日晚上，起义指挥部调集农军200多人，利用夜色掩护，逐步推进，把怀乡圩、二区区署、七区团防局团团包围。快到凌晨1点钟时，朱也赤带领先锋队迅速包围了团防局。国民党区长周植盛猝不及防，束手就擒。先锋队还俘虏区署官兵10多人，缴获长短枪10多支，子弹一批。接着，在区署大门上挂起"怀乡区苏维埃政府"红色横额，大门两边竖起"司令朱""县长罗"两面大旗。在粤西地区第一次建立起中国共产党领导下的人民政权。怀乡起义前期的胜利震动了整个信宜。反动县长杨伟绩纠集重兵前来镇压。怀乡起义因敌我力量悬殊而失败，但它动摇了国民党在信宜县以至粤西地区的反动统治，具有重大而深远的历史意义。

（三）沙田暴动

1927 年夏，朱也赤以省农协南路办事处主任的身份到沙田视察工作，任命李雅可为沙田地区农民运动特派员，并指示他与周君载、李雅度、李淑明一起，组建农民自卫军，发展农民武装，准备举行暴动。当年秋，中共广东省委委员、南路特委书记杨石魂派中共广东省委候补委员、中共南路特委巡视员周颂年与共青团南路特委负责人车振伦等人到沙田，制订沙田武装暴动方案，策划占领沙田后，即联合信宜、化县、广西方面的力量，攻占高州城，建立地方苏维埃政权。1928 年 3 月 21 日夜，216 名农军占领了沙田周村、狮子坡、新村等村庄，高州城敌人派出两个连的兵力，到沙田镇压暴动。沙田农民暴动虽然失败了，但它在中共南路党史与农运史上写下了辉煌的一页。

沙田暴动失败后，茂名县党组织遭到严重破坏。中共南路特委先后派朱发、周连、车振伦、李参、周达之等人做恢复工作，但都未成功。

二、党组织遭受敌人严重破坏

大革命失败后，白色恐怖笼罩南路，208 名共产党人和农运干部被列为通缉对象。国民党反动政府到处张榜行文，把朱也赤列为"头号匪首"通缉，悬赏 1000 银元，后来增至 8000 银元。敌人多次围捕，朱也赤都巧妙安全脱险。1927 年底，朱也赤遵照中共广东省委指示，回到广州湾秘密开展革命工作。他组织创办了《血潮》《镰刀》《南路农民》等刊物，撰写文章，宣传革命。还不畏艰险，奔赴各地指导农民武装斗争，机智地与敌人周旋。杨绍栋在斗争形势极为艰苦的条件下，冒着生命危险坚持在茂南和电白隐秘工作。

1927年5月，共青团南路特委书记车振伦从广州返回茂名县，曾住金塘白土朱也赤家，秘密开展重建党团组织工作。同年秋，他到公馆圩，重建共青团茂南中学支部，任命在茂南中学读书的柯义行为校团支部书记，组织开展学生运动。1928年春，国民党前来搜捕柯义行。柯义行化装出走到中山县，后病故，茂南中学团支部遭到破坏。

茂电信化武装斗争失败后，反动政府加紧对共产党人的围捕。1928年9月10日，杨绍栋不幸被捕，10月3日，在高州东门岭被杀害，壮烈牺牲。12月，由于叛徒梁超群向敌人告密，南路特委及其下属机构在广州湾接连被破坏，特委书记黄平民和南路总指挥朱也赤等18人不幸落入敌手。他们被捕后英勇顽强，同敌人展开针锋相对的斗争，任凭敌人严刑拷打，威逼利诱，也不泄露党的机密。在镇盛那梭村隐秘工作的茂南共产党人叶福兴，亦于同月被捕后解往高州城，1929年1月遭到杀害。

朱也赤、黄平民等被捕后押解至高州城。审讯时，反动县长试图利诱他们投降，但遭到朱也赤等的严词痛斥。反动政府使用毒刑，打得他们血迹斑斑，死去活来，但得到的除了一顿痛骂，其他一无所获。1928年12月23日，朱也赤、黄平民、陈梅三位党员从容步上东门岭刑场，英勇就义。这些革命先烈为党为人民英勇牺牲，他们用鲜血谱写了光荣历史，与天地同在，与日月同光。1929年1月29日，上海《申报》曾报道"南路共党首要朱也赤、黄平民等在高州城东郊被枪杀"的消息。

从 1928 年 12 月后，茂名县的党员分散各地，与上级失去联系，党组织的活动中断近 10 年。

第三章

全民族抗日战争时期

开展抗日救亡运动

抗战初期，茂南党组织在中共西南特委及上级党组织的支持帮助下，得到重建与发展。重建起来的党组织以抗日救亡大业为己任，广泛开展学生运动，积极开展抗日宣传活动，大力支持张炎的抗日斗争。在广州湾等地沦陷后，国民党军队消极抗日，积极反共，茂南地区党组织争取进步力量，夺取武器，建立以抵抗日军侵略为宗旨的抗日武装，把武装队伍整编为自主独立的抗日军队。在长期的抗日救亡和武装斗争中，茂南人民群众冒着生命危险，给予党和革命队伍大力支持。一批优秀党员，在敌人威逼利诱面前顽强不屈，斗争到底。党组织通过保持和壮大抗日统一战线，反击国民党反动派的反共逆流，保存和发展了党的力量，为茂南抗日武装起义打下了坚实的基础。

一、党组织的重建和发展

1931 年，日本帝国主义制造九一八事变，开始了妄图霸占中国的殖民侵略战争。1937 年 7 月 7 日，卢沟桥事变，日本发动了全面侵华战争。1937 年 9 月，在中国共产党的正确主张和全国人民抗日救亡运动高潮的压力下，以国共合作为基础的抗日民族统一战线正式形成。中共广东省委着手重建中共南路党组织。

1938 年 11 月，中共西南特委派中共党员周明、林林、阮明到南路联络大革命失败后同党组织失去联络的党员，3 人组成党支部，周明任书记。1939 年春，他们到达鳌头飞马、公馆、新坡合水等地开展地下抗日活动，开始党的重建工作。先后成立了公馆、飞马党支部，还在新坡合水、袂花、山阁、镇盛等地建立了党小组和地下交通联络站。重新点燃了茂南地区的革命斗争烽火。

（一）中共公馆支部

1939 年春，高山坡头村青年梁恩波由林林介绍，加入中国共产党。1940 年夏，梁恩波在公馆圩打铁街开设新民学舍，以为学生补习为名，联系进步学生，开展革命活动，建立了中共公馆支部。梁恩波任支部书记，党员有陈擎天、张杞才。其后又发展了梁毅（又名梁道亮）、柯荣萱入党。1941 年 3 月，梁恩波调到高州民国日报社工作，这个支部解散，党员分散于其他党组织。

（二）中共飞马支部

飞马乡位于茂（名）、电（白）、梅（蒙）三地交界处，位于鳌头东面。1938 年冬，中共西南特委选择具有爱国传统的飞马乡为抗日救国主要基地，并将当地的进步青年郑奎、李嘉（从小寄居于飞马姑妈家，与姑妈继子郑奎情同兄妹），作为党的教育培养对象。1939 年，郑奎参加国民党广东省第七区行政督察专员、爱国将领张炎组织的军训教导队，并加入中国共产党。1940 年，李嘉加入中国共产党。

1939 年秋，中共广州湾地下党赵世尧小组派遣原张炎抗日学生队队员、中共党员罗远芳、李展莉、潘伟德、李鹏翔等人到飞马小学任教，秘密发展中共组织。

1940 年，中共高雷工委派林林到梅蒙建立特支，林林为书记（后来林林调走，由黄明德接任），陈醒吾为组织委员，邹贞业为宣传委员。这个支部接管飞马的党组织工作。梅蒙特支又派陈醒吾以飞马乡文书的身份作掩护，领导飞马党组织工作，秘密成立了中共飞马支部，发展了 4 名党员。陈醒吾任书记，负责全面工作。郑奎任副书记，负责政权和武装工作。中共茂化吴梅边特派员黄明德多次来到飞马村，指挥组建地下武装工作。郑奎把乡自卫班改编为乡自卫队，并策动改组鳌头、袂花两乡公所，由地下党组织选派人员担任自卫队队长，使飞马、鳌头、袂花三个乡自卫队为中共党组织控制。

1942年夏，根据中共南路特委组织部长温焯华的指示，把中共飞马支部划归中共茂名县组织领导。先后由李明华、陈华、涂锡鹏、王国强及车振伦、梁昌东、林其材、郑光民、钟正书、柯乙福、郑凌华、龙思云、郑金、梁关、罗淑英、欧忠、王克等领导负责联系，党群组织不断壮大发展。

（三）中共羊角支部

中共羊角支部是在抗日战争时期建立和发展的。1939年5月和7月，羊角籍青年黄禄海、李延年在张炎抗日学生队先后入党，特支书记罗文洪指示他俩返羊角建立党组织并发展党员。李延年在田心村发展李芳、李鹤年、李子钦加入中国共产党，成立党小组。

1940年9月，成立羊角党支部，李延年任党支部书记。支部成立后，在羊角各村宣传抗日救亡运动，成立夜校和醒魂剧团，编写白话剧揭露日本侵略者杀人放火罪行，宣传好男儿要当兵等，教育群众进行抗日救亡运动。同年，发展李立兴、黄成煦、黄家明为党员，在实践中学入党的李鹏祥、李佐平、廖万豪的党组织关系由陈其辉指定转回羊角支部。

1941年6月，庞达任中共电白县特支书记，住在羊角黄家明家，后羊角乡兵前来搜查。庞达认为行踪可能泄露，决定暂停活动，和李延年一起撤退到赤坎，其他党员分散隐蔽保存实力。

1942年2月，李延年从赤坎返回，续任羊角支部书记，又发展黄祖文、黄大成、周德寿、周之干为党员。春夏间，陈其辉任电白特支书记，在羊角凰渐村李佐平家训练党员骨干李鹏祥、李佐平、李立兴、廖万豪等，以加强党员骨干培养。不久，茂电信特派员陈华到羊角指导工作，在田头屋李延年家召开羊角党员干部会议，决定把羊角分为两个支部进行活动，即田心、山和、那际地区为一个支部，由李延年、黄成煦负责；凰渐、石曹、南香地区为一个支部，由李佐平、李立兴负责，统一沟通联系。

1944 年，南路特委周楠指示要建立游击队，做好敌后武装斗争的准备工作。羊角党支部在田心、山和、凰渐、石曹、南香等重点地区发展游击小组，引导进步青年和群众参加宣誓并正式成为抗日游击队队员，誓词是："我自愿参加抗日游击小组，拥护共产党，服从命令，执行决议，遵守纪律，保守秘密，如有违反，甘受处分……"经过发动，羊角地区的游击小组发展到 200 多人。1945 年，支部发展了田心村李应堂、李珍、李生、李平年，山和村黄忠，凰渐村李伴兰、李进成、李联模，石曹村林高、黄字兴、黄子元、黄茂坚，南香村周文才、周炽荣、周元、李春隆、周元昇、周国强等为党员。

（四）中共烧酒支部

1942 年秋，中共党员龙思云在茂名师范毕业后，由党安排在山阁烧酒村崇礼小学教书，开展发动群众工作。他吸收当地进步青年李维三入党，并于 1944 年建立烧酒村党支部，李颐年从学校回乡加入支部，龙思云任支部书记。

龙思云带领党支部首先做好统战工作，争取国民党保长和开明绅士支持革命，并利用教师身份做学生和群众工作，通过家访，引导群众谈家史、诉苦，引起他们对旧社会的不满，倾向革命，进而引导他们参加游击小组。1945 年初，南路特委茂名特派员陈华布置茂南烧酒、陈垌、飞马组织武装队伍，任命车振伦为中共茂南军事负责人，统一筹备举行和指挥烧酒抗日武装起义。龙思云带领烧酒党支部做好各项准备工作，起义前游击小组成员已发展到 170 多人。

（五）中共合水党小组

合水地区属丘陵地带，位于茂南区中部，东有小东江，西有白沙河，在这里交汇流入梅江上游，故名合水，是今新坡、高山、公馆、镇盛四地交界的地方。

1941 年秋，柯荣萱、柯日轮、柯捷才三人一起升学到茂名中学读高中。1942 年春，柯荣萱介绍柯日轮入党。为在农村建立据点，面向农民，发展革命力量，柯荣萱利用合水乡绅校董想为本乡子弟办好学校的想法，说服他们接纳外乡有识有才的人来合水教学。1942 年秋，中共茂名县特派员陈华安排广西梧州籍进步青年李福全到合水汝嘉小学任校长。此后，又派梁平、梁恩波等中共党员到该校任教，梁平为合水党组织负责人。柯荣萱又布置党员柯日轮、中共地下工作者柯捷才回他们的家乡高山文秀村，说服乡绅校董接受外来教师，随后由县特派员李明华安排地下党员罗志坚到浴德小学任教，1944 年秋，由柯捷才接任浴德小学校长。高山坡头群德小学同样安排了党员李晖雅和一些进步青年任教师。

自此，党组织以汝嘉小学为中心，浴德、群德小学为辅助，三校在白沙河、小东江两岸形成鼎足之势，以教学作掩护开展革命活动，党组织不断发展壮大。

二、声势浩大的抗日救亡运动

抗战以来，茂南各地掀起了轰轰烈烈的抗日救亡高潮，广大青年学生和热血民众纷纷行动起来，在中国共产党领导下，成立抗日乡村工作团、战时工作队、游击队、自卫队、学生队、妇女队、儿童团、保育院、正气剧团等抗日群众团体，推动了抗日救亡运动的蓬勃开展。

鳌头、羊角、山阁、袂花荔枝车、新坡合水，是茂南开展抗日救亡运动的几个中心地区。

（一）飞马抗日救亡运动

飞马乡是第五区的革命中心据点。1937 年秋季，茂名县为了推动促进鳌头区各乡的救亡工作，在鳌头圩举行了一个检阅大会。检阅大会当天，鳌头、袂花、飞马、肇祥、兰石、罗安等 6 个乡的队伍受检，一时锣声、鼓声、口号声汇成一片，整个圩头岭都沸腾了。这次检阅中，飞马代表队一枝独秀，受检的壮丁队、武术队，以人数多、队伍整齐、动作准确熟练而获得检阅负责人的好评。

在飞马乡轰轰烈烈的抗日救亡运动感召下，不少飞马青年奔赴前线，英勇杀敌，谱写了可歌可泣的篇章。如在飞马乡北面的双湖村，人口仅 300 多人，而响应号召踊跃参军的就有 11 人，其中郑明、郑耀等 5 人在与敌人作战中英勇牺牲。飞马村人郑武，毕业于黄埔军校，是国民党陆军少将，在抗日战场上身先士卒，奋勇杀敌，在一次追击敌人的战斗中壮烈牺牲。

国民党爱国中将张炎原是十九路军高级将领，他为人敦厚，富有爱国热情，是著名的抗日民主战士。在 1932 年震惊中外的一·二八淞沪抗战中，率部浴血奋战，战功卓著。之后，在广东南路地区开展抗日救亡和游击战争活动中，和中国共产党紧密联系并真诚合作，努力组织民众

张炎

抗日。1945 年初率部举行武装起义，3 月惨遭国民党顽固派逮捕杀害。1958 年 1 月，中华人民共和国中央人民政府追认张炎为革命烈士。

1938 年春，张炎任广东省民众抗日自卫团第十一区统率委员会主任。10 月广州沦陷后，改任第十一区游击司令。11 月，他在十六干救队的基础上，吸收了 300 多个学生建立十一区游击司令部乡村工作团，兼任团长。乡村工作团的成员多数是爱国青年、进步学生，其中有共产党员郑奎和李嘉，1939 年张炎运用自己的权力，安排郑奎回到鳌头飞马乡任乡长，又派李嘉回飞马协助郑奎工作，为飞马的抗日救亡运动奠定了基础。

抗战初期，李嘉加入广东省第七行政区学生队，在学生队中开展抗日救国运动。后根据党组织安排，带香港回内地服务团到飞马乡协助郑奎开展工作。服务团利用公开的形式向广大人民群众宣讲共产党的抗日主张、方针、路线、政策等。不久，张炎与夫人郑坤廉来到飞马，指导抗日救亡工作。随后又有一批批党员来到飞马乡，通过飞马乡公所的掩护，从事地下党的革命工作。宣传教育、组织发动群众，公开或秘密地组织起宣传队、妇女会、儿童团、民校、夜校、国技馆、农民协会、农民突击队、枪械修理所、医疗站等，秘密发展地下游击小组。郑奎还在村中开办军事训练班，组织青年进行短期培训，并在武术馆中挑选近百名身强力壮、武术基础好的青年组成大刀队，他亲任队长，加强训练，以此作为抗日的武装力量。

当时飞马乡男女老幼积极参加抗日救亡运动，气氛热烈。李嘉因势利导，在三房祠堂召集 20 多名少年，成立了少年儿童团歌咏队，由李嘉教唱《我是义勇军》《大刀进行曲》等抗日救亡歌曲。歌咏队队员每天晚饭后集中在祠堂，由队长郑韬举着写了"飞马少年歌咏队"字样的队旗，带领到飞马乡的十几个村庄进行咏唱宣传，歌声响遍飞马大地。当歌咏队去到上文扬村咏唱时，引起该村大地主郑寿兴的不满，他讽刺地说："你们这些妇孺小子唱唱歌，就能打败日本人的洋枪洋炮？"一时抗日救亡运动受阻，郑奎、李嘉将情况向张炎汇报后，以乡政府的名义惩罚破坏抗日救亡运动的郑寿兴，罚其白银 1000 元、稻谷 20 石。此举狠狠地刹住了阻碍抗日救亡运动的嚣张气焰，大长了群众志气，所罚白银和稻谷除了用来打造 100 多把大刀、铁叉供飞马聚英堂武术馆练武使用外，还取部分给歌咏队作定期聚餐之用。飞马郑氏大宗祠和三房乐垫公祠也从祖尝中拿出部分经费对歌咏队进行支持，对飞马抗日救亡运动的轰轰烈烈开展起到了积极的推动作用。

（二）羊角抗日救亡运动

1938 年，电白县立中学进步教员叶春（后加入中国共产党）及陈广杰、李卓儒等一批进步学生，在暑假期间，组成抗日宣传队奔赴羊角向群众宣传抗日救国的道理，教唱抗日歌曲，书写张贴"抗日救国，不当亡国奴"等巨幅标语。

1939 年 1 月，羊角李延年（后加入中国共产党）等一批进步青年参加了乡工队，他们向群众大力宣传中共提出的"坚持抗战，反对投降，坚持团结，反对分裂，坚持进步，反对倒退"的方针，坚定抗战到底的决心；充分发动群众，组织救国会、服务队、锄奸队等抗日群众团体，为开展抗日游击战争作准备。11月，中共电白县中心支部派遣共产党员黄禄海、李延年回羊角凰渐一带加强领导，分配麦逢德、李锦波负责学校方面的抗日救亡运动。李延年回到羊角后，吸收党员，成立党小组，小组组长为李芳。

1940 年 5 月，为了适应突变的形势，粉碎国民党掀起的反共逆流，坚持抗战，黄禄海、李延年再次回到羊角，先后在田心、凰渐、黄塘窟等村组织了读书会。参加读书会的青年达 60 多人。9 月，羊角成立党支部，李延年任支部书记。

1941 年 2 月，共产党教员李康寿在羊角凰渐村李佐平家、旱塘村廖华家举办党员训练班。参加训练的党员有廖华、李鹏翔、李佐平、陈汉雄、杨坚、杨展华、黄培恭、陈铭芳、杨学青等。李康寿在班上讲了政治形势、党的建设、统一战线、青年运动等内容，要求党员团结广大青年坚持抗日，坚持革命斗争。6月，共产党员庞达到羊角工作，国民党羊角乡乡长带领乡兵到庞达的住处包围搜查，没发现证据才撤走，接着南路特委通知庞达撤离羊角。

1942年1—2月，党支部吸收黄祖文等人入党，成立党小组，黄成煦任小组组长。3月，南路特委派庞自任中共电白县特别支部书记，他进入禄段乡第十保国民学校任教，并以此作掩护，领导全县工作，坚决贯彻执行中共中央提出的关于在国民党统治区实行"隐蔽精干、长期埋伏、积蓄力量、以待时机"的方针，组织党员传阅党的报刊和进步书籍，对党员逐一进行了解、谈心，以进一步增强革命信心，并要求每个党员开展"三勤"（勤业、勤学、勤交友）、"三化"（职业化、社会化、合法化）活动，以社会职业为掩护，努力做好本职工作，团结周围群众，结交尽可能多的朋友，以发展进步力量，争取中间力量，孤立顽固势力。

1943年6月，在南强中学就读的羊角学生李佐平，于学校放暑假之前，在学生宿舍秘密刻印进步资料，分发给全县的党员和各中学进步学生及小学进步教员传阅学习，使党员和进步师生更好地看到中国革命的前途，增强了革命必胜的信心。夏秋间，庞自根据南路特委的指示，采取适当集中和分头传达的办法学习整风文件，开展反对主观主义、宗派主义和党八股，以整顿学风、党风，集中于禄段乡第十保国民学校进行学习讨论。

1944年秋冬间，羊角地区的田心、山和、凰渐、黄塘窠等村，发展组织有10多支枪、数十个成员的游击武装队伍，其中以农民居多。10月，羊角地区由于群众基础好，与茂名毗邻，除了积极发展抗日游击武装之外，还成为茂名、电白两县武装斗争的联络地带，不少党员和进步群众的家庭，成为游击活动或秘密联络的据点。如土地革命时期加入共青团的李平（又名李荣平）的家成为茂名、电白两县党组织的一个交通站，中共茂名县领导人车振伦和党的地下工作人员，经常在此出入。李平及其爱人吕真梧对革命同志热情接待，机巧掩护，很好地支持了革命。

1945 年 3 月，车振伦、钟正书在羊角召开会议，电白严子刚、茂南廖铎等党员参加，研究决定：动员和组织武装队伍，坚持反"扫荡"的武装斗争；为适应形势发展需要，将羊角划入茂南地区，以茂南党组织领导为主，同时与电白也保持联系。

（三）袂花抗日救亡运动

1940 年春，茂南中学学生、共产党员陈擎天带领高州抗日学生队 60 多人到其家乡袂花荔枝车村开展抗日救亡宣传活动，学生队通过组织儿童唱救亡歌曲、召集群众演讲、参加农村劳动、进行家庭访问等形式，控诉日本帝国主义的侵略罪行，号召全民团结抗日，有钱出钱、有力出力，打败日本侵略者。学生队的宣传激发了群众的救国热情，该村从祖尝中拿出稻谷 2000 多斤，其他群众也纷纷提供柴火、青菜，供给学生队做伙食。学生队先后在荔枝车、低山、侯伯坡、叶屋、板排等村进行宣传活动，前后共 10 多天。

不久，陈擎天又带领茂南中学学生抗日文艺宣传队 10 多人到荔枝车村，先后在荔枝车村、袂花圩连续演出四五晚，其中有一话剧内容是：日本军官杀死外出逃难的老农妇和小孩，抢走行李，并放火烧屋，后抗日自卫队赶到，把日本军官和汉奸杀死。剧中老农妇由戴宝光扮演，日本军官由陈擎天扮演，汉奸由柯捷才扮演。许多群众看到剧中农妇和孩子的惨死，禁不住痛哭流涕，抗日救亡热情高涨。

在党组织的领导下，1940 年，陈擎天在家中建立起党的地下联络站。陈华、龙思云、梁昌东、陈广杰、杨超等领导，先后在陈擎天家隐蔽活动。陈擎天买了很多进步书刊，除自己学习外，还组织青年学习，传播革命思想。在广州湾南强中学读书的陈泽永经陈军介绍，参加党组织领导的抗日救亡运动，陈泽永多才多艺、能演会画，在党的教育下很快成为学生运动的骨干。

1942 年 3 月，陈泽永介绍北斗村中贫农陈舜芳参加革命，当时张炎来袂花找陈沛商量事情，由陈泽永接待安置在陈舜芳家，陈泽永、陈舜芳在村边渡口公路旁放哨。

1942 年暑假期间，陈泽永带领南强中学学生 10 多人回袂花开展抗日救亡活动，主要通过演出抗日爱国的剧目、演讲，进行宣传鼓动，足迹遍布多个村庄，所到之处，受到当地村民的热烈欢迎，很好地唤醒了袂花人民抗日救国的热情。

1943 年，南强中学迁到电白，陈泽永经电白地下党负责人严子刚介绍参加共产党，为了保护地下党的安全，陈泽永在北斗村里组织起抗日游击小组。开始，为了联系和发动群众，陈泽永在村口建立一家武馆，由黄开和辅教，将该村和邻村的青年吸收进来。农闲或晚上，陈泽永与他们一起习武，白天与他们一起下地耕作，和他们打成一片，结成知心朋友，并不失时机地向他们宣传抗日形势，揭露日本侵略中国的暴行。经过一段时间的考察，陈泽永先后吸收陈凤周、黄开和、陈舜林、陈舜佳、陈舜南、陈舜奎、陈舜安等 10 多人为游击队队员。

1944 年 5 月，陈擎天介绍陈凤周参加党的地下工作，后来又先后发展陈燊、陈太、陈云静、陈惠等人。

1945 年初，陈擎天动员陈凤周、陈舜芳、陈太参加郑奎领导的起义，起义失败后，郑奎曾到荔枝车村隐蔽，住在陈燊家，后又先后转到蕴陂村杨荫芳家及北斗村陈泽永家中隐蔽。不久，党组织决定把陈擎天家的联络站转移到北斗村陈泽永家，由陈泽永负责联络站工作。5月，经龙思云批准，吸收陈泽永妻子梁琳参加游击小组，加强联络站工作。此后，这个站就成为茂电信地下党领导人的中心秘密联络点。

1944年冬至1945年冬，高州城党组织领导人黄作标常住陈泽永家，他们一起写文章，印刷传单，出版地下刊物，印刷好后就交由北斗村的交通员陈舜芳运送到高州等地党组织散发。黄作标在北斗村期间，常与隐蔽在袂花的茂名师范学校党支部书记许俊文联系，布置有关高州城的地下革命斗争活动。

1945年春至1946年初，日军企图打通电白、水东、阳江与广州的通道，原中共茂名县军事指挥梁昌东选择常驻北斗村陈泽永家一年多。在此期间，梁昌东常与中共茂电信负责人，如特派员陈华及车振伦、钟正书、廖铎、黄作标、郑光民、陈以大等，研究、部署、检查、总结武装斗争事宜，策划覃巴武装起义。这个时期，来往陈泽永家的人员频繁，多的时候一天达20多人。联络站还接待各地来往的交通员，传递党内信件等。来往人员的伙食均由陈泽永家供给。为了保护联络站和地下党领导人的安全及掌握敌人活动情况，陈泽永通过陈舜芳等武馆成员以及袂花渡船的船工，密切监视和了解该村保长、地主及袂花乡敌伪活动情况，及时报告。陈泽永还经常教育争取保长陈宗夏保守地下党人员来往的秘密。

抗日战争期间，袂花抗日救亡运动蓬勃开展，党组织也不断发展壮大。

（四）合水抗日救亡运动

合水党组织发动在小学任教师的党员，一面教书，一面团结当地乡绅和开明人士，在农村广泛发动群众，发展党员，壮大抗日的革命力量。

1943年夏天，合水汝嘉小学发起组织了合水的九保、公馆的三民等小学的联谊歌咏活动，借以宣传抗日教育群众，唤醒群众抗日救国的革命精神。这些学生 300 多人，身穿童子军装，集合到公馆圩，沿途高唱抗日救亡歌曲，浩浩荡荡开进高州城。他们一边唱抗日歌曲，一边高呼抗日口号，影响很大。晚上还在高州城运动场，比赛演出歌剧。内容有抗日话剧、抗日歌曲《勇敢的小娃娃》等。

合水地区的党员还编印《抗日御侮》《焦土抗战》等宣传资料广为散发，组织抗日宣传队，深入农村、圩宣传，用街头演讲、活报剧、标语、漫画等形式揭露日军烧杀掳掠的罪行，颂扬抗日军民奋勇杀敌的英雄事迹，普及防空、救护知识。

党员们利用教师身份，深入发动群众。开展家庭访问，开办成年人夜校，组织进步青年参加夜校，除教人识字外，还广泛宣传抗日救亡的道理。1944 年，柯荣萱和柯日轮在果子园、文秀、木头塘、车头屋等村发展了 40 多人参加地下游击小组。

三、民众抗日救亡热情高涨

七七事变后，茂电信党组织坚决贯彻执行中共中央的决策，加强抗日民族统一战线的工作。党组织派来许多同志做抗日名将、国民党广东省第七区行政督察专员张炎和他夫人郑坤廉女士的统战工作。在党组织的积极工作下，张炎将军和郑坤廉女士积极抗日，与茂电信党组织真诚合作，主动要求共产党派干部来帮助开展抗日救亡运动。党组织派出大批得力的干部，直接参加和协助他组织抗日团体。以多种形式广泛宣传抗日、深入发动群众，在各地大唱抗日救亡歌曲、大演进步剧目、大讲共产党的抗日主张和方针政策，广泛传播马列主义，组织阅读进步书报刊物，广撒革命种子，组织抗日力量训练军、政干部和救护人员。镇压汉奸恶霸，灭敌人威风，长人民志气，提高群众觉悟，做好抗日游击战争的准备。茂名县抗日救亡运动在党的领导下如火如荼地蓬勃兴起，广大人民群众的抗日热情空前高涨。

1939年底，国民党南路行署掀起反共反人民的高潮。蓄意破坏抗日民族统一战线，寻端逼迫张炎下台，扼杀摧残抗日力量，驱逐香港青年回乡服务团，勒令解散学生队等抗日团体。中共茂名县组织在南路特委的带领下，坚决执行"三坚持三反对"的方针，团结发动广大人民，开展反逆流的斗争，掌握党的"三大法宝"，争取时局好转，将抗日救亡运动继续推向前进。

执行"隐蔽精干，长期埋伏"的组织方针，将已暴露的同志撤走，未暴露或已有所暴露，但仍可立足的同志，以种种方式，通过各方关系隐蔽下来。有的到乡下当教师，有的复学，有的打入敌人要害部门做内线工作，或去当乡保、甲长，搞"白皮红心"的两面政权。党的领导机关也迁到偏僻的农村，避开敌特锋芒，站稳脚跟，深入调查研究、分析和利用茂名县国民党内部之间的矛盾和斗争，把可以团结的力量争取过来共同对付主要的敌人。

抗战时期，茂名地下党领导人抓住有利时机，大力开展青运工作，通过茂名县民众教育馆组织读书会，公开、秘密地发展吸收了五六百名思想进步、政治可靠的青年学生和工人入会，公开组织阅读鲁迅、高尔基等革命作家的文艺作品，开展专题讨论、座谈、辩论等，秘密学习马克思、恩格斯、列宁、斯大林、毛泽东等的著作，在读书会内个别发展较坚定可靠的革命积极分子，将其吸收进游击小组或发展入党。

当时党组织鉴于农村农民工作进展较慢，决定把工作重点转到农村，深入农村培训农民骨干，发动农民，秘密扩大发展游击小组队伍。至1944年底，茂电信各地已有游击小组成员5000多人，为后来的武装斗争打下坚实的根基。

茂南地区人民在抗日救亡运动中，不但在精神上、物质上支援前方的抗日战争，而且纷纷行动起来，输送了一大批爱国青年奔赴前线，投入抗敌守土的浴血战斗。

（一）奔赴抗日前线　战士英勇杀敌

1945 年，为适应抗日战争的新形势，中共南路特委指示，各地有共产党领导的武装都要举行武装起义，鳌头区飞马乡的党员干部郑奎、李嘉、郑金等率飞马乡抗日自卫队 24 人和革命青年 50 人，于 1945 年 2 月 17 日在飞马郑氏宗祠举行革命武装起义。其后，起义队伍参加烧酒起义，先后改、扩编为南路人民抗日解放军茂名中队、茂名大队，南路人民抗日解放军第四团六连、独立连，成为茂电信地区一支重要的革命武装力量。

烧酒起义受挫后，起义武装队伍时分时合，在陈垌、羊角、飞马、覃巴、三角窝等地活动，深入宣传动员群众，组织群众广泛开展建立党组织活动和武装斗争。一大批思想进步的青年加入共产党，壮大了革命队伍。1945 年 7 月，茂南武装活动负责人钟正书和郑奎策反覃巴乡日伪军连长郑剑，由覃巴、茂南和三角窝的地下游击小组、郑剑带来的伪军一个连共 170 多人成立南路人民抗日茂名大队，举行覃巴起义，后转移廉江、遂溪敌后抗击日军，为抗日战争全面胜利作出了贡献。

抗日战争爆发后，中华民族面临生死存亡的危急关头，在中国共产党的号召下，许多茂南志士毅然离乡背井，奔赴抗日第一线，出生入死，与日军斗智斗勇，狠狠打击了日本侵略者的嚣张气焰。众多茂南热血青年，奋不顾身、英勇杀敌，讴歌了中华儿女前仆后继地抗击日军、不怕流血牺牲、宁死不屈的民族气节和天下存亡、匹夫有责的爱国情怀。以可歌可泣的抗日业绩，在伟大的抗日战争史上留下了茂南人光辉的一页。

更有郑奎、郑明、郑耀、郑金等许许多多的革命英雄。他们有着大无畏的精神和热爱中华民族的伟大胸怀，展示了不畏强暴、血战到底的英雄气概，百折不挠、坚忍不拔的必胜信念。

（二）兴起习武之风　抗日氛围浓厚

在党组织的宣传发动下，茂南民众抗日救亡热情高涨，除参加地下党组织的抗日队伍外，许多民众还自发参加武术馆（当地称功夫馆），训练抗日杀敌之术。

茂南武术运动于元末明初传入，在鳌头兴起。据高州府府志，当时鳌头一带多为荒坡，沼泽连片，人烟稀少。因时势动荡，北人南迁，这些人当中有不少熟习武艺，带来了北方的长拳和关中红拳，且迁入人口中以福建籍最多，南少林拳始于鳌头地区流传。至清朝早中期，岭南洪、刘、蔡、李、莫五大拳种广泛流传于鳌头地区。清朝后期，茂南有两位粤西著名的洪拳武术大师林伟龙、黄庆龙，自幼刻苦习武，后到茂南鳌头、电白水东、吴川梅菉等地传授洪拳。抗日战争时期，他们和众多武术师傅一道，奔走于各地，发动和组织民众习武抗日。当时茂南有庆武堂、聚英堂、耀武堂、义武堂、万英堂，水东有光武堂等众多功夫馆，习武人数以万计。尤其是鳌头地区，几乎村村有武馆，家家有人习武，民众练习武术抗击日军的热情空前高涨。飞马、文秀、木头塘、北斗等地的地下党员，还通过组建功夫馆发展、壮大革命队伍，各馆大都有数十人，馆员很多都成为解放战争期间武工队、游击队的骨干力量。

四、应对国民党的反共逆流

1939 年 1 月，国民党决定将其政策的重点从对外转向对内，制定"溶共、防共、限共、反共"的方针。随后陆续秘密颁布《限制异党活动办法》《沦陷区防范共党活动办法草案》《异党问题处理办法》等，企图在政治、军事、经济等方面，对共产党及其领导的抗日力量加以限制、打击和消灭。11 月，国民党进一步确定"军事限共为主、政治限共为辅"。1939 年冬，国民党顽固派在全国掀起了全面的反共高潮。

中共中央从民族大局出发，明确提出坚持抗战、团结、进步的方针，要求国民党停止各种限制、排挤、诬蔑、迫害抗日部队和共产党的行为。茂南区各党支部、党小组在茂电信化党组织的指导和支持下，坚持做好统战工作，开展长期隐蔽的革命斗争。

（一）建立地下交通联络网

为应对国民党顽固派的反共逆流，便于党员与党组织保持联系，中共茂名县委在城区和县内东、南、西、北四个区都设立了地下交通联系站。1940 年秋，为沟通茂名—电白—梅菉的联系，中共茂名县委在公馆圩新民学舍建立了交通站，梁恩波、陈擎天、张杞才、柯荣萱等先后在这个交通站工作过。此后，在茂南的合水汝嘉小学，鳌头飞马，袂花，羊角，山阁烧酒等地建立交通联络站。这些交通联络站的任务主要是掩护党员，传达上级指示精神，串联发动群众，开展抗日救亡活动，发展党的组织，开展对敌斗争，做好统战工作。

（二）转移隐蔽进行长期斗争

为了适应突变的形势，粉碎国民党掀起的反共逆流，坚持抗战，中共茂名县党组织根据中共南路特委指示，把抗日团体中的共产党员一部分有组织有计划地疏散到高州、广州湾等地，重新分配工作，另一部分转移到学校、农村，坚持长期斗争。

羊角党支部的黄禄海、李延年先后在田心、凰渐、黄塘窿等村庄组织读书会，参加读书会的青年达 60 多人。1941 年 6 月，国民党羊角乡乡兵到羊角秘密交通站搜查，没发现证据后撤走。按特委布置，黄存立、黄东、严子刚等一批已暴露身份的党员撤退到广州湾。1942 年 3 月，南路特委派庞自任中共电白县特别支部书记。庞自后来进入羊角禄段乡第十保国民学校任教，并以此作掩护，领导全县工作。

茂名县党组织通过各种关系，派党员打入国民党内部，掌握敌情。中共党员李嘉把在茂名中学教书的丈夫梁之模介绍给国民党高雷守备部指挥官邓鄂（镇盛镇白沙人）做家庭教师。梁之模博学多才，深得邓鄂信任。李嘉随丈夫住进邓公馆，掌握了许多重要的敌情，为茂名县党组织应对国民党的反共逆流做好情报工作。

（三）建立"白皮红心"的乡政权

"白皮红心"两面政权是乡政府机构按照国民党政府编制组成，表面上由国民党县政府管理，但乡长是共产党员，乡政府机构的职员则由共产党员乡长选择配备。它对国民党政府一些不符合人民利益的反动政策法令，采取名为拥护实为反对的办法抵制应付，实际上是利用乡政权的外衣来掩护地下党的活动，推行共产党的方针政策，扩大党的影响，壮大地下党的力量。1939 年，共产党员郑奎出任飞马乡乡长，自此地下党就掌握了飞马乡的政权。

开展统一战线工作。郑奎利用乡长的身份，对该地区的乡亲父老、开明绅士、有一定威信的各阶层人士开展统战工作，争取他们同情、支持，和地下党团结合作，共同抗日救亡。较有威望的开明人士郑述金不仅积极支持郑奎，还将私人枪支交给他开展抗日武装斗争。

利用乡长职位，安排、介绍一些地下党员、进步分子到飞马小学任教，占领村中的文化教育阵地。通过教育学生、拜访家长、召开家长会等多种形式，广泛宣传抗日救国政策、方针和马列主义思想，扩大共产党的影响，飞马小学成为地下党领导下的一个重要的工作阵地。

利用乡政权来掩护支持地下党组织，广泛发动群众，组织群众进行抗日救国的活动。当时飞马村群众组织有武术馆、妇女会、歌咏队、儿童团等。这些群众组织，在地下党组织的领导下进行活动，宣传党的方针政策，把全村各阶层的人民群众都团结在共产党的周围。与此同时，在群众活动中物色有威信、有能力的积极分子进行培养教育，把条件成熟的吸收为共产党员，以扩大党的基层组织力量。

通过乡政权来掌握武装。抗日战争期间，国民党统治区的乡政府，都设有二三十人的乡自卫队。飞马自卫队除由郑奎担任队长外，队副由党员郑美南担任。这支武装力量完全由地下党掌握控制。1943年，日本侵略军占领广州湾之后，继而又占领廉江县城，廉、化、吴、梅地区已成为抗击日本侵略军的前沿地区。

积极执行南路特委的战略部署，放手发动群众，组织地下游击小组。各地党组织积极调查登记公枪和民枪，和地下党所掌握的政权武装相配合，准备进行武装起义。1945年春举行茂南武装起义后，飞马"白皮红心"的乡政权完成了它的历史使命。

开展抗日武装斗争

　　1944 年 4 月中旬，日军发动豫湘桂战役。豫湘桂战役前后，南路形势骤然紧张。驻雷州半岛的日军，继续扩大占领区，进犯吴、廉、化边境，茂名县、电白县、信宜县遭轰炸。面对日本的侵略，当年冬，中共南路特委根据南方局的指示，决定发动南路各县人民武装起义，建立党自主领导的抗日武装队伍，肩负起抗击日军保家卫国的重任。随后，茂电信特派员陈华在羊角召开三县领导骨干会议，传达贯彻南路特委"为了迎接王震部队南下广东，配合吴化廉梅人民武装起义，建立抗日根据地的指示"，要求茂电信三县于 1945 年春节前后，全面发动武装起义，以粉碎国民党顽固派消极抗日、积极反共的阴谋。

　　1945 年 1 月 13 日，张炎率 800 人在吴川举行武装起义，要求中共南路特委派武装部队联合攻打吴川县政府。张炎起义总队在南路抗日游击队的配合下，解放了吴川县。为了配合张炎起义，中共茂电信化四县党组织在春节前后领导了一系列武装起义。

一、组建抗日游击小组控制地方武装

　　为更有效地开展抗日游击战争，中共茂名县党组织决定在建立和扩大抗日游击小组的同时，派共产党员打入国民党的地方武装，借以发展壮大武装力量。

　　1944 年，党组织在吸收游击小组成员时，坚持严格的标准，履行一定的加入组织手续。要求在组织观念上必须绝对服从中国共产党的领导和指挥，做到召之即来，来之能战；能宣传、团结、教育人民群众，完成筹集枪支、弹药、粮食等各项任务等。具备以上条件并由一至两名党员或游击小组骨干介绍，经上级党组织审批后才能成为游击小组成员。随后，还需履行入伍宣誓手续。当年夏，中共南路特委规划在鳌头、袂花、小良、覃巴一带，由郑奎负责筹建一个大队。郑奎立即筹集枪支弹药，以飞马游击队为基础，建立了一支50多人的抗日武装游击队，郑奎被指定为中队长，又派吴心平、陈卓勋分别进入鳌头、袂花乡任自卫队队长，把两乡的武装力量掌握起来，同时在飞马秘密组织游击小组，组员发展到200多人。到年底，茂名县秘密吸收参加游击小组的成员已有1000余人，为建立抗日武装力量做了初步的组织准备。

11月，南路特委温焯华从隐蔽于敌人内部的陈达增处获悉，国民党保十团准备将已修好的2挺机枪和一批长、短枪，由高州城护运至化县"剿共"。经党组织研究，决定在沙琅乡大垌村路头铺伏击夺缴这批武器。根据陈华的通知，郑奎从飞马乡自卫队中取出4支最好的驳壳枪及200多发子弹，配备武装突击队参加伏击战斗。这次战斗共击毙保十团护运队1名副官、3名士兵，缴获轻机枪2挺、长短枪9支。大垌村路头铺伏击夺枪战斗，揭开了茂名县中共独立领导抗日武装斗争的序幕。

其间，羊角成立了抗日游击小组，吸收了一批思想进步的青年学生和小学教员，并在地下党活动的乡村发展一批农民积极分子加入。田心、山和、凰渐、黄塘窿等游击小组壮大到有10多支枪、数十个成员的游击武装队伍。该地区群众基础较好，处于茂名、电白两县武装斗争的联络地带，不少党员和进步群众的家，成为游击活动秘密联络据点，很好地支持了革命。

为做好武装起义准备，茂名县抗日武装积极抓好训练和演习，干部也抓紧时间学习军事知识，革命斗争热情高涨。

二、茂南抗日武装斗争

1945 年初，中共南路特委决定举行抗日武装起义，中共茂名特派员陈华在茂北的曹江凤村布置武装斗争工作后，1 月 20 日赶赴茂南，向中共茂南负责人车振伦与钟正书、龙思云等传达命令，陈华说："侵占广州湾的日寇，加紧向化县、茂名推进，国民党军队西逃；吴川县人民已举行武装起义，会同张炎部队攻打吴川县政府，活捉反动县长邓侠，收缴大批武器，起义部队准备进攻高州。为此，南路特委指示立即组织部队，发动武装起义，打击国民党顽固派，迎击日寇，保卫家乡。"确定车振伦为茂南军事负责人，具体负责组织领导茂南人民的武装起义。

（一）飞马武装起义

根据车振伦的部署，郑奎、李嘉积极筹备飞马乡的武装起义工作。

1945 年 2 月 16 日晚，郑奎从飞马乡自卫队拿出 18 支步枪及数百发子弹支援烧酒起义，派郑叔奎、郑英诗为向导，护送中共茂南军事负责人车振伦、钟正书及枪支到烧酒村。17 日凌晨，郑奎、李嘉、梁之模等在飞马乡公所开会，率领已组织起来的游击队队员和被教育过来的乡兵共 40 多人，携带乡公所掌握的长短枪数十支、弹药一批，组成飞马中队，宣布举行飞马乡抗日武装起义。并向当地开明人士、茂名县参议员郑述金征借驳壳枪两支，子弹 100 多发供部队使用。随后，按上级所指定的集中地点，郑奎、李嘉率领配备了步枪 40 多支、驳壳枪 8 支、左轮手枪数支、手榴弹 10 多颗的飞马中队共 48 人奔赴烧酒村，与龙思云率领的烧酒中队、罗秋云率领的陈垌中队会合，共同举行茂南烧酒抗日武装起义。

飞马武装起义惊动了敌人，国民党茂名县县长陈子和带着大队人马前来飞马乡，封村抄家捉人，重点是抄郑奎的家，追查随同起义人员，还勒令悬赏缉拿郑奎，使村中的人财物遭受极大损失。

（二）烧酒武装起义

1945年2月初，刘炳燊调到茂南和车振伦一起负责组织武装起义。他们到达山阁烧酒村，召集党支部成员龙思云、李颐年、李维三等举行秘密会议，就起义的准备工作进行研究讨论。

按照陈华的部署，茂南起义的中心定在烧酒，但烧酒开辟为抗日据点不久，群众基础比较薄弱。虽然在1944年秋天发展了170多人参加游击小组，但真正能参加战斗的不足100人，而且都没有经过军事训练，大都不会打仗，特别缺乏粮食、武器和弹药。针对这种情况，大家商定，刘炳燊坐镇烧酒，协助龙思云、李颐年发动群众筹集粮食，动员游击小组组员收缴地主武装，筹集武器弹药；车振伦带钟正书及农民李端品3人前往飞马婆迊村，向郑奎等人传达陈华的指示。结合飞马的实际，车振伦提出：一要充分利用各种社会关系，搜集武器，扩大乡自卫队。二要严格审查乡自卫队，不可靠的人要清洗出队，把游击小组成员充实到乡自卫队。三要把乡公所粮食尽可能收藏起来，为起义部队备用。四要在乡自卫队举行起义时，破坏敌人的通信系统。五要请郑奎适当抽出步枪及子弹支援烧酒起义。

随后，钟正书回陈垌板桥村同罗秋云研究成立陈垌中队。2月14日，他们通知早已编好队、能脱产参加部队的地下游击队队员到板桥村集中，宣布成立陈垌中队，中队长为罗秋云，指导员为钟正书。中队下设3个小队和一个手枪队，共50多人，配有40多支步枪、10多支短枪和10多颗手榴弹。陈垌中队准备攻打陈垌乡公所，由于敌人众多，当晚部队开到湖塘村隐蔽，由罗秋云讲纪律和军事常识,钟正书讲形势和任务。16 日晚,罗秋云率领队伍到烧酒村集中。17 日晚,郑奎带领飞马中队抵达烧酒村。当晚烧酒中队 50 多人全副武装紧急集合,并派短枪队在村外围警戒。

2 月 18 日,3 个中队 160 多人在烧酒龙底村小学球场集中。由车振伦、刘炳燊宣布武装起义,正式成立南路人民抗日解放军茂南大队,车振伦任大队长,郑奎和罗秋云任副大队长,刘炳燊任政委,龙思云、李颐年、钟正书任副政委。后勤部正、副主任分别为李维三和李嘉。李嘉因工作出色,又变卖家财充当军费,群众威信高,被车振伦誉为"巾帼英雄"。烧酒中队队长、指导员分别由李颐年、龙思云兼任,陈垌中队队长、指导员由罗秋云、钟正书兼任,飞马中队队长、指导员由郑奎兼任。从外地奉命前来参加起义的党员骨干有罗淑英、梁惠珍以及进步人士梁之模,分别随队担任政治工作和后勤工作。

茂南大队成立的第二天,拟攻打仁里乡公所。为了摸清情况,车振伦和钟正书带领一个侦察小组前往仁里乡进行侦察。车振伦到了仁里后,发现乡公所四门紧闭,重兵防范,戒备森严,并在岗楼上架起一排长枪,剑拔弩张。车振伦等见此情况,因乡公所已做准备,戒备森严,且实力悬殊,无法攻打。起义队伍于是改变计划,前往红粉营整训,化整为零,分散隐蔽,等待时机,准备再战。

在烧酒武装起义前,镇盛游击小组成员李淑明从家里取出一支左轮枪和 100 多发子弹,交吴时苑转给党组织。武装起义时,根据钟正书的布置,李淑明、谭琼珍要到公馆圩柯乙福家的源栈商店集中,谭琼珍把从家里偷出的左轮枪交给柯乙福后,谭仲才将人和枪带到陈垌圩路边铺等候。到黄昏时联络员仍未来,又见前面有一队乡兵过来,大家怕被盘查,谭仲才带枪离开。乡兵怀疑前往追赶，谭仲才随即鸣枪数响逃脱，而李淑明、谭琼珍不幸被捕。茂南大队获悉情况后，车振伦、刘炳燊召开大队领导干部会议研究，决定派 10 名手枪队队员在黎明前开到新村铺埋伏，准备抢回二人，但乡兵已于凌晨 3 时将她俩押送到高州城。由于李淑明、谭琼珍被捕，高州城守军准备派大部队前来搜查陈垌地区，形势非常严峻。

车振伦、刘炳燊立即召开大队干部会议，分析形势，研究对策。大家一致认为，高州城是国民党在南路的统治中心，茂南是国民党军政要人邓龙光、邓鄂和陈沛的家乡，军事力量较强，交通方便，攻打高州城易受国民党军队围攻；目前群众基础较为薄弱，能隐蔽一个大队的村庄不多，部队供给困难。这次起义，破坏了国民党军队的电话线，使国民党军队已有察觉，国民党军队会很快前来"围剿"。于是，经请示陈华同意后决定：各区领导带领自己组建的中队返回原地，把长枪收藏起来，动员战士暂时回家待命；各区领导留下精干手枪队，坚持斗争；开辟新区，继续开展抗日救亡活动；警惕大规模的"清乡""扫荡"，各小区要从本区实际出发严密防范。会后，各中队集中传达大队干部会议决定。郑奎、李嘉和梁之模率领飞马中队返回到飞马附近村庄隐蔽起来；烧酒中队留在烧酒。龙思云、李颐年手枪队在烧酒附近开辟新区；刘炳燊带领梁惠珍、崔雪飞等到陈垌区活动；车振伦、钟正书、罗秋云率陈垌中队开返大兴园。手枪队除留下 5 人坚持斗争外，其余化整为零。

3 月，国民党白色恐怖笼罩茂南的湖塘村，捉去董世南、董世华、董丽武、董存会 4 个游击队员。国民党军队扬言，如果捉到一个共产党员，赏 1000 元。在国民党军队的严刑吊打、威逼利诱下，4 个队员仍坚守秘密。后来通过董存会的亲人将这 4 人赎了出来。

随后，李颐年和3个手枪队队员组成武工队，由龙思云领导，在烧酒附近坚持斗争。武工队队员时刻防备国民党自卫队，夜间走出野外睡，白天回村。一天凌晨时分，国民党自卫队突然包围烧酒村"扫荡"。当时龙思云、李颐年已回到村边，有个村民从村里出来说："敌人进村了。"他们两人马上掉转头离开。有一个国民党自卫队队员从树林里出来，二人装作到田边水坑洗脚，避开这个人。随后二人向村民借到锄头粪箕化装成农民离开了烧酒村，转移到湛江向南路特委温焯华汇报。根据安排，李颐年参加了覃巴起义。当日，国民党自卫队包围烧酒村，扣押了许多群众进行刑讯审问，但并无收获。

5月，国民党茂名县警察局长黄光弼带领自卫队300多人，再次包围烧酒村，关押村中群众400多人，威逼他们交出地下党员车振伦、钟正书、李颐年和游击小组成员。还派兵抄了李颐年的家，将其年迈祖母推倒在地，拳打脚踢，致其不久后去世。自卫队还用枪顶着李颐年胞弟李亚泉胸部进行审讯，20岁的李亚泉被拷打致残，不久牺牲。经党组织教育而同情支持革命的保长李立溪，回村解救群众，不幸被自卫队枪杀。自卫队还杀害了中共党员李维三的儿子。为了捕捉李颐年，国民党出花红悬赏，悬赏费用全部由李颐年父亲李云堂负担。乡长伍礼泉惧怕李颐年带领共产党员回乡杀他，强迫李云堂长期负责供养两名乡兵保护他的人身安全，直到烧酒村解放。

在陈垌圩被捕的李淑明，在狱中英勇顽强，坚贞不屈。临刑前把戒指托谭琼珍交给她的妈妈，所有衣物分给狱中难友。她遍体鳞伤，满身血迹，高唱国际歌，高呼"打倒国民党反动派！""最后胜利属于我们！"的口号从容就义。

（三）合水武装起义

茂南武装起义时，由于合水地区革命活动负责人柯荣萱、柯日轮的党组织关系在原高州中学党支部李一鸣处，李一鸣通知他们组织抗日武装起义。1945 年 1 月，合水地区组织武装起义，并开往化南地区参加茂化吴梅边武装战斗，揭开了合水抗日武装斗争的序幕。

参加合水武装起义的队员有汝嘉小学、浴德小学师生及果子园村、文秀村群众共 25 人，其中妇女 5 人。柯日轮任中队长，柯荣萱任指导员。起义需要武器，当时筹集枪械是一个难题，游击队队员想尽办法，通过统战关系，向亲戚朋友求借。柯日轮从家里拿出曲尺手枪 1 支、柯捷才从家里拿出步枪 1 支，柯日轮、柯捷才在文秀四联保处借得驳壳枪 1 支、手榴弹数颗，又从亲友处借得驳壳枪、左轮手枪、曲尺手枪、揸咀手枪各 1 支，柯荣萱向合水保队副黄建棠借到长短枪各 1 支，又向亲友借到驳壳枪 1 支。队伍组织起来后，原拟攻打白沙乡公所，多收缴一些枪械才去化南，攻打乡公所的内外地形图和内线人员都准备好了，但因情况有变化，条件不成熟，便改变了计划。

1 月 17 日晚上，合水武装队伍在汝嘉小学集中，9 时出发，由柯荣萱、柯日轮率领，从小路前往化南，跑了 30 多千米，天亮时到达起义大队所在地良村，随即加入化东南游击大队编制，配齐枪支弹药。柯日轮任一中队指导员，柯荣萱任二中队指导员。李福全、郭明及 5 位女战士调入宣传队，做宣传政策和发动群众工作。

1 月 25 日，部队在东西上岭驻防，刚刚吃完早饭，忽报国民党保安团团长李钧率领吴川县一个自卫中队来袭。部队立即主动出击，迂回包围，将自卫中队分切为两段，以密集火力痛击。这场仗打得很激烈，当地群众鸣锣擂鼓，奋起助战，他们挥舞着大刀、长矛、藤牌、马叉、担挑，从四面八方向自卫中队扑去，一时间，方圆数里杀声震天，自卫中队仓皇溃逃。柯日轮所在的第一中队紧紧追击,俘10人,缴获步枪9支。

自卫中队一部分逃入良村祠堂,负隅顽抗。一中队将其团团包围起来,多次组织进攻。狡猾的自卫中队在里面将墙壁挖了几个枪眼开枪回击。一中队队长李雨山身先士卒,带领突击组多次冲锋未能接近,忽然被子弹打中头部,血流如注。柯日轮赶忙一手持藤牌,一手开动快掣驳壳枪冲上去,把他背负下来。激战到天黑,强攻不下,自卫中队援兵将至,队伍只好转移至南巢驻防。

过了两天,由于自卫中队组织大规模反扑,大队通知合水来的游击队队员,凡在家乡未暴露身份的战士分散撤回合水隐蔽,等候时机再次召集。柯日轮、柯荣萱、柯捷才、李福全、郭明5人留下,随大队活动了一段时间,参加了南巢突围战斗后才撤离。

由于做好了统战工作,合水副乡长柯玙璇、乡绅柯成西、保队副黄建棠,文秀村四联保主任许纯生、保长柯克劲等都积极保护合水游击队队员,让撤退回乡人员都能平安在家乡活动,没有一个被捕或被迫"自新"的。这批革命力量很好地保存了下来,并在解放战争时期继续发展壮大,为茂南解放事业作出了贡献。

(四)羊角游击斗争

羊角处在茂名、电白的交界地带,利于地下革命活动迂回转移。1944年5月,电白县党组织领导人到距离霞洞不远的一个荔枝园开会,决定加强羊角地区党的建设,发动群众参加革命武装队伍,准备迎击侵华日军。

6月上旬,羊角党组织在田心祠堂召开了党支部会议,参加人员有李延年、黄成煦、黄祖文、李立兴、李鹏翔等,通过了党支部决议,决定李延年为党支部负责人,恢复和开展党的组织活动,由李延年、黄成煦负责游击区的全面工作,区以下分片,其中凰渐片由李立兴、李佐平负责,黄塘片(包括南香)由黄家明、周之干负责,山和片由黄成煦负责(兼),羊角圩由黄祖文、黄大成负责，田心、那际、油麻坡片由李延年（兼）、李鹤年负责；佛子窟、何屋岭片由李鹏翔、李平年、李应超负责。经过 10 多天的积极努力，第一批发展了黄守全等 50 多名游击队队员。至年底，羊角区的游击队队员已发展到 150 名。同时配备了 40 多支步枪和几支驳壳、左轮手枪等。

8—9 月，中共茂名县领导人车振伦来到羊角凰渐村李平家，订出互相配合，开展地下革命活动计划。不久，茂名县烧酒区负责人龙思云、李颐年等，也到羊角乡来联系工作。至此，相距不足 10 千米的羊角、烧酒两地连成一片，接着烧酒村又与陈垌区连接起来。这样，几个区的游击组织活动区域不断扩大，使游击活动天地更为广阔。至 1944 年底，为了配合张炎在吴川的起义，茂电信及茂名县领导人陈华、刘炳燊、车振伦、梁昌东、钟正书、郑光民等常驻羊角乡和烧酒村，对两地的革命工作，亲自组织领导，进行指挥。

1945 年春节前后，茂电游击区武装起义由于种种原因而相继受挫，武装队伍化整为零，伺机发展。飞马的郑奎，根子的杨进瑞，茂北的杨超、杨麟等领导人及其所率武装部队的部分队员，分别撤退到凰渐、山和、田心、山斜、那际和沙田坡等村庄隐蔽。当时，陈华从有利于领导和活动起见，曾一度将羊角划给茂名县领导。

2—3 月，陈华宣布成立一支短枪队，由郑奎任队长，李延年任副队长。同时，筹集款项，解决伤病员的医疗及各项活动的开支。在羊角、马踏各抽调 8 名和 3 名精干队员，配合茂名县起义的部分队员等共 30 人左右，组成手枪队，开展游击活动。为了提高游击队队员的军事素质，5 月中旬，由刘炳燊、梁昌东等人负责，在那际堡垒户苏月秋家的大屋里举办一期军事训练班，参加人员有钟正书、郑光民、李江、杨超、杨瑞芬、杨进瑞、李延年等 10 多人，班中的政治和军事课，分别由刘炳燊和梁昌东负责。训练班的同志经过 8 天时间的学习，政治水平和军事素质都有所提高，为以后的革命斗争打下了基础。

茂电信地下党领导茂南武装起义后，国民党曾出动两个中队兵力，从电城长途奔袭羊角交通站及驻在凰渐片的游击队。由于情报工作及时准确，游击队早有应对准备，预先撤退了全部人员，国民党军队扑空而返。5 月中旬，又有茂名县顽固派黄光拔带领一个大队的兵力，对烧酒游击区进行"围剿"。但游击队接到秘密情报，赶在"进剿"之前便撤离了烧酒地区，弄得顽固派军队一无所获，晕头转向。就这样，一次又一次的"围剿""扫荡"，都给游击队粉碎了。

（五）覃巴武装起义

中华人民共和国成立前，覃巴属鳌头区管辖（今属湛江吴川市）。共产党在覃巴的活动由吴川党组织领导，覃巴与飞马的革命活动区域已连成一片。

烧酒起义受挫后，郑奎带领队伍回到飞马乡。1945 年 7 月初，钟正书带手枪队到飞马同郑奎商量开辟新区，坚持反"扫荡"工作。郑奎说覃巴乡日伪军连长郑剑是飞马村人，曾经托人找他面谈，征求钟正书对此事的看法。钟正书分析形势后认为，郑剑求见是想弃暗投明，应该大力争取。不久，郑剑果然找到郑奎，表明决心想拉队伍参加共产党游击队，但对游击队怎样安置他几十人的队伍仍不放心。郑奎一方面稳定郑剑的情绪，一方面定好联络方式、地点，让其等待通知。

随后，钟正书将此事向茂名军事指挥梁昌东汇报。梁昌东请示陈华同意后去覃巴找庞达研究，并经吴川、梅菉党组织同意，梁昌东、庞达、周亮、梁振初等商量决定，由梁振初、周亮动员覃巴、茂南和三角窝的地下游击小组 80 多人成立两个中队，把郑奎策动郑剑带来的伪军一个连约 80 人改组为一个中队，三个中队共 170 多人，成立南路人民抗日解放军茂名大队。郑奎为大队长，梁振初、郑剑为副大队长，周亮为教导员，杨超为助理教导员。7 月 12 日，起义队伍集中在南山祠堂会合，宣布举行覃巴武装起义，开进覃巴村攻打乡公所，但敌人已闻风而逃，大队冲入反动官僚的当铺，将契据账簿烧掉，让群众拿回典当物资，部队也乘机收缴敌人武器。

几天后，敌人纠集了 600 多人的反动武装，疯狂反扑。郑奎带领主力与敌周旋，几经周折，乘渔船转移到滨海三角窝，再转移到廉江新塘和遂溪泥地。按上级指示，编为南路人民抗日解放军一团独立营，后编为四团六连，连长为郑奎，坚持在廉江、遂溪敌后抗击日军。留在飞马坚持斗争的抗日人士，多方筹粮筹款给予支援，直至日军投降。

四团六连是茂电信党组织领导的八次抗日武装起义后保留下来的武装连队，在抗日前线的战火锻炼中，政治、军事素质大大提高，后来成为茂电信地区在解放战争时期的骨干力量。

茂南人民抗日武装斗争，从组织发动到分散掩蔽，前后历时数月，极大地威慑了敌人，鼓舞了群众，揭开了茂南武装斗争的新篇章。

4

第四章

解放战争时期

顽强奋战 血火岁月

一、英勇无畏的郑奎队伍

（一）六连回师茂电信

1945 年秋，国民党集中大部队向遂、廉、化、吴进行大"扫荡"。10 月，六连奉命从遂溪游击区开返茂南，由排长罗秋云当向导，开往金塘文林村与钟正书领导的手枪队会合。领导关系转交茂电信党组织，四团副团长黄载源随同返回。

这期间，六连在文林村隐蔽休整了两天，连队与茂南的干部开会分析形势，研究连队的活动问题。大家一致认为：茂南为国民党顽固派首领家乡，敌人军事力量强大。而且茂南是平原地区，没有大山没有森林，能供部队隐蔽的村庄不多，长期在此活动有困难。决定除留下罗秋云一个排和钟正书的手枪队在茂南外，郑奎、周亮率其余两个排经羊角开上云潭、那霍山区，同当地的负责人郑光民、李颐年会合。后来根据中共茂电信特派员陈华的指示，六连各排就地分散隐蔽，各组返飞马、覃巴活动。周亮调任云潭、那霍山区负责人。

（二）成立茂电信武工队

1946 年 4 月，钟正书、郑奎在飞马婆氹村召开茂电信武装斗争骨干会议。参加会议的有郑奎、梁振初、黄成煦、陈昭正、梁关和郑金等人。会上，钟正书传达陈华指示，一是总结武装起义经验，根据形势发展需要，茂电信工作分两条线实施：一抓武装斗争，二抓地下党工作。两项工作均由钟正书负责。二是南路特委决定，覃巴区（含三角窝）划给茂电信特派员陈华领导，由钟正书负责。三是决定成立茂电信武工队，队长郑奎，副队长梁振初，指导员钟正书，参谋黄载源。武工队任务是领导群众反"扫荡"斗争，恢复老区，开辟新区，镇压反革命，肃特锄奸，筹粮筹款，筹建主力部队等。会上还宣布：飞马区负责人郑奎，武工队队长郑金；覃巴区负责人梁振初，武工队队长梁关；上南区负责人兼武工队队长陈昭正；羊角区负责人黄成煦、李延年并兼任武工队队长。9月以后，郑金任飞马区负责人兼武工队队长。会后，武工队出发至陈垌、百花林、佳山、那际村一带老区活动，加强同老区人民的联系，后不久到覃巴、梅菉、庄艮等地活动。

群众纷纷反映，绰号"斩狗"的顽固派覃巴乡乡长杨锦生经武工队多次警告和教育，不但不听，反而带顽固派军队到处捕捉群众，对群众罚款、吊打，甚至杀害，无恶不作，群众恨之入骨，要求给予严惩。正在此时，茂电信武工队获悉他派两个乡兵带信件往高州城，于是派人在途中伏击，把两个乡兵捉起来，缴获杨锦生给高州反动当局的报告。该报告称："覃巴'共匪'活动猖狂，请派大兵前来'围剿'"等。于是武工队将计就计，第四天晚上，让这两个乡兵带武工队到杨锦生家，当两个乡兵叫其开门时，武工队即冲入杨家把杨锦生捉到村边处决，并张贴关于处决反动乡长杨锦生的布告，群众闻知拍手叫好。武工队利用这件事召开保长座谈会，争取他们对游击队的支持。覃巴区革命活动全面恢复起来。

（三）武工队北上

5月23日，钟正书到水东向陈华汇报武工队活动情况，陈华听完后说："武工队坚持斗争，开辟新区，是一条很好的路子，要带武工队上信宜交王国强领导，开辟新游击区，然后你就返回，扩大武工队，继续搞武装斗争工作。"

5月27日深夜，武工队到飞马集中，28日早上，国民党顽固派军队一个自卫大队开到鳌头，形势很严峻。飞马的群众，一方面派人出村去探听敌情，一方面派人去监视从鳌头到飞马的渡口，在武工队隐蔽的村庄周围秘密放哨。晚上，武工队集中在婆氹村开会，动员北上。当晚，郑奎的母亲拿出三代相传的玉手镯戴在郑奎手上，说可辟邪保平安。

晚上10点，武工队出发了。经过一夜的行军，29日破晓前到达陈垌黄膳堂田头屋休整。晚上，由茂北派来的交通员邬庭熙带武工队开往曹江。由于天黑下雨，道路泥泞，为防备反动保安队巡夜时发现，武工队的行动小心翼翼。部队来到隐蔽的村庄时天已亮了，农民开始开门干农活。此地离高州城只10多千米，为防止暴露，武工队召集农民开会，讲明共产党领导的游击队是为穷人打天下的，请大家严守秘密。会后，队伍正要休息时，在村背山岗上放哨的哨兵跑步返回报告：曹江乡公所有100多个敌人，正向此处开来。武工队马上把正要煮的番薯分到各户去。为防不测，武工队分成四个战斗组，有的拉着农民的牛，有的扛着锄头，打扮成农民，往荒山野岭走去，在水沟、小灌林分散隐蔽。不久，敌人入村搜查，没发现可疑情况就往曹江方向撤走。

太阳下山后，武工队才集中起来。晚饭时间，交通员用两个蒲草编织成的草袋，装着米饭和两碗咸黄榄，挑到队员面前，可是既没有碗又没有筷子。郑奎说："为了革命，大家用手扒饭吃吧！"于是，你扒一下，我扒一下，塞饱肚子。之后，武工队展开讨论，是渡河北上，还是退回茂南？经过讨论，绝大部分队员都主张北上。于是由两三个会游水的战士夹带一个不会游水的战士，冒着生命危险泅渡，过河后沿河岸摸黑前进。天将破晓，就地在离曹江几里路的只有一户人家的小村隐蔽了一天。31 日晚上，又开始急行军，次日凌晨到达塘角村交通员家休息了一天。6 月 2 日，队员打扮成赶集的农民，分批和农民一道去东岸圩，顺利通过了敌东岸乡公所，到达了大罗村交通站。6 月 3 日早上，在交通员引领下，武工队决定绕道敌乡公所门口前进，钟正书和梁振初率一、二战斗小组先行。从小水乡公所前的道路经过时，突然遇到穿着白衬衫、白柳条竹纱裤、有点醉意的地主黄仲森。他迎面便问："你们到哪里去？"交通员答："我们去怀乡。""做什么呀？"答："做泥水工。""现在还有人建房子吗？""有。"黄仲森对这一行 10 多人产生了怀疑。武工队迅速通过路头铺，横过公路向中垌方向前进。黄昏时刻，王国强派一个交通员到路上接应一、二组到铁叉坑村住，并告之后面部队出了事。后来，交通员带他们到岭底池垌一带活动。钟正书把一、二组队员交给王国强领导后，由叶正海带返水东向陈华汇报。这两个组在信宜活动一段时间后，由于人地生疏，口音不同，很难开展工作，后由交通员叶焕章带路经茂西撤回覃巴。

（四）郑奎四壮士英勇赴义

郑奎、黄载源带领三、四组殿后，走在最后的第四组遇到敌乡兵前来检查，武工队队员阿基仔被敌乡兵拉着搜身，四组组长李士清上前劝说："我们是过路的，请放人呵。"敌乡兵开枪警告，李士清还击，当场打死 1 个乡兵，打伤 2 个乡兵。随后，队伍退到河对岸去了。敌乡兵 30 多人，还有东镇开来 1 个自卫大队 200 多人，妄图围歼第四组 5 个战士。而第四组战士毫不畏惧，英勇战斗，边打边走，安全抵达交通员家隐蔽，再经云覃、那霍安全撤回覃巴。

第三组因交通员听到枪响就跑了，无法继续去目的地，黄载源突围至茂名蓝田铺时被敌人查获，押往高州，遭严刑吊打，宁死不屈，英勇就义。

郑奎脚受了伤，但斗志昂扬，率领张贵、杨康日坚持战斗。子弹打光了，他们把枪支打烂丢掉。最后被捕，押到东镇，遭严刑拷打，反复审讯。敌人妄图用酷刑折磨，迫使他们屈服。战士们英勇顽强，敌人一无所获。战士杨亚松突围到不远处的一个坡地，被敌人追上后被捕，被乡兵绑回小水乡公所门口吊打，用烧红的香火烧灼其身体，妄图迫使他讲出来到信宜的任务、找谁联系，但杨亚松虽然遍体鳞伤，却守口如瓶，什么也不说。后敌人把其押到东镇和郑奎、张贵、杨康日一起审讯。郑奎昂首挺胸，滔滔不绝地揭露国民党反动派的罪行和黑暗统治，指出国民党必然失败，共产党胜利已成定局，共产党人是不怕死的，怕死就不当共产党。当时陪审律师过后对其亲友赞扬说："我陪审过许多人，从未见过像这四人这样英雄好汉的。"当他们在东镇被公开押赴刑场时，昂首阔步，大义凛然，沿途不断高呼"中国共产党万岁"的口号，在场观看的农民、学生及各界群众深受感动，许多人泪如泉涌。

四壮士为共产主义事业献身的精神是磨灭不了的，永远激励着人们前进。

郑奎壮烈牺牲后，根据中共茂电信特派员陈华指示，1946年9月，茂电信武工队指导员钟正书将羊角、飞马等地的武装人员调集到覃巴沙田村，以茂电信武工队队员为骨干，成立茂电信独立大队，梁振初任大队长，钟正书任政委，独立大队140多人，分为3个中队，分别由杨瑞芬、李延年、李时清任中队长。

二、独立连转战茂南

1947年3月，为了执行南路特委指示，茂电信党组织从独立大队中抽出一部分干部、战士组成武工队开辟新区，把剩下的队伍整编为茂电信独立连，梁振初任连长，刘绍兰任副连长，钟正书任指导员，李颐年任副指导员，下辖3个排，车克猷、李时清、蔡守祥分别任排长。

4月6日太阳下山后，茂电信军事特派员王国强率领独立连从羊角沙田坡出发，经过一夜急行军，7日早上4点多抵达飞马村。他们安排休息，正在吃饭时，敌人已跟踪到了飞马村，并爬上半山腰。连长梁振初马上集中部队，命令一排冲上村背籁仔岭占领制高点，二排跑步到岭脚，进入阵地。敌人机枪向独立连猛烈扫射，一排排长蔡守祥受重伤，部队无法前进。独立连指导员钟正书同连长梁振初商量后，由钟正书率一排从田沟前进，占领离村1千米的东边山岗，在高处架起机枪还击敌人，掩护二、三排战士撤离村庄。当王国强率队向东撤退时，发现东边的一条田沟里已有数百个敌人埋伏，并向独立连猛烈射击。当时部队的东面没有高山，没有森林，如果再遇水东、袂花的敌人前来截击，部队处境就更为危险。正在此时，飞马群众冒险前来告知，驻鳌头敌自卫大队联防队数百人已控制飞马河对岸，正加强布防。于是，独立连利用地形固守，消耗敌人兵力，打算夜间才撤走。敌人不断发起冲锋，均被打退。独立连战士李尚贵、李官兴、陈康龙壮烈牺牲，一排排长蔡守祥、班长蔡胜坤两兄弟受重伤被俘，后来被押到水东光荣就义。到下午4时多，敌人发现独立连很少还击，估计子弹打得差不多了，于是利用西边制高点架起两挺机枪集中火力猛烈扫射，掩护东边敌人发起冲锋。独立连二排战士坚决还击，子弹已基本打光，处境非常危险。钟正书率战士从高地冲杀下来，组织二排战士坚决抵抗，把所有手榴弹的盖子打开，长枪上好刺刀，准备与敌人肉搏，保卫阵地。激战将至黄昏，在独立连英勇顽强的打击下，当天敌人先后多次冲锋都被击退，共打死打伤敌人10多人，缴获了一批枪支弹药。

就在独立连集中兵力准备寻机突围的关键时刻，梁关、郑金率领中共飞马覃巴武工队前来支援，控制了飞马渡头，并派出人员前来支援，一边到阵地救护伤员，一边参加战斗，全力掩护独立连安全撤离了簕仔岭。在激烈的战斗中，武工队队员郑康、陈桂、蔡寿、"香港仔" 4 人壮烈牺牲，欧平、梁君桃、叶五、梁关、高佬何、黄中明 6 人负伤。

战斗结束后，独立连在飞马姓胡村掩蔽一天，4 月 8 日晚开往化县途经顿谷村时，战士陈亚彩掉队被敌人捉到鳌头圩严刑拷打，英勇牺牲。部队当晚开到化县柑村，同粤桂边地委副书记吴有恒率领的新编一团、四团会师，兄弟部队支援几千发子弹，充实独立连。

4 月 25 日，新四团团长叶宗玙率领柯炽荣连前往飞马大村，途中遭到县警察第三和第五中队、区团警察、鳌头乡自卫队、小良乡梁炎祥联防队共 600 多人围攻。独立连当晚刚到飞马，得知叶宗玙团遭受围攻，即派两个排攻打梁炎祥联防队。柯炽荣连一部分兵力佯攻鳌头区公所，迫敌回援，主力集中猛攻敌军阵地，打死打伤敌人 10 多人，敌溃退回鳌头圩。四团两个连立即撤到覃巴。这次战斗，独立连三排排长亚龙受重伤，抬到覃巴医治无效牺牲。连队休息一天后返回电白。

独立连抵达羊角时，召开连骨干会议，决定由王国强率领独立连主力与敌作战，钟正书带武工队到地方，发动群众，镇压国民党特务分子，开辟新区，筹粮筹枪，支援主力部队作战。

6 月，中共南路特派员传达贯彻中共中央香港分局的指示，对茂电信地区工作进行了新的部署，通知中共茂名中心县委书记王国强到粤桂边地委开会，并率茂电信独立连开到化（县）、廉（江）边境整训。整训后编为粤桂边区人民解放军司令部警卫连，刘绍兰任连长，李颐年任指导员。会议结束后，王国强带一批武装骨干返回茂电信地区开展工作。

三、武工队屡创顽敌

为了粉碎敌人的"清乡""围剿",中共茂电信党组织组建了飞马、羊角、上南、覃巴等多支武装工作队(简称武工队)。在解放战争期间,各武工队队员机智勇敢,神出鬼没,屡创顽敌,令敌人闻风丧胆。

(一)羊角武工队巧脱险境

1947年6月,羊角武工队袭击了茂名自卫总队副队长丁龙起家,收缴长短枪5支、子弹数百发;活捉大恶霸丁仲兰(丁龙起大哥),押至羊角处决。所缴武器,用来加强羊角武工队的装备。

茂名国民党反动头子缪任仁随即派"清乡"委员会主任兼保警大队长杨爱周率兵"进剿"。杨爱周非常狠毒,血债累累,外号"杀人王"。杨爱周带了3个中队于6月下旬到达新圩后,会同茂名县南区仁里乡反动乡长伍礼泉,对茂电边界村庄进行反复"扫荡"。他们用"推虾式"阵势,先派一个中队渡过龙珠河,经坡咀、黄竹坑、山和、横岭,朝青山方向直上;又派一个中队沿龙珠河两岸而上,再派一个中队尾随从凰渐开始,向山口、田心、佛子窿、长山、油麻坡等地北上,形成一个钳形攻势,妄图逼武工队退于山斜、水标岭等地围歼。当时,四团独立连已撤往化廉游击区,在羊角只有20多名武工队队员。杨爱周的大队人马来时,羊角武工队正在田心祠堂研究工作,听到报告跑出祠堂门时,敌人已向祠堂冲来,距离只有300多米。后面的敌人也已过了山口,距离也只有500多米。武工队队员立即拿起锄头、粪箕,装扮成出田做工的农民,离开险境,向左右疏散。敌人搜查李延年的家和村后面的山林无果,继而向佛子窿、长山方向北上。羊角武工队在群众掩护下,转危为安。

（二）茂电信武工队转战茂南

1947 年 6 月，钟正书在羊角等地动员一批党员骨干和游击队队员共 50 多人，由张顺南、蔡智文带领，开往化县南部，补充独立连兵员。钟正书率领茂电信武工队 20 多人随队护送。

经过一夜急行军，队伍到达了吴川县三民乡。当晚，钟正书率领武工队转移到边塘村后的山上，准备进边塘村隐蔽。次日天破晓，钟正书布置好两个小山头的岗哨，带领武工队入边塘村休息。

不到半个小时，哨兵报信，长岐自卫队 60 多人正向边塘村开来。钟正书立即率领队伍出村，到村边一条灌木林带小道，突然与敌军的尖兵排相遇，双方距离不到 10 米。武工队打先锋的李华时打了一串子弹。敌军措手不及，被打死打伤 10 人，排长和一个班长当场毙命。

这时，敌人后援部队已过河，用机枪、步枪，猛烈向边塘村扫射。钟正书命令武工队一面猛烈还击，一面转入丛林深处，利用有利地形掩护撤退。武工队刚到河边，又发现一队敌兵埋伏在山头，以机枪、步枪向武工队队员扫射。武工队队员边打边撤，冲过敌人的封锁线，迅速渡过河，向鲤鱼山背后撤走。

武工队刚离开村庄，敌军带 3 挺轻机枪迂回过来。这时，当地游击队队员杜克请求由他阻击敌人，掩护武工队撤退。当地群众也跑来带领队员撤走。武工队三次脱险，仍未摆脱敌兵包围。第四次走近河边时，400 多名敌人又凶猛地压了过来，情况十分危急。钟正书镇定指挥。当地群众冒险撑来两只小船接武工队安全过了河。

武工队分成 4 人一组继续撤退，又遭遇鳌头自卫大队 200 多人赶来包围。武工队上了当地群众的小船，撑入芦苇丛。敌人用轻机枪扫射，扑空告终。晚上天黑时，队员们才安全上岸，开到覃巴，后返回羊角地区。

6月，中共茂名中心县委正式成立，中旬，县委委员钟正书在羊角秧地头村召开武工队骨干会议，传达中心县委会议精神，研究反"扫荡"的对策。会上，首先分析形势。认为袭击丁龙起老家后，已引起敌人的注意，而茂电信独立连又撤到化廉游击区，少了牵制敌人的力量，敌人"扫荡"羊角游击区已成定局。接着，又分析了敌我力量对比的情况和粉碎敌人"扫荡"的有利条件。认为敌人虽然武器装备好，弹药粮食足，在装备上处于绝对优势，但羊角武工队20多人，个个经过锻炼，勇敢善战，能独当一面，特别是有党的领导，有十几个对革命事业忠心耿耿的共产党员，有广大人民群众和一批民主人士的支持，有一大批被统战过来的保甲长（其中有的已成为游击队队员，有的保持中立）。只要利用这些有利条件，紧密团结和依靠群众，采取正确的斗争策略，敌人的"扫荡"是可以粉碎的。最后，根据中心县委关于广泛开展武工队活动，开辟新游击区的决议精神，决定采取下列措施：

第一，巩固老区，开辟新区。把武工队分为三组：一组由李延年和王克带领，到茂东的分界、泗水、谢鸡一带配合梁振初、吴汉兴领导的武工队，开辟茂东新区；一组由黄成煦、王杰带领，到茂南高山、石浪、袂花一带配合郑金领导的武工队和合水地下党负责人柯乙福，开辟茂南新区；一组由黄茂坚带领，直属钟正书领导，留在羊角老游击区做巩固工作。

第二，充实情报人员，健全情报制度，巩固情报联络点。大村建立一个总联络点，小村建立联络分点，选派觉悟高、思想好的人当联络员，发现敌情，立即报告，及时掌握敌人的行踪和动向。

第三，继续筹集粮款，收缴枪支弹药。要在敌人联合大"扫荡"之前，筹款和收缴枪支弹药，以备应急之用。

第四，检查可疑人员，捕捉特务。大"扫荡"开始后，敌人会派出便衣特务，乔装打扮，到处打听、侦察。要发动群众，检查可疑人员，证实是特务的，就地处决。同时，要严防奸细，发现通敌分子，要立即除掉。

第五，撤走已经暴露身份的党员和游击队队员，把不适宜于艰苦斗争环境的女党员和女战士，以及身体不好的人员，撤到安全地方隐蔽。

这次会议使众人情绪高涨，会后按分配的任务，分头工作。

12 月，中共茂名中心县委撤销，成立中共茂电信工委，王国强任书记，林其材任副书记，委员有车振伦、郑光民、钟正书。王国强负责全面，重点抓军事工作。车振伦负责军事兼管茂名工作，钟正书负责军事兼管茂南、电白工作。

（三）令敌人胆寒的飞马武工队

抗日战争胜利后，在茂名、电白、吴川、信宜等地，活跃着一支令敌人闻风丧胆的武工队——茂电信飞马武工队。在队长郑金的带领下，神出鬼没，勇敢机智，屡创顽敌，很多事迹成为当地人们的美谈。

日捉"棺材鼠"，夜斩"黑肉蛇"。飞马武工队队长郑金是鳌头飞马村人，他身材高挑，目光似电，双手持两支驳壳枪，枪法精准，是一个被群众称为"铁胆神枪手"的传奇式人物。有一日，飞马武工队接到上级指示，决定除掉危害革命的反动乡绅潘德兴。潘德兴是袂花人，充当国民党的密探，经常窥探地下党人的活动，并向敌乡公所告密，很多地下党人因此惨遭敌人杀害。潘德兴除做生意外，还明偷暗抢，搜刮民财。家有团丁、走狗护卫，欺压百姓，无恶不作。群众暗地里送给他一个绰号，叫"棺材老鼠"（即食人肉、啃人骨的坏东西）。地下党决心除掉这个茶毒百姓贻害革命的"老鼠"。郑金负责组织人员,实施除恶计划。

1947年农历五月初四,是鳌头圩日。"棺材老鼠"叫了几个长工带上箩筐趁圩,准备买些酒菜,回家过端午节。他们一伙在圩上,买好酒菜等物已到中午时分。"棺材老鼠"生性吝啬,舍不得请长工吃一餐饭,便叫长工把所购物品送回家里,他却独自溜进东祥饭店大吃大喝。郑金等人化装成趁圩群众,一直尾随跟踪。见他只身入饭馆,准备掏出手枪就地解决他。由于圩日人多拥挤,怕误伤群众,没有动手。郑金等分工一部分人盯梢,一部分人沿路在蔗地厕所、田头小屋化装成割草或巡田的农民,见机行事。

当喝得微醉的"棺材老鼠"返程经过飞马仔村时,郑金等人从蔗地冲出,用盒子枪对准他的胸口,他还未弄清楚兵将从何而至,就束手被擒了,随即被押解到覃巴。经审讯,他供认了残害革命志士的罪恶行径。地下党根据党的政策和当时革命斗争的需要,将其处决,当地群众闻讯无不拍手称快。

飞马六扇车村有一个恶霸名叫郑积传,外号"黑肉蛇"。身高体胖,体壮如牛。他会使快制盒子枪,枪法也相当准。仗着和军阀邓龙光有一点亲戚关系,充任敌自卫队中队长。手下有一班喽啰打手,所以穷凶极恶,肆无忌惮,经常在飞马、田洋搞"清乡""扫荡",还带队抄过郑奎的家。

武工队下决心除掉这条"毒蛇"。郑积传家高墙大院,高筑炮楼、枪眼,戒备森严,连窗户、天井都用铁丝网层层包裹。平日里,他躲在乡公所,有常备队保卫,要除掉他并非易事。

有一晚,"黑肉蛇"家办喜事。郑金闻讯,会同武工队队员何其贵、欧旭荣、梁君桃等乘着朦胧月色直抵"蛇窝"。

"黑肉蛇"在家里请客喝酒,忙得不亦乐乎。武工队队员们用竹竿撑地,腾跳跨越围墙,潜到"黑肉蛇"所住房边。郑金从窗口看见他酒酣饭饱，仰卧于床沿，立即掏出盒子枪，对准他的胸脯"啪啪"连发两枪，郑积传上身中弹，立即冲出大门，负隅顽抗。刚到门口，被躲在门外的何其贵一枪命中，结果了性命。郑金和他的战友们日捉"棺材鼠"、夜斩"黑肉蛇"，威名大震，使敌人闻风丧胆。

火烧乡公所，气煞自卫团。由于敌人突袭覃巴，潘星康等地下党员不幸被捕，监禁在敌乡公所。游击队为了营救他们，组织四五十人备上硝磺、煤油、炸药包，向覃巴进发。他们采用声东击西的战术，先派遣小分队在覃巴东头故意暴露目标，使乡公所自卫队倾巢出动"剿共"，然后大部分人马立即潜入乡公所。郑金带头爬上屋脊观看，没有发现潘星康，随即把硝磺、煤油、炸药从屋顶倒下，一把火烧毁了乡公所。外出的敌人闻讯，立即转回，用密集的机枪扫射，武工队队员被迫撤退。翌日，潘星康等革命战士惨遭刽子手剖腹杀害。

郑金常住在潮利、文蓬、田洋等堡垒户家，宣传革命道理，动员穷苦兄弟跟共产党闹革命。他组织郑满增等地下党人员到地主富豪家，命令他们如期按地点交付钱物，作为革命经费。敌人对郑金恨之入骨，屡次跟踪追击他，但都枉费心机。

有一天，他住在田洋一个堡垒户家。突然屋外枪声大作，杂乱的脚步声阵阵传来。显然，敌人已经包围了村子，怎么办呢？冲出去，寡不敌众，留下来，岂非束手待毙？犹豫间，几个敌人已冲进屋内。

郑金急中生智，纵身一个箭步跃上门口的小阁楼，顺手取来一只农户捉鱼用的"大鱼笱"罩住身子，沉住气，盯着敌人的动静，双手紧握盒子枪，准备随时跟敌人拼。

自卫队撬门、砸柜、掀炉灶，闹腾了好一会。一个兵痞突然高声叫嚷："还不出来！你老躲着干什么？再不出来，老子开枪啦!"郑金认为敌人只是虚张声势诱骗他,因此没有出来。在这危急关头,过去跟郑金搞地下工作后混入敌人自卫队的乡兵郑锦禄走进屋内,佯装搜查并大声说道:"这么一间土坯房藏得了人吗?他又不会变沙粒,躲在你眼皮子底下!"说罢,连拖带拉地把兵痞带走。

当自卫队吹哨集合返程时,郑金跑出路口,对着敌人"啪啪!"连发几枪,大声叫骂:"喂,狗杂种,在这呢,有种的过来!"说罢,拔腿就跑,一边跑,一边骂,还不时转头打快枪,子弹直朝敌人头上飞。他跑得飞快,敌人怎么也追不上他。据说,他一个日夜,可以从飞马送信到湛江,回到家里天才刚亮。

四、粉碎国民党"清乡""围剿"

1947 年,全国革命战争形势大好,东北、华北战场捷报频传。茂名反动派竭力推行联防"清乡"等高压政策,叫嚣宁可错杀一千也不可放过一个。驻高州的第七区专员兼保安司令林时清加紧进攻茂电信革命游击区。茂南飞马、羊角等地武工队紧紧依靠群众,开展统战工作,争取开明人士和进步保甲长支持,及时掌握敌情,粉碎了敌人一次又一次的"清乡""围剿"。

(一)飞马游击区在反"围剿"中不断壮大

鉴于覃巴、飞马武工队先后捕杀了国民党密探、反动乡绅潘德兴和国民党自卫队中队长郑积传,敌政府大为震恼,加紧了对飞马地区的"扫荡"工作。

1947 年 6 月,茂名敌县大队"围剿"飞马武工队,在革命群众的掩护下,武工队安全疏散。但女队员梁月因发高烧未能撤走,被敌人抓获。是年冬,武工队队长郑金为了营救梁月,不幸遭到敌人伏击,壮烈牺牲。敌人把郑金人头挂在鳌头圩大榕树上示众 5 天,随后梁月也被枪杀。国民党反动派为了镇压和消灭飞马武工队，特派了一个常备队坐镇飞马防共"剿共"，同时欺压群众，敲诈勒索，胡作非为。

郑金牺牲后，上级党组织为了加强飞马的革命斗争工作，从电白县把郑凌华调回飞马，全面领导武装斗争和党组织工作。郑凌华作出应敌对策：继续以武工队为基础，开辟新区巩固老区，保护有生力量，不打无把握之仗；小村包围大村，农村包围圩，村村有自己人，处处有根据地；团结一切可以团结的力量，结成反蒋阵线；安抚为革命牺牲的家属，切实依靠堡垒户，发动青年参军，增强队伍的战斗力。

1948年正月，飞马村年例期间，武工队集中在飞马村。鳌头区反动派又出兵来飞马"扫荡"。武工队得到情报后，郑凌华紧急召开骨干战地会议。采取"围魏救赵"的策略，派出部分游击队队员到鳌头圩突袭敌区府。密集的枪炮声惊天动地，传到正在向飞马行进的敌兵队伍耳中，吓得带队的区长和敌兵急忙撤离飞马村，赶回鳌头圩。敌人回来时，游击队早已消失无踪。自此，敌兵再也不敢轻易出击，转攻为守，只能四处设卡放哨，检查来往行人。

郑凌华不断壮大武工队队伍，抓紧军事训练，配足配强武器装备，使飞马武工队成为一支战斗力强悍的队伍，游击区得到发展和壮大，也很好地声援了其他被围困的游击区。迫于飞马游击区不断壮大的压力，正在羊角"扫荡"的敌杨爱周大队撤出，转移到鳌头、袂花一带驻防，但也不敢轻易到飞马游击区进行"扫荡"。

（二）羊角游击区遭受疯狂"扫荡"

1947年7月，茂名、电白两县反动政府联合设立"清剿指挥所"，由电白县参议长陈作新任总指挥，绰号"杀人王"的"清乡"委员会主任杨爱周为副指挥。集中出动1000多兵力对茂电边境游击区进行疯狂的"清剿""扫荡"，以羊角为重点，妄图在三个月内"剿除"境内的共产党及其领导的革命武装。

8月上旬，杨爱周自卫大队500多人"扫荡"茂南的南庄、官渡、新圩等地，采用拉大网战术，逐村包围搜查。白天分片围村，晚上设卡伏击，派出特务化装成小商贩、猪牛贩刺探情报。后又采取"定点打钉"的战术，留下机动兵力驻在中心点，其余分散驻进各村。他们强迫群众"自首"，连小孩老人都不放过，妄图将中共地下党和武工队"斩尽杀绝"。

8月中旬，电白县国民党反动派经过一番准备之后，集中了2个大队（辖6个中队），加上茂名杨爱周大队（辖3个中队），共1000多兵力，由县参议长陈作新指挥，保警大队队长张获飞当副指挥，在羊角圩禄位楼设"剿匪指挥所"，对羊角游击区进行大"扫荡"。

陈作新到羊角召开"两县联合清剿会议"，商讨"围剿"计划。参加会议的有茂名保警大队队长，羊角乡、禄段乡、仁里乡、新南乡、四维乡、保安（分界）乡等官员，决定采取拉大网式的战术，统一行动，联合"围剿"。会后，陈作新带上中、小队长，侦察地形，制订"围剿"计划。陈作新负责龙珠河东南两侧，先包围田心、那际一带，然后再到山和、黄塘窿、凰渐、南香、油麻坡和禄段等地"围剿"。杨爱周在茂名新圩至分界一带，反复包围搜索。白天，设卡检查来往人员；夜晚则在要道设伏，企图伏击游击队队员。

敌人大包围10多日后，没有奏效，便按兵不动，派出一批便衣特务，伪装成牛贩子、猪牙郎、算命佬等到各村侦察。羊角武工队早已作出部署：特务来了，就捉起来，证实是特务，就地处决。那际村武工队队员吴连的母亲，在群众的协助下，捉了两个便衣特务，经审讯证实是杨爱周派来的，当即把他们除掉。黄塘窿、南香、凰渐、山和、田心、油麻坡和禄段等村对敌人派来的便衣特务也如法炮制，使敌人这一阴谋不能得逞。

敌人行动失利后恼羞成怒，改用"定点打钉"的战术，划段负责，重点"围剿"，血腥镇压。陈作新让4个中队分别驻扎在田心、青山、黄竹坑、南香4个村，2个中队驻扎在羊角圩作机动队。王正中队驻田心，到达田心当晚，就逮捕了李延年的父亲。驻在南香、黄竹坑、青山等地的国民党军队，也同样对群众进行迫害。敌人日夜围村搜索，到处封屋捉人，在羊角捕捉革命者10多人、革命家属和群众50多人，对他们严刑拷打，敲诈勒索，强迫群众"悔过自新"，连失明老人和无知儿童也不能幸免，使羊角游击区遭受了较大的损失。

9月中旬，武工队队员李文光从高山带一支左轮手枪往分界找人修理，途经山斜村时，被正在围村的王正捉住，押解至羊角圩杀害。驻扎在黄竹坑的敌军包围凰渐村，共产党员李振成突围不成，不幸被捕，受尽酷刑。他大义凛然，视死如归，准备一有机会就越狱逃跑。一天晚上，他以解手为由，三拳两脚打倒两个卫兵，向楼后小巷冲去。但小巷后面的门不知何时上了锁，被追来的敌兵捉住，打得死去活来。第二天，敌人把他押赴刑场。路上，李振成大骂国民党反动派。到刑场后，李振成立而不跪。4个敌兵把他压住打倒后予以杀害。在覃巴工作的共产党员罗淑英和李平年回羊角汇报工作，途经飞马时，在渡船上被捕，后在高州英勇就义。9月下旬，由于反动地主周泽敷告密，驻南香国民党军队在乡兵配合下，包围书房村，游击队队员周文才在突围中壮烈牺牲。9月底，隐蔽在羊角的武工队队员王杰，由于屋主周建璇出卖，敌人前来搜捕，王杰有病，身体虚弱，在突围中不幸被捕。敌人严刑拷打，威逼利诱。王杰坚贞不屈，坚持斗争，后在电城惨遭杀害。11月初，吴连、周仔带武工队队员8人到禄段乡鸡藤坡村活动，由于反动保长告密，被王正部队包围。武工队同敌人展开巷战，冲出重围，边打边撤。何文有在掩护战友撤退时，不幸中弹牺牲。敌人把他的头颅砍下，用竹竿挑回田心，挂在祠堂门口大榕树上，对群众进行恐吓。第二天，陈作新令王正把何文有的首级拿到羊角圩，挂在灰窑顶示众。同时把李延年父亲从监狱拖出，捆绑在灰窑顶上，头挂"匪首李延年之父"的条幅，强迫他站在首级下"赔罪"。

除重点对羊角区进行"扫荡"外，敌人对茂电信三县的其他地方也进行了不同程度的"围剿""扫荡"，捕杀共产党人和抢掠群众财物。覃巴地区负责人梁关率武工队到覃巴下山村活动，遭茂名县警一中队包围。梁关、梁柏森、冯华宝在突围中牺牲，杨和仔、冯石仔被俘杀害。茂名县第四区"清乡"委员会主任和区长率自卫队100多人到黄塘、石骨一带"扫荡"，几个地下交通站被破坏，抓走党员和群众30多人，武工队队员周宗岳和群众骨干黎日光、黎守文、黎应元、黎伯荣等7人惨遭杀害。

敌人在加紧"扫荡"的同时，还实行"乡联防"、"户联保"、封屋、抄家、逼迁，见人就抓，交钱才放。中共党员和武装人员隐蔽在山上，一下山找食物就会被敌人发现，叫门群众也不敢开。中共地下组织、武工队的活动一度严重受阻。

（三）彻底粉碎敌人"清乡""围剿"

在敌人集中兵力对羊角游击区进行"扫荡"时，中共茂名中心县委根据上级的指示，作出了深入发动群众，广泛开展武工队活动，巩固和发展游击区的决定。1947年冬，中共粤桂边地委调派一批骨干到茂电信工作，加速了开辟新区工作的进度。

为了声援羊角游击区，中共茂名中心县委实施"围魏救赵"策略，指挥各游击区主动出击，打击敌乡村政权。1948年1月，在电白那霍游击区，成立了一支20多人的手枪队，代号"国际队"，队伍精悍、机动灵活，战斗力强，活动于茂电阳边境地区，四处打击敌人。在斗争中，那霍游击区得到进一步的巩固和发展，新开辟的观珠游击区也不断发展壮大。各武工队四处活动，尤其是飞马游击区在反"围剿"中不断壮大，在政治上、军事上给敌人以很大的威胁和压力，迫使杨爱周大队撤出羊角，转移到鳌头、袂花一带驻防。

为了粉碎敌人的"扫荡""围剿"，支援游击区的武装斗争，南路人民解放军组织两支主力部队东征粤中和西进十万大山，打乱了敌人的战略部署。

4月初，南路东征部队从遂溪出发，经廉江、化州、茂名、信宜，进入云浮、阳春县西山，挺进粤中地区。当东征部队到达化州、茂名时，电白的国民党反动派惊慌失措，手忙脚乱，生怕东征部队进入电白捣毁他们的巢穴，赶快调兵回防，立即从羊角抽走了5个中队，只留下驻田心的王正中队。不久，王正中队也调走，设在羊角圩的所谓"剿匪指挥所"取消。国民党反动派对羊角游击区历时9个月的大"扫荡"，以失败而告终。

在"扫荡"期间，羊角游击区虽遭受到一定破坏和损失，但党组织岿然不动，并得到了进一步的巩固和发展。

五、前赴后继进行革命斗争

在解放战争时期，既有独立连、茂电信武工队与敌人进行较大规模战斗，亦有地下党人、武工队队员、进步群众机智勇敢、不怕牺牲、前赴后继地与敌人进行艰苦卓绝的斗争。

（一）反抗苛抽糖镬税斗争

民国时期，袂花是茂南蔗糖的主要产地，长期以来袂花的封建反动势力利用承包收税的机会，盘剥人民群众。1944—1945年度袂花食糖专卖税由陈沛之弟陈国宽等人承标收税。1945年6月邓龙光之弟邓鄂的妻舅、茂名县警察局长陈庚彬及其兄陈庚枚、陈庚棱向县政府承标征收1945—1946年度食糖专卖税，他们倚仗是邓鄂的亲戚，宣布增收一项糖镬税，煮一镬糖要收税银二毫。袂花多数村庄有糖寮，多的有两间，每间糖寮一天煮糖12镬，要交税银二元四毫，蔗农知道这个消息后都极为不满。

当时，中共茂电信特派员陈华正在袂花活动，了解情况后，即指示袂花地下党员发动蔗农，利用蔗农与封建反动势力的矛盾，开展反抗苛抽糖镬税的斗争。由梁昌东、陈泽永、陈擎天组织领导，陈泽永主要负责北斗片的宣传、联络、情报工作，陈擎天重点负责荔枝车片，并利用他家是蔗农大户的合法地位，出面组织发动蔗农联合一些士绅抗税。

袂花龙湾村民陈彩伍是陈沛部队军需处处长陈彩廷胞弟，在家租耕下寮车的田，是袂花最大的蔗农，陈擎天分别与陈彩伍及其他种蔗大户陈国宝、李超杰、叶万清等人联系，并得到陈沛之弟陈国宽的支持，在荔枝车村小学召开袂花全乡蔗农会议，决定袂花全乡糖寮统一行动抗交糖镬税，并成立由陈擎天、陈凤周、陈彩伍、陈庆奎、陈国宝、李超杰、叶万清等人组成的抗税指挥部，由陈擎天具体指挥抗税行动，制定抗税公约。

为了得到社会各方面人士的支持，陈擎天争取椰子村曾任茂名县政府教育科长、1944—1945年度承标袂花糖税股东之一陈椿龄，由其出面动员邓鄂妻舅、县农会主席陈庚云以县农民协会的名义抵制糖镬税。为了进一步发动和联系群众搞好抗税斗争，经党组织研究，派陈凤周负责联系发动荔枝车、叶屋、飞马、鳌头等地的蔗农，陈舜芳负责发动联系北斗、蕴陂、石浪等地的蔗农。1945年8月，陈擎天介绍陈作屏参加抗税斗争，负责发动和联系椰子村的蔗农。为了扩大声势造成社会舆论的压力，陈擎天委托陈作谋起草揭露陈庚枚苛抽糖镬税、勒索蔗农罪行，号召全乡蔗农、绅士团结抗税的告父老书，由陈擎天、陈燊、陈作屏等人刻写蜡纸油印，最后盖上"茂名县农民协会"的公章。同时还书写标语一批，派人到袂花、鳌头、公馆、镇盛等圩和椰子村张贴。此外，还从各村功夫馆抽出五六十人，筹集枪支子弹，准备对付陈庚彬的武力镇压。10月10日，陈擎天派陈凤周、陈舜芳带领20多人砸烂袂花圩糖税稽征处的招牌，并在厅内掷碎一个屎煲，使稽征处屎臭熏天处于瘫痪状态。党组织还派出抗税人员联络鳌头、公馆、镇盛各圩和附近各村及毗邻袂花的电白各村蔗农，统一抗税行动。

11月榨季开始后，只有袂花圩边一间糖寮交糖镬税，抗税指挥部派人劝告无效，抗税人员就把榨蔗的牛、糖、蔗和工具搬出寮外，放火烧毁糖寮，以儆效尤。由于各地蔗农都抗交糖镬税，陈庚枚兄弟着急起来，扬言要从警察局派几十名警察到袂花捉人。抗税指挥部也针锋相对发出"血战袂花河"的口号，如果陈庚彬派警察来捉人，就利用袂花河把警察打垮。为了鼓舞士气，决定抗税人员如被警察打死，则由蔗农出钱养大死者的子女。陈泽永分工陈舜芳、黄开和负责袂花渡口，带领功夫馆成员和其他抗税人员控制渡口并在周围埋伏，准备破釜沉舟决一死战。陈庚彬派出的几十名警察行进到计星时听到消息，只好中途掉头溜走。

12月初，陈擎天与陈作屏在水东筹备开设书店，陈擎天被陈庚彬派去的警察拘留在水东警察所，第二天被押回茂名塔脚监狱。党组织和抗税指挥部知道后，一方面继续发动群众坚持抗税斗争，另一方面派人设法营救陈擎天。利用关系通过当时在家的国民党中央军长梁华盛找陈庚彬谈话，要其释放陈擎天；向茂名法院控告陈庚彬兄弟的罪行；利用陈氏宗族关系向陈庚彬施加压力。在党组织的积极营救和社会各方面舆论的压力下，1946年1月春节前10天左右，陈庚彬被迫释放陈擎天，宣布取消加征糖镬税。春节前几天，蔗农凑钱在荔枝车小学杀猪聚会，欢庆抗糖镬税斗争的胜利。

袂花反抗苛抽糖镬税斗争的胜利，影响波及茂电信地区。陈庚枚因苛抽糖镬税不遂欠下承标税款，被茂名县法院两次拘传审讯，后由陈庚彬保释，此后无人再敢苛抽糖镬税。

（二）智保地下联络站

1945年春天的一个傍晚，绰号"黑心狼"的电白县保安团团长率领大队人马，进驻羊角乡公所，加了岗哨，封锁人员进出口。乡公所文书李守汉是共产党的地下工作者，担负着与羊角圩回春药店交通站站长李甫的情报联系工作。这突然而来的情况，使李守汉一时摸不着头脑。忽然他想，敌人很可能是冲着李家村地下联络站而来的，他不禁紧张起来，因为这个地下联络站是茂名、电白、信宜三县地下党的秘密接头点和指挥中心，领导和有关人员常在这里开会和驻扎。

事关重大，必须马上报告李甫。但是，四周封锁甚严，怎么办？李守汉来到乡兵住的房间，请乡兵黄家岁、李青到自己房里饮茶。他俩是李守汉的同乡，都是有义气的青年。他们对保安团晚上的行动作了估计，认为很可能是袭击李家村地下联络站。怎样才能出去通风报信，解联络站之危呢？三人陷入了沉思之中。李守汉忽然面露喜色，压低嗓门叫了一声"有了!"他对黄家岁说："你不是有一扣喉咙就呕吐这绝招吗？"

黄家岁说："那是临时的把戏，做错了事怕父母打，装病呕吐混过关，现在提它干什么？"李守汉在他们耳边如此这般地说了一番。两人听后都连连点头。

当时，一位站岗的保安团士兵正冷得发抖，李守汉叫李青主动接替他站岗。楼上酒气熏天，绰号"秃头鹰"、"黑心狼"的两名乡长和一伙当官的正在开怀畅饮，不断传来猜拳行令的喧闹声。

李守汉见到值日排长，请他到自己房里饮酒，吃山猪肉和肥鲤鱼。排长是一个有名的大酒鬼，听有酒饮，早已馋相毕露，连忙说道："文书，你真有酒菜？哈哈，好，够朋友……"便不由自主地跟着李守汉到房里去了。

三碗酒下肚，排长已迷迷糊糊。这时，李守汉来到窗口，咳了两声。接着，乡兵房中传出一阵呕吐的声音，只见黄家岁跌跌撞撞地跑到天井，按着肚子蹲在地上伸不直腰，吐得一塌糊涂，臭气熏天。几个乡兵见状，忙跑过来问长问短。李守汉把醉倒的排长安顿在床上，跑到黄家岁的身旁，故作惊异地说："啊！可能是患霍乱，听说前几天邻村就死了几个人。"围着的乡兵一听霍乱早已散开了。李守汉扶着黄家岁往大门走去，说："别怕，我扶你去看医生。"在门口站岗的李青装模作样地掩着鼻子急忙避开，另一名站岗的乡兵唯恐躲避不及，早已跑得远远的。

一出大门，李守汉和黄家岁便像出笼之鸟飞奔而去。李守汉先把黄家岁安置好，自己来到回春药店，发现往日挂在药店上方的"虎标万金油"大幅广告不见了。不好，这是情况危险、禁止接头的信号。怎么办？李守汉想着，正好碰上从回春药店撤出来的李甫。李甫听了汇报说："我立即赶到李家村去报告，但现在通往李家村的大路已被封锁，必须走一段弯路。你的任务是设法拖住保安团，赢得时间就是胜利。"

李守汉接受了任务，装着看病归来的样子，把"病号"黄家岁扶回乡公所，伺机另作打算。这时，醉在床上的排长还在讲胡话。厨房那边人声嘈杂，眼看保安团就要出发了。不一会儿，勤务兵来叫李守汉到乡长那里去。当乡长问及乡兵中哪一个对李家村的路途最熟时，李守汉故意先提出几个不熟识路途的人的名字，乡长直摇头。而后他说："这条路我是熟悉的，如乡长和长官信得过，我愿意带路。"

"秃头鹰"和"黑心狼"商议后点了点头，对李守汉说："好，就由你带路，要走小路，黎明前一定要赶到李家村。耽误了杀头，立了功有奖!"

夜雾茫茫，天地漆黑一片。李守汉故意带保安团的大队人马在伸手不见五指的山道上高一脚、低一脚地摸索着前进，以拖延时间。当"黑心狼"责怪路难走时，李守汉连忙分辩说："长官，你不是说要走小路吗？天黑路窄实在不好走啊!""黑心狼"无话可说，气呼呼地命令改走大路，跑步前进!

李守汉想，走大路更好。李守汉把保安团引上大路后，巧妙地穿过了一个个村庄，围绕着李家村打转。很快这100多人的脚步声，惊动了四邻，各村的犬吠声响成片，在宁静的夜空中传得很远。李守汉想，这响彻四野的犬吠声足以引起地下联络站人员的警觉了。

果然，犬吠声引起了地下联络站人员的注意。他们机警地行动起来，处理好文件和物资。这时，李甫赶到，地下联络站的人员和李甫一起，迅速转移到村后的树林中去。保安团的大队人马完成对李家村的包围时，联络站已是空无一人。"黑心狼"气得暴跳如雷，浑身发抖;"秃头鹰"满脸晦气，呆若木鸡。李守汉看着他们的丑态，心里高兴得直想笑出声来。

(三)吴八奶机智擒敌

山阁那际村，地处茂名、电白两县交界的插花地，茂名、电白两县的游击队常常活动于此。那际村有个革命堡垒户吴八奶，40多岁，中等个子，性格坚强刚毅。因儿子吴连参加游击队，她曾被敌人捉去高州城坐牢。敌人的凶暴更坚定了她的革命立场。1947年秋，茂名、电白两县的国民党反动派制定了"清剿"计划，对茂名、电白边境的各个村庄实施地毯式的"扫荡"，夜间围村搜屋抓人，白天在要道设卡盘查往来行人，并派出大批便衣侦探，跟踪搜集游击队活动的情报。

8月下旬的一天上午，该村几个村民坐在一棵枝叶茂盛、树干粗大的龙眼树下乘凉。不久，从村外走来一个约40岁、肤色较白的男子。此人头戴一顶铜鼓帽，手拿一根竹枝，左顾右盼，走到龙眼树下，坐在树根上，与众人答话。他自称姓陈，是下乡采购生猪的。村民将大碌竹水烟筒递过去，此人摆摆手，从衣袋里掏出一盒"美丽"牌香烟，和众人说了些收购生猪的价格、行情等话题后，便问近日有没有外人来村里住宿过，还试探询问是否见过3个穿黑衣服，好似"八字脚"（群众称参加共产党的人）的青年。这时，吴八奶刚好从田间劳动回家路过这里，她那机警的目光早已紧紧盯上这个陌生人了。当听到"黑衣服""八字脚"这些话时，心里已猜到七八分了。心想，这个陌生人很可能是化装的敌探。于是，不露声色，不声不响，挑着粪桶回到家里。她叫来女儿七妹、八妹，对她们说了在村口遇到的情况。母女三人详细地计划了一番，制订了一个关门打狗之计。

随后，吴八奶回到了众人乘凉的龙眼树下，显得很热情地对那个"购猪人"说："我家养了一只大肥猪，约百多斤，准备近日请杀猪佬宰了……""购猪人"正愁找不到入村的借口，急不可待地紧随着吴八奶往村里走，双眼骨碌碌转四下张望。他压低声音问："你村有个叫吴连的，近时回过家吗?"这时，吴八奶已十分肯定眼前这人是敌探，便随口答不知道。片刻，两人来到一座破旧的砖瓦屋前，吴八奶大声呼喊："七妹、八妹，买猪老板来了，担凳拿烟筒，招呼客人。"这是示意准备"打狗"的信号。吴八奶很客气地让"购猪人"先进屋。"购猪人"前脚刚跨过门槛，说时迟，那时快，七妹、八妹手持扁担锄头往"购猪人"的头上砸下，"购猪人"来不及哼声，就被打晕倒地。吴八奶立即拿来早已准备好的麻绳，将这人捆绑结实，用破布塞嘴，拖入杂物房，然后，随手反锁房门。吴八奶嘱咐七妹、八妹小心看守，就匆忙上路去通知武工队。朦胧的夜色中，钟正书、李延年等在龙珠河堤上突审"购猪人"。在铁的事实面前，"购猪人"不得不承认了自己的密探身份。这次来到那际村，是受茂名保警大队大队长杨爱周的指派，追踪武工队下落的，并交待了茂电国民党军的"清剿"计划。后经证实，该敌探是兵痞出身，平时残害百姓，作恶多端，为地方一害。根据这名敌探的罪行，钟正书、李延年等代表人民宣判并对其执行死刑。根据从"购猪人"审讯中得到的情报，武工队及时调整了战斗部署，粉碎了敌人的"清剿"计划。吴八奶"智擒敌探"的事迹在游击区及武工队中广为传颂。

（四）铜墙铁壁的堡垒户

山阁那际村在解放战争期间属于仁里乡，位于茂名、电白两县交界处。该村在抗日战争时期就有青年农民吴连、苏之越等参加游击队，历遭国民党军警多次"清剿"，抄家捉人、洗劫财物。但村民热爱共产党，不畏强暴，不避艰险，长期掩护共产党的地下工作者，为武工队队员提供住宿。该村是一个打不垮、攻不破的革命堡垒村，而苏月秋一家，更是铜墙铁壁的堡垒户。

苏月秋既是一位老中医，又是地方绅士，曾在信宜县法院当职员，在村里很有威信。乡邻之间每有争议都向他投诉，听其调解；穷苦农民被富户欺负发生纠纷，他为穷人书写状词，向法院提起诉讼；村民遇疾，他免费为之诊治，因此深受乡民爱戴。

苏月秋在信宜法院当职员期间，耳闻目睹国民党政府的种种黑暗腐败，由此而产生了对腐败的国民党反动政权的强烈不满。他常对乡亲说，政府腐败，民穷国弱，如不改朝换代，国家难以兴旺，人民难以安宁。于是，他愤而辞职归乡，务农从医，受到共产党员李延年的启发教育而同情支持革命。他的长孙苏之越早年参加游击队，是羊角地区游击队的骨干。苏之越英勇善战，先后转战于高州云潭、电白那霍、茶山和阳江等地。二儿子苏春辉时任"白皮红心"的保长，为地下党工作。大儿子苏春晓是位忠厚的农民，是苏之越之父，游击队队员常住他家。

1945年5月，茂电信党组织在那际举办培训班，集中培训茂电信各县的领导骨干。在培训期间，茂电信地区的负责人陈华、郑光民、钟正书、龙思云、梁昌东、李顾年、杨超、杨瑞芬、林风文、李延年等领导人都住在苏月秋家。苏月秋夫妇亲自为培训班站岗放哨。茂电信领导人多次在他家召开会议，研究和指挥茂电信地区的革命斗争。苏月秋家成了茂电信党组织的地下指挥部。

那际村多次被敌人"清乡""扫荡"，一些革命群众被敌人逮捕，苏月秋都以地方绅士的身份出面营救。有一次，从化州撤来羊角游击区的叶碧芳到仁里乡活动，住在苏月秋家，恰好遇上敌人围村搜查。两名敌兵闯入苏月秋家，那时叶碧芳已无法撤离，只好急忙步入厨房，蹲在灶前装作烧火。敌兵上前盘问，苏大娘即急忙上前，镇定地说："她是我媳妇，在煮饭，你们没见到么？"敌兵要叶碧芳站起来，意欲搜查。在这关键时刻，苏月秋身穿黑绸外褂，脚穿布鞋，手托一副钢制二马车烟筒，慢条斯理地踱到伙房门前，说："你们想干什么，有事吗？请你们的长官来见我。"敌人被这位雍容文雅、不怒而威、有长者风度的人物所震慑，再看看叶碧芳一副十足的村妇模样，似无可疑之处。于是，赔着笑脸说："没什么，例行公事，对不起。"敌兵夹着尾巴滚出屋外去。苏月秋提防敌兵复来，便搬出一张太师椅，坐在前厅吸起烟来，掩护叶碧芳。

1949年春，中共党员梁壁到那际村一带开展革命工作，住在苏月秋家里。白天和苏大娘一起从事家务，如绣花、做鞋、煮饭等，晚上则出外活动，组织农会、姐妹会，向农民进行革命教育，宣传革命形势等。

在战争年代，苏月秋一家为革命作出了很大贡献，受到乡亲的爱戴和茂电信地区党组织的领导人的表彰。苏月秋家无愧为"革命堡垒户"。

（五）下崩塘突围

1948 年春节过后不久，羊角武工队队员蔡智文、林仕发，随黄成炮到石曹一带发动群众，深入开展反"扫荡"斗争。当时，他们住在茂名、电白交界处老游击区的茂名仁里乡下崩塘村堡垒户姚雄嫂家，白天休息，夜里工作。

一天中午时分，王正保警中队与仁里乡乡兵近百人前来围村搜捕。这时，刚好全村群众集中在村前南边的鱼塘里捉鱼兼铲作肥料用的塘泥。由于这次敌人的行动较为秘密，游击队队员对敌人突然前来围村全然不知。一位在村边耕种的群众发现敌人进村从北边包抄过来，立即冒着危险，跑来向游击队队员报信。那时队员正关着门，在里面吃中午饭，他在外面拍了几下门，大声说："敌人从北边来了，你们快跑呀。"队员一听，知道情况危急，立即放下碗筷，抄起手枪，从屋里冲出，跟着这位群众跑进鱼塘，混入捉鱼的人群中。这时，敌人也到了塘边，相距最多只有三四十米了。

情况十分危急，游击队队员意识到，如果敌人再紧缩包围圈，或把鱼塘的群众全都赶上岸查，必被捕无疑，不但性命难保，群众也必然受到株连。队员急中生智，趁敌人还未围捕，就在人群中高叫："有疯狗咬人了，大家快跑啊！"群众显然领会了意图，喊声一落，鱼塘里的人群就像炸了窝似的，向四面突奔。不但成年男人跑，妇女儿童也跟着跑，游击队队员则混在其中向南面跑去。敌人见此情状，也傻了，急得只好一面跑，一面不断吆喝：不准跑，不准跑，再跑就开枪啦……可哪里有人听他们的？敌人看到已无法制止，便真的开枪了，"砰""砰"一连打了20多枪。可枪声不但没有镇住正在向外奔跑的群众，反而让大家跑得更快了。游击队队员一口气跑了几百米，跳过一片围墙，来到抗日战争时期开辟的游击村庄——沙田坡村。到了沙田坡村，那里房屋和树木遮挡了敌人的视线，敌人根本找不到目标，游击队队员安全脱离了险境。

（六）苏上鹤浴血奋战

为了反击敌人的"清剿""扫荡"，1948年3月，羊角游击区武工队队员黄茂坚、林仕发、杨懂及从吴川撤到电白的梁君涛等8人到茂南仁里乡石鳌塘一带开展筹款和收缴武器的活动。

一个午夜，寒意仍浓。经过白天的工作，大家都感到十分疲劳。黄茂坚带领武工队队员进入附近的苏上鹤村，找到该村的联络员"镶牙佬"，向他说明来意，让他安排住宿。"镶牙佬"表现得十分热情，但交谈中言语支吾，说家里来了亲戚，不大方便接待，带领黄茂坚等人到其堂叔苏洪光家住宿。苏洪光家是一栋单家独院的旧泥砖房。武工队被安排在靠近大门的左边房。队员在整理床铺时，"镶牙佬"急不可待地告诉黄茂坚说，这里很安全，你们大可放心，早点休息，我到外面给你们放哨，并嘱咐苏洪光要接待好武工队等，说完便匆匆离开了。

"镶牙佬"一系列反常表现，引起了具有高度警惕性的黄茂坚的警觉，他让队员们和衣而睡，枪不离身戒备。凌晨，屋主苏洪光开门去田垌做工。刚走出百多步，就发现了前面不远处，一个个移动的黑影正向自家围近。苏洪光暗自一惊，感到情况不妙，急忙返身入屋向黄茂坚报告。黄茂坚立即叫醒大家，准备战斗，突出重围。

待大家做好准备后，黄茂坚拉开半扇大门，此时敌人的机枪立即向大门猛烈扫射。富有战斗经验的黄茂坚沉着地说："不要向外冲。"他爬近大门，透过门缝隙，向外详细观察。透过朦胧的夜色，发现敌人已包围了驻地，三挺机枪丁字形排列对准大门，不停地吐着火舌，"突""突"地响。黄茂坚分析敌情后，冷静地对大家说："东南面是电白地界，靠近游击区的崩塘、沙田坡村，对突围有利。大家做好准备，等敌人的机枪换弹夹停止射击时，我与林仕发掷出手榴弹，大家拉开距离，向东南方向冲去。"待大家做好准备后，在敌人机枪稍停的瞬间，黄茂坚、林仕发两人同时向屋外掷出手榴弹，八支手枪齐向敌群还击。敌人被这突如其来的爆炸声、密集的枪声惊呆了。

说时迟，那时快，武工队在这一刹那间，似猛虎下山冲破了围屋之敌，如离弦之箭向东南方向疾冲，一口气跑出 300 余米。武工队刚突破围屋之敌，不远处又遇上茂名杨爱周保警大队。武工队的勇士毫不畏惧，连向敌人掷出手榴弹，八支手枪充分发挥威力，齐齐射向敌人，猛冲过去，突破了敌人的第二重围。跑不到 300 米，又遭遇第三重围的敌人。这是电白县的保警中队。此时，天将拂晓。晨曦中，远处的群山依稀可辨，近处平展的田垌生长着低矮的嫩草。黄茂坚环顾四周，发现此处地势平坦，无掩护之物，处境十分险恶。如再集中突围，敌人必然集中兵力追击，突围更为困难。于是，黄茂坚当机立断，把武工队化作两人一组分散突围。黄茂坚带着杨懂向电白县羊角游击区飞奔而去，梁君涛等 4 名队员也突破围敌，安全脱险。但林仕发、杨华在突围中中弹倒地，壮烈牺牲。

事后，武工队对这次突围战斗的前因后果作了认真分析。认为其中必有内奸告密。苏上鹤村有一定的群众基础，武工队午夜入村，敌人不可能察觉。为什么敌人能在这么短的时间内，调集各地兵力，三重包围，就连武工队住在哪间屋，都清清楚楚？这说明是熟悉内情者向敌人告的密。屋主苏洪光发现敌情立即报告不可能是告密者。武工队将怀疑的目光转到了联络员"镶牙佬"的身上。经过几天的调查，证实是"镶牙佬"告的密。

原来"镶牙佬"早已叛变，投靠了石鳌塘保长。那天晚上，他安排武工队队员住下后，立即跑到保长家，与其一起到仁里乡公所告密。茂名、电白两县的国民党反动派，迅速调集保警队、茂名县白沙乡国民党中将邓龙光家的护卫兵和羊角、仁里两乡的乡兵共 200 多人，分三重包围苏上鹤村。为了清除内奸，武工队在掌握了"镶牙佬"叛变的大量事实后，不久，就捕捉处决了造成这次被包围的叛徒"镶牙佬"，让其偿还了血债，告慰了遇难英烈的在天之灵。

（七）铺仔岭营盘遇险

为了粉碎国民党反动派的"清剿"计划，开辟新游击区，发展和壮大革命力量，根据茂电信领导的指示，羊角地区游击队负责人黄成煦率领武工队队员黄茂坚、苏之越等到茂名县属的陈垌泗水、分界及与羊角毗邻的仁里乡（今山阁镇和新坡镇的部分自然村）一带活动，发动群众，开展游击斗争。

1948 年 3 月初的一个晚上，黄成煦、蔡智文、黄茂坚等经过一天的工作后，回到各自的宿营地休息。其中黄成煦、蔡智文返回电白沙田坡村，黄茂坚、林仕发等 8 人住苏上鹤村。翌日，凌晨 6 时许，突然从仁里乡属的苏上鹤村方向传来了密集的枪声。枪声打破了清晨的宁静。黄成煦、蔡智文立即意识到，宿营苏上鹤村的黄茂坚、林仕发等遇到了敌情，但情况未明。黄成煦急忙与大家迅速地研究分析了可能发生的情况，认为驻地靠近苏上鹤，苏上鹤发现了敌情，沙田坡已不能继续住下去了，决定立即分头撤离。

黄成煦向南面的铺仔岭方向撤退。他边走边思忖着如何避开敌人的办法。联想到近日来，敌人白天常在要道设卡盘查往来行人，各哨卡都有敌人的重兵把守。要想在白天突破哨卡，甚为困难。与其白天上路遭遇敌人，倒不如先找个落脚点隐蔽起来，待夜幕降临后，再去找分散的同志会合较为安全。打定主意后，他加快步伐，朝铺仔岭的营盘走去。营盘坐落于铺仔岭与交椅岭之间，是一座二房一厅的泥砖屋，是当地民团的驻地，平时有几个团丁在这里驻守。这些团丁平时跟黄成煦很熟悉，常为游击队通风报信。

当黄成煦到达营盘门前时，一个名叫黄荣海的团丁正在洗米煲粥。他见黄成煦到来，热情又有点惊诧地问其是不是从苏上鹤来。黄成煦笑而不答。黄荣海很识趣地转过话头，说："我看你行色匆匆，定未吃早饭，请屋里坐，休息一会，我就给你煲饭。"黄成煦忙道："荣海哥，我们是自己人，有粥吃就得咯，麻烦你加二两米吧。"黄成煦边说边踱入屋厅，用警惕的目光搜索屋里的每一个角落，没有发现有可疑之处，便坐在条凳上吸起了大碌竹水烟来。

黄成煦和几个团丁在屋厅吃完粥，正在谈论早晨发生在苏上鹤村的情况时，门外不远处传来沉重而杂乱的脚步声，并夹着粗俗的话语，"百多人打不过几个共产党，眼睁睁看着游击队一股风似的跑掉了，游击队的快制盒子枪和手榴弹一齐响，总算祖公有灵，没吃上共产党的花生米（子弹）"，"老子今日真好彩，入屋时顺手捉到了一只鸡两只鸭，今晚要好好饱醉一餐，补补今日的疲劳"。说这话的是乡兵头目李班长。原来，这 10 多个人是羊角乡公所派去配合茂名敌兵"围剿"苏上鹤村的乡兵，返程时路经营盘歇脚。黄荣海极力控制住紧张的情绪，装着若无其事地打招呼，同时朝着站在厅外的几个团丁大声喝道："快去搬凳拿烟筒招呼李班长。"几个被惊得目瞪口呆的团丁，如梦初醒，急忙搬凳、拿大碌竹水烟、送米汤，忙乱地招呼这伙不速之客。

富有临敌经验的黄成煦，也被这突然出现的敌情弄得有些不知所措。他机灵的目光转向屋厅的木床，只见床上被单一张，黄麻蚊帐半边上挂，半边下垂。他灵机一动，便连衣带鞋躺在床上，拉过被单蒙盖过头装睡，紧握手枪，沉着地倾听外面的动静，随时准备应变战斗。

众乡兵饮罢米汤，便在门外玩开了。有的在谈论早上发生的战况，有的在玩骨牌。那个李班长坐在正对屋厅的板凳上，瞅着屋厅床上有人盖被蒙头而睡，邪笑道："黄荣海，你藏着什么女人么？"边说边向屋厅木床踱去。正当伸手揭被单时，黄荣海急忙三步并作两步，拦在床前，挡开李班长将要触及被单的手，赔着笑脸说："我的好班长，床上睡的是我兄弟，昨晚赌纸牌到天光，请不要惊醒他。"李班长说："开开玩笑吧。我们都是赌鬼，赌它三日两夜是平常事。"说罢转身向门外走去。到了屋外，即令乡兵收队。乡兵们背着长枪，手提着抢来的鸡鸭，渐渐消失在往羊角圩的路上。

敌兵走后，黄成煦好像刚才没发生过什么事情似的，不慌不忙地抛开盖在身上的被单，站起身说，"今日有惊无险，多谢各位的帮忙掩护"。这时，黄荣海等几个团丁放下了心头大石，如释重负，异口同声激动地说："今日如被这些敌兵发现你，我们准备跟他们拼了。"黄成煦笑着说："有你们这些好朋友，什么危难也会化险为夷的。"

夜幕渐渐地降临，大地又恢复了宁静。黄成煦告别了黄荣海等人，踏上往苏上鹤的路上，开始了新的战斗。

（八）战火中学习党的政策

1949 年春，粤桂边区党委决定举办青年干部训练班，培养政治、军事干部。茂名、电白、信宜各县均派干部去参加。其中黄成煦是羊角游击区（含山阁地区）党的领导人，这次赴遂溪参加训练班，组织上指定他为负责人。为不引起敌人注意，参加干训班一行人分批行动，车鹏和黄成煦从地下交通线去，其他人则分批乘汽车经湛江前往。

春分过后，黄成煦和车鹏从羊角山和村启程赴遂溪游击区，经 10 多个小时的夜行，到达廉遂交界的游击区。青年干部训练班没有固定地址，学员一律跟随粤桂边纵队司令部一起行动，转战廉遂两县境内。训练班的学员大都来自两广，共 150 多人，按部队编制，分四个中队，队下设班。训练班的学习内容丰富，主要是学习革命人生观、群众观点，确立全心全意为人民服务的思想、端正参加革命动机、党的统一战线政策等。训练班的生活虽然艰苦、紧张，但黄成煦和车鹏乐在其中。4 月 23 日，人民解放军强渡长江占领南京的消息传到了训练班，学员们雀跃欢呼。为了配合迅猛发展的革命形势，训练班提前结束，黄成煦等学员返回茂电信地区，投入新的战斗。

（九）收服鳌头区区长

1949 年，缪任仁复任国民党茂名县县长后，与驻茂名的"清乡"委员会主任杨爱周互相勾结，加紧扩充兵马，设立县"清乡"大队，派出常备中队长驻飞马进行监控，扩建碉堡炮楼，增派敌特人员，设置情报网，实行"保甲联防，联保连坐"。鳌头区区长梁仲棣是兰石人，他奉行敌政府部署，在区署设置一个武装常备中队，并把各乡的自卫班扩充为自卫队。在各交通要道设立关卡，盘查过往行人。不时与县配合调集区队乡队围村"扫荡"，进行地毯式搜查，肆意捕捉无辜革命群众，制造白色恐怖，给革命活动造成很大障碍。

当时，常潜入兰石进行革命活动的茂南飞马党组织负责人郑凌华，先后恢复与该村梁之楷联系和接收梁之业的革命关系后，对梁仲棣的背景作了调查研究，认为很有必要开展统战工作运用社会关系和革命的大好形势去教育他。4月下旬，茂东南区委在中国人民解放军百万雄师过大江的胜利消息鼓舞下，决定加快统战工作步伐，由郑凌华深入虎穴，会见梁仲棣，对他作最后通牒，促其悬崖勒马，放弃"清乡""剿共"行为。

郑凌华首先争取控制梁仲棣的堂兄梁之杜。梁之杜在国民党任职时职务比梁仲棣高，在兰石的影响较大，梁仲棣对他较为听服。且其家的大院，靠近村边，进退方便。他也是梁之楷、梁之业的堂兄，接洽较容易。梁之杜常看报纸，对形势了解。经梁之业多次与他交谈之后，已有顺潮流、跟形势走的表示。郑凌华化名梁明，在梁之业、梁之楷陪同下到其家会见，表明是粤桂边纵派来的，赞扬其儿子梁崇所于西南联大毕业后在华北参加革命的进步表现，宣传党的政策，希望他当一个进步的民主人士。梁之杜觉得言之有理，随即点头称是。

5月17日，地下党组织得知梁仲棣回兰石老家，郑凌华便带陈山到兰石，会同梁之楷、梁之业等商量，决定当晚会见梁仲棣。分工由梁之业去请梁仲棣到梁之杜家，梁崇丰去乡公所监视乡兵的举动。郑凌华、梁之楷、陈山去梁之杜家，陈山持枪留在门楼房内负责警戒，郑凌华和梁之楷到客厅与梁之杜谈话等候。当梁仲棣走进客厅，一见到郑凌华，有点愕然。郑凌华自我介绍道："我叫梁明，是粤桂边纵派来负责和你谈话的。"梁仲棣听到"粤桂边纵"四字和看到郑凌华腰间有支短枪，一下子面如土色，六神无主，不知所措。郑凌华开门见山地说："当前的革命形势如何你是知道的，你要好好地想清楚。摆在你面前的有两条道路任你选择，一条是悬崖勒马，放下屠刀，弃暗投明配合游击队工作；另一条是顽固到底，继续与人民为敌，走向自绝于人民的死路。"此时梁仲棣如芒在背，坐立不安。郑凌华稍停一下又继续说："识时务者为俊杰嘛，你应该作出明智的选择，走立功赎罪的道路。"梁仲棣听了，额上沁出点点汗珠，频频点头说："我定按你说的办，绝不敢自寻绝路。"接着，郑凌华说："那好吧，今晚和你订个约，可请梁之杜作为见证。"随即提出四条要求："第一，从今日起，撤销关卡，撤销情报网，撤去驻在秦村渡头、石壁渡头两个碉堡的区兵，停止检查，停止特务活动。第二，区署的常备中队停止出动，不再围村捉人。第三，县里如有军事行动，事先要通知我方。第四，区署的枪支弹药和档案资料要保管好，等待我方接收。"并说："你做好这四条，就是立功赎罪，我方也保证你的性命安全。"梁仲棣听后，揩干汗珠，连连点头应允。

这次谈话后，梁仲棣不敢违约，很快便将驻扎在秦村、石壁的区兵撤回区署，撤销全部检查岗哨，区的常备中队也不再出动围村捉人。10 月下旬，茂东南区委顺利地接收了区署和各乡公所的政权，收编了区常备中队和各乡自卫队的武装。

（十）"九苦十八忧"演讲

1949 年 5 月，高州地委副书记林其材到粤桂边纵参加会议，回来后召开茂名县委第二次扩大会议传达会议精神，并部署当时的工作。参加这次会议的有地、县、区委的领导人林其材、车振伦、龙思云、陈以大、梁振初和柯乙福等。与会者就如何进一步动员群众、发动群众起来参军参战等问题进行讨论。学习了南路农运大王梁汝新发动群众的经验，确定由茂名县委委员梁振初起草整理"九苦十八忧"的稿子，选定在群众基础较好的木头塘村进行示范演讲。

当天下午，地下党员用木帆船驶到合水汝嘉小学门前的担水塘口，接运参加县委扩大会议的地、县、区委领导人到木头塘村。稍事休息后，通知40 多个群众到戴裕才、戴裕发家院子召开群众大会。参加县委扩大会议的地、县、区委领导参加了会议。

会议由茂名县委委员梁振初演讲。梁振初口才很好。他把茂名农民在国民党统治下所遭受的痛苦概括为"九苦十八忧"（忧丁忧吃苦，忧钱忧债苦，忧谷忧租苦，忧欺忧凌苦，忧穿忧住苦，忧婚忧嫁苦，忧耕忧种苦，忧老忧病苦，忧生忧死苦），联系实际，举出活生生的事例宣讲。他声音洪亮，说话通俗生动，非常感人。参加会议的群众都有着不同的苦与忧，有的被国民党抽丁勒索，有的为地主打长工，当牛做马，猪狗不如；有的租种地主的耕地，交不起租而被封屋拉人，食不饱腹；有的贫病交加，向地主借高利贷，利上加利，难以偿还；有的流浪街头，长年行乞，饿死异乡；有的当童养媳、婢女……大家听了他的演讲，觉得他说中了自己的心事，谈到了自己的身世，会议气氛非常热烈。激发了听众的阶级感情，大家异口同声地说："一定要打倒地主阶级，推翻国民党的反动统治，坚决拥护中国共产党的英明领导。只有在共产党的领导下，广大劳动人民才能获得翻身解放，才能过上美好的日子。"这次会议从晚上10时开到凌晨2时，群众情绪高涨，没有一个人退场的。后来梁振初这份演讲稿，作为农运资料，各地传抄学习。

木头塘村群众在解放战争期间为革命做了不少工作。全村40户，170余人，有柯、戴二姓，都是贫苦农户。解放战争时期，群众革命热情很高，男女老少都积极参加和支持革命事业。他们虽然自己吃不饱穿不暖，但是仍然节衣缩食，支援革命。在柯光祥、柯毓坤、戴裕才、戴裕发等人的带动下，全村群众纷纷捐助米、菜、油、盐、柴。到过这里居住的革命领导有陈以大、陈淑坤、梁小雄、龚烈等，有时一天来10余人，他们的伙食大部分由党总支解决，还有小部分由木头塘村群众捐助解决。听过这次演讲以后，群众精神振奋，思想觉悟大大提高，迅速行动起来，建立同心会、姐妹会、睇垌会、武术馆等革命群众组织。5月，五支油印处搬来戴裕才家。两个多月内，印制了大批党的文件、宣传资料，发送各地学习。9 月，县委在这里举办青年干训班，学习了 10 余天，木头塘村群众协助党总支解决好他们的生活供应，并做好安全保卫工作。木头塘村青年积极参加革命工作，其中加入中国共产党 2 人，参加共青团 6 人，参加粤桂边纵五支十四团 5 人。

（十一）地下党员巧避屠刀

1949 年 8 月的一个黄昏，合水党支部书记柯逮钊叫柯逮坚、柯碧、柯惠文 3 名党员到汝嘉小学，郑重地说："今晚国民党可能包围这里，你们三人立即带这'小芒心箱'（内有合水地区入党入团志愿书一包，左轮手枪 3 支，手榴弹 6 个），前往东利村暂避。"三人二话不说，带着"小芒心箱"来到东利村同学、青年团员柯惠芳家住下。

柯惠芳家是一座一厅二房的瓦屋，住着她母女二人，三人把"小芒心箱"放入她的大木箱内，用衣服、被单盖着，当晚 4 个人同在一张床上睡觉。第二天，天还没亮，就听到外面有人声叫嚷："全村周围都被兵哥包围，到各户搜查了，搜箱、搜柜、搜床……什么都搜，用刺刀捅烂箱柜搜查，搜得凶啊……"怎么办？这种情况 4 名女孩从未遇过，一时不知所措。4 人商议了一下认为：现在在室内收藏不保险，还是搬到室外埋藏较好。于是叫柯惠芳找来锄头，柯碧等带着箱子跑到室外菜园地，挖穴把它埋藏起来，大家才安定下来。

一会儿，甲长拿着小煤油灯，带了 2 个兵丁进来了，柯惠芳的母亲热情接待他们，带他们去检查。检查到柯惠芳住房时，因为尿臭扑鼻，他们摇头掩鼻，骂了两句："不讲卫生，像个猪栏一样。"就出去了，大家的心里犹如丢开了一块大石。接着，乡兵把全村 70 多户 200 余人赶到村中间大草坪集中，由甲长捧着户口册一户户点名查户口，检查过的人家由户主带全家人站到一边，最后，就剩下柯逵坚 3 人了。

一个军官模样的人问：是什么人？来这里干什么？三人齐声说："是附近果子园村人，来这里是看望同学柯惠芳的。"甲长随即上前发言给她们证明。乡兵把三人带上岭头脚（合水、果子园、东利三村交界的晒谷场），由一个军官逐个审问。三个人沉着应对，结果没审出什么，都交家属领回去了。这次围村搜查的是何宗垣的保安中队，当晚联合乡兵共有 200 余人，围捕了果子园、合水、车田、东利等村庄，结果一无所获。过了几天，风浪平息以后，柯逵坚 3 人再把"小芒心箱"搬回果子园村挖穴藏好。在革命斗争中，合水地下党员经受了考验。

（十二）党的统一战线工作显奇效

合水地区党组织在革命斗争期间，十分重视开展统战工作，争取当地乡绅、开明人士和保甲长支持，有效地保证了革命事业顺利地开展。

1945 年 2 月中旬，到化南参战人员撤回后，李福全与妻、弟、妹、妹夫一家 5 人，不能再回汝嘉小学，隐蔽在东利村一户农民家里。这件事被特务汇报到高雷守备区司令部指挥官邓鄂处，邓鄂下手令给白沙乡公所逮捕这 5 人就地正法。手令到达白沙乡公所后，被支持革命的第七保保队副黄建棠得悉，立即通知地下党把李福全全家撤走。乡队队副邓兴带领乡丁 20 余人包围汝嘉小学及东利村搜查，黄建棠也假意带了几个保丁配合，结果自然是扑了个空。

1949 年 8 月 21 日，茂名保安团营长何宗垣率领一个中队到达白沙乡。22 日在乡公所召开保长会议，说："合水一带抽大烟、玩赌博的人很多，准备明天去查捉，请大家配合。"当时参加会议的合水副乡长柯玙璇是一个同情和支持革命的开明乡绅，觉得情况可疑，便悄悄告知乡队队员柯荣梅，叫他回去通知共产党员柯逵钊。当时林其材等党组织负责人正住在汝嘉小学，大家分析认为：说明天来，很可能今晚就来。林其材等领导立即转移到安全地方，把枪支弹药收藏好。果然当天深夜，何宗垣指挥保安队和乡兵200多人包围了合水、果子园、新屋仔、东利和车田等村庄，逐户搜查。23日早上，乡兵分别将各村群众集中到一个地方检查户口和身份证，但他们连一个共产党员也没发现，检查只好草草收场。

8月底的一个早上，白沙乡20多个乡兵包围了公馆木头塘村。在围村前的一个晚上，该村的甲长柯林茂给党组织通风报信，当时地下党员陈淑坤住在木头塘村，党组织立即派人护送她从埠头坡过白沙河转移到安全地方，并收藏好在该处印刷宣传品的印刷设备。围村后，乡兵到各家检查了一下，没有发现什么，灰溜溜地撤走了。

（十三）巧妙周旋斗顽敌

1949年7—8月，随着国民党军队的节节溃退，新中国的曙光已渐渐显露。为了迎接当地解放，适应新时期的工作，中共茂名县委决定举办区乡干部培训班。县委认为飞马村三面环江，敌人不易进犯，且群众基础好，培训班地点决定选在这里。由于准备工作做得好，第一期干训班顺利地举办了。根据形势的需要，不久又决定在飞马大塘边村郑乃明家举办第二期干训班。

这期干训班，县委十分重视，县委书记龙思云、县长梁昌东等对培训工作作了全面安排，并亲自给学员讲课。

那时，国共斗争十分激烈。为了做好安全工作，飞马地区负责人郑凌华作了周密部署，交通、联络、通讯、站岗、放哨等工作，一一落实人员。在飞马分设4个交通联络站，即东、南、西、北站，每站又分设4层岗哨，如遇敌情，层层岗哨互相通报，一站传一站，直至飞马总站。如在黑夜，则利用打手电筒的方法传递信息。

北站由陈希负责，站点设在吴伯任的油桁屋。吴伯任原为鳌头乡乡长，后被确定为统战对象。当时，陈希通过其亲属陈永寿的关系，把吴伯任带到郑凌华处，通过做说服教育工作，把其争取过来为革命所用。吴伯任不仅支援枪支弹药和钱粮、传送准确情报，还秘密成立群众睇垌队，表面上维护地方治安，暗中则为地下党巡夜放哨，护送革命人士往来。

1949年8月3日晚上，突然，陈希接到吴伯任送来的紧急情报：国民党茂名县县长缪任仁带领县大队何宗垣部前来包围飞马的区乡干部培训班，已到达离飞马只有1.5千米的鳌头乡。接到情报，陈希马上把手电筒向天空划了三划，睇垌队及岗哨见到黑夜中的三道亮光，立即把敌情一站接一站地传出去，使飞马所有的交通站都得悉。随后，陈希又赶到县委，详尽报告这一敌情。县委当机立断，安排干训班同志分组疏散隐蔽。

此时，在飞马摆渡的地下党人郑寿新接到敌人进犯的信号之后，敌人已到达渡头彼岸，接着传来了敌人的叫喊声："喂！老头子快撑船过来！"郑寿新装着没有听见，有意拖延时间。敌人暴跳如雷，骂声不断。过了一会儿，郑寿新才慢悠悠地把船撑过去。船靠岸后，敌人蜂拥而上，其中几名士兵用枪托向着郑寿新撞了几下，郑寿新趁势躺了下去，一个劲地叫喊："你们快打死我了！快打死我了！"敌人认为这样下去会拖延更多的时间，便不得不改换口气规劝郑寿新："快起来吧，把我们送过去，回头会重重奖赏你的。"郑寿新慢慢爬起来，把渡船摆过去。船一到岸，敌兵匆匆跳上，如狼奔突直扑郑乃明家，但参加干训班的同志已不见踪影。敌人扑了空，只好垂头丧气地溜走了。敌人一走，飞马总站马上发出安全无事的信号，干训班的同志又迅速集中，继续学习。

（十四）群众齐心拥护革命

车振伦长期以潭屋村为据点从事地下活动。1943 年至 1949 年期间，车振伦经常在妹夫陈隶华家和村民陈英广、陈秀绍、陈凤智家隐蔽，组织会议、策划联络活动。

陈隶华家是潭屋村的大户人家，除田地外，还有较大规模商号广发祥和广祯祥，做中医药生意的，在北海、湛江、廉江、金塘等地拥有众多分号，资金雄厚。他对车振伦在潭屋村长期活动中的生活开销、受伤医疗、革命活动经费等方面支持很大。经车振伦介绍，陈隶华之弟陈仲桐于 1940 年在潭屋村参加革命，直接在车振伦领导下工作。1941 年，陈仲桐在北海组织抗日游击队打击日军，中华人民共和国成立后，曾任广西北海市政协副主席。潭屋村人陈海珍是陈隶华家里的工人，受到车振伦的影响，成为地下交通员，经常护送车振伦出入，后加入了革命组织。村民陈英广、陈寿欣、陈寿祥和陈凤智也被发展成通信联络员，陈凤智还负责校对、油印会议文件和革命资料。国民党高州、茂名地方党部和武装民团在金塘保长的带领下，经常派兵进入潭屋村搜查，车振伦在几个通讯联络员家轮流藏匿，村民为车振伦提供暗号和化装用的服饰，站岗放哨，掩护革命活动，保证了来往于潭屋村的中共茂名县领导和武装队员的安全。

1945 年，车振伦任南路人民抗日解放军茂南大队大队长，陈隶华把自家护院队的 3 支手枪、2 支步枪和 1 支长火铳交给车振伦，用于支持烧酒抗日武装起义。村民陈丽金经车振伦动员，参加张炎部队抗日，击毙、击伤日军 3 人，受到通报表彰。1945 年 9 月不愿参加内战，退役回乡务农，是抗日的老兵。

1949 年 12 月，解放军四十军和四十三军攻打海南，车振伦作为茂电信支前司令部司令，负责筹粮筹款任务，陈隶华家在 25 日连夜装运 300 担稻谷并奉上一盒金条作为支前粮款，上交茂名县人民政府，并由冯柱朝亲自签收，潭屋村民也纷纷解囊相助，一大批村民还做挑夫帮忙运输军需，为支前工作作出了重大贡献。

潭屋村有良好的革命和群众基础。1949 年秋收，潭屋村入驻了一支解放军旅，驻扎了 3 个月时间，广大潭屋村民欢呼雀跃，积极开展拥军工作，受到驻军部队的好评。

茂南党团组织

（一）茂东南区工委

1945 年 10 月，林其材担任中共高州地委领导，后任茂电信地工委副书记，负责电白、茂东、茂南和高州城工作。1948 年 10 月，陈以大分工负责茂东、茂南和高州城工作。他们常驻合水汝嘉小学，指挥和部署各地的革命斗争。

1948 年至 1949 年，随着全国形势的发展，合水地区党、团组织得到较大的发展。1948 年 10 月，党组织在汝嘉小学建立了茂东南区工委，书记为柯乙福，副书记为柯日轮，委员为冯柱朝、李匡一。

茂东南区工委在合水地区发展了一批共产党员，先吸收柯逵钊、柯作琼、柯惠文、柯碧、程慧庄入党，后又陆续吸收了一批游击小组的骨干柯作桐、柯光祥、柯永达、柯毓坤、柯永泰、柯寿德、柯作楫、柯生、柯柱、柯慧如、柯婉如、柯进、柯富、柯铁屏、柯逵坚、柯日恒、李伙、柯周、刘阿儒、陈朝阳等 20 多人为党员。

（二）飞马党团支部

飞马地区党组织先后经历了 4 位领导人，1939 年至 1946 年由郑奎领导，1946 年至 1947 年冬由郑金领导，1947 年冬至 1949 年 4 月由郑凌华领导，1949 年 4 月后由郑溢领导。

1949 年 5 月，经茂南区委批准，由郑溢任飞马地区党支部书

时任茂东南区工委领导合影。 前排（左起）：柯乙福（书记）李匡一（委员） 后排（左起）：冯柱朝（委员）柯日轮（副书记）

记，郑文辉为组织委员，郑泰然为宣传委员，党员有梁琳、陈希、郑文辉、郑泰然、伍朝玉等。郑文辉、郑泰然负责飞马河东侧一带工作，陈希负责文运河北侧一带工作，陈生负责鳌头河西侧一带工作。

党支部还筹建成立团支部，由邓文辉兼任团支书，郑风为副支书，郑韬、郑淑琼为支委。先后吸收陈清、陈山、郑琪、梁梅、郑球、郑强、郑四书、郑荣幸、郑邦琼、郑权、郑大略、郑东海、郑胜、郑祝、郑汉、谭宝琼为团员；文运团支部吸收陈元勋、陈和镇、陈永寿、郑丽娟、刘锦成几名团员，成立团小组，陈元勋为组长。

（三）合水党团支部

合水党组织先后经历了3位领导人，1943年至1944年由梁平领导，1944年至1946年由柯荣萱领导，1946年至1949年由柯乙福领导。

梁平

1949 年 2 月，合水、果子园建立了党支部，柯乙福兼任书记。1949 年 8 月成立了党总支，柯逵钊为书记，柯亨元、柯作琼为委员。党总支下设 3 个支部，柯逵钊兼东北片书记，柯作琼兼西南片书记，并建立了一个妇女党支部，柯碧任书记。1949 年，新民主主义青年团在合水、木头塘等村吸收柯乃瑚、柯钢俦、柯义元等 20 多人为团员，成立团支部，柯逵钊兼任书记。还成立文秀团支部，柯日恒任书记。

（四）白土党团支部

1949 年春，根据中共茂名县委指示，要抓紧发展党员，建立党的基层组织，以适应解放战争形势迅猛发展的要求。冯柱朝在迳谷岭先后吸收朱耀荣、朱耀武、朱至唐、朱光基等人加入中国共产党。6 月成立了白土党支部，冯柱朝为书记。8 月，成立上南片党总支后，朱耀荣接任书记，朱耀武、朱至唐为委员，党支部党员共 6 人。

党支部成立后，随即组建团支部，支部书记是朱耀武，支委是朱至唐、冯秀熹，团员有朱至才、朱耀娥、莫衡、朱诚中、柯成德、朱淑慧等。

（五）袂花党团支部

1949 年初，根据上级党组织的指示，中共党员陈泽永分别在进步知识青年和农民中进行宣传教育，在此基础上开展建党、建团工作。7 月成立袂花乡党支部，9 月初召开支部会议，地点在北斗村陈泽永家，参加会议的党员有陈泽永、陈凤周、陈作屏、陈作彬 4 人，区委委员陈泽永主持会议，代表区委宣布决定陈作屏为支部书记，不设支部委员，分工陈凤周管组织，陈作彬管宣传。党支部决定在青年中发展新民主主义青年团团员，有杨风、李有新、陈孔晋、林裕溪等 10 多人，吸收地下工作骨干有陈赞斌、林裕东、陈森、陈亚才、吴观寿等 10 多人。陈泽永在茂名解放前 10 天左右去参加县委召开的一个会议，途中因故牺牲。

（六）上南片党总支

上南片是指解放战争时期的石鼓、里麻、陈垌、白土一带。为适应形势发展的需要，1949 年 8 月，中共茂南区委决定，成立上南片（即鼓田地区）党总支，任命黄泮光为书记，下辖石鼓党支部，书记由黄泮光兼任；白土党支部，书记为朱耀荣；里麻党支部，书记为丁仁体。

交通情报工作

一、飞马地区交通情报工作

飞马地区的交通情报工作，分为三个时期：郑奎领导时期（1939 年至 1946 年夏），郑金领导时期（1946 年至 1947 年秋），郑凌华领导时期（1947 年冬至 1949 年冬）。各个阶段交通情报工作结合革命形势，因势利导，从无到有，从小到大，循序渐进地发展起来。

（一）郑奎领导时期

1939 年，郑奎出任飞马乡乡长，掌握了"白皮红心"两面政权。地下党组织随即派李嘉、许铭庄带领香港青年回内地服务团和学生队到飞马协助郑奎开展抗日救国活动。1940 年，陈醒吾来飞马，担任飞马乡公所文书，秘密建立了飞马党组织，积极发展共产党员。随后黄明德、邹贞业在飞马组建了地下革命武装力量。当时他们分别住在郑奎的书房和郑美南家里，以及郑奎胞兄郑叔奎开设的义和堂药店里。郑叔奎照应他们的生活，郑英诗负责沟通联系，初步形成了飞马地区交通联络站的雏形。与此同时，郑奎通过各种关系，安插了一批地下党人到邻乡自卫队做卧底，以掌握情报。1942 年，南路特委将飞马地区的党组织移交茂名领导，仍与中共梅菉特委保持交通情报的双重联系。1944 年，国民党反动派不时派兵前来"扫荡""围剿"。郑奎的人缘好，政治宣传工作做得细，多次得到开明人士、县参议员郑述金出面说情解围。为适应当时的环境，飞马交通站搬到了婆冰村郑伯奎家里，郑叔奎担任站长，郑四书负责接待，郑泽诗、郑尤新为专职交通联络员，同时在文蓬村郑玉棠、郑乃梅家里，腾蛟村蔡乃庚书房，隔海车村梁增福、梁增荣家里，关屋村林秀轩家里，浸死鸭村郑贵家里分别建立了交通情报站，还派郑伯奎到水东商店打工，郑泽诗在水东摆摊档，以接待来往地下党人，并予以生活上的照顾。1945 年夏，郑奎再次发动覃巴起义，并在覃巴周围有革命群众基础的村庄，分别成立了大小的交通联络站，与飞马地区的交通站互通情报连成一体。其时，国民党反动派消极抗日，积极"剿共"，集合 600 之众前来"围剿"只有 200 多人的游击队。由于交通情报准确，在广大革命群众的掩护下，游击队队员搭乘 5 艘渔船从三角窝出海转移到硇洲、东海、遂溪、廉江，与南路人民抗日解放军二、四团会合，编为四团六连，郑奎任连长，常派交通员梁关与留在飞马、覃巴地区的革命组织联系。1945 年 8 月，日军无条件投降后，国民党反动派无外敌之忧患，极尽"清共"之能事，集中大批兵力向遂溪、廉江进犯，企图一举歼灭在南路的共产党武装力量。为避敌锋芒，不打无把握之仗，郑奎奉命带领六连重返茂电边境的飞马、覃巴、羊角等老根据地秘密活动。郑剑又利用双湖村郑楚诗家作为连队的大本营。这时的覃巴乡乡长杨锦生到处封村捉人，敲诈勒索，鱼肉乡民。郑奎摸清情况后，随即率队火烧国民党覃巴乡公所，夜袭杨公馆，活捉杨锦生，并押至覃巴圩大路口处决。1946 年春，茂电信武工队在飞马婆冰村成立，郑奎为队长，武工队采取短小精悍、灵活机动的游击战术，"敌来我走，敌去我回，既合又分，化整为零，既分又合，变零为整"。在交通情报工作的紧密配合下，武工队的武装斗争由被动转为主动、由防御转为进攻，弄得敌人防不胜防。6 月，郑奎奉命北上，被敌人重兵围困，粮绝弹尽，不幸壮烈牺牲。

（二）郑金领导时期

郑奎牺牲后，飞马、覃巴地区的革命斗争工作由郑金、梁弘德领导。郑金以原有的交通站为基础，增设了飞马村康公庙郑治民处、林道村林忠均处、潮利后村郑四处为交通站，并恢复了文禄村尼姑庙和林允生家的交通站，扩大了革命活动范围，工作进展顺利，士气大振。1947年初夏，中共茂名中心县委书记王国强、钟正书等带主力部队在飞马驻扎，反动派前来"围剿"。武工队沉着冷静，与敌人激战14小时，打死打伤敌官兵30多人。气得敌"清乡"委员会主任杨爱周大发雷霆，大骂鳌头区区长梁仲棣"不临前线"、沙院乡乡长张汉东"用兵不力"、小良乡乡长梁炎祥"大意失荆州"。杨爱周恼羞成怒，下令洗劫烧光了籐仔岭一带村庄。敌县长缪任仁指派一个60多人常备中队，装备轻机枪2挺，冲锋枪10多支，步枪40支，长期驻扎飞马村，声称若不把这一带的共产党游击队消灭决不撤走，并扬言"宁可错杀一千，不能放过一个"。还出重金雇请一批亡命之徒做鹰犬爪牙，充当侦探特务，跟踪侦察革命人员，动不动封村捉人，残害百姓，白色恐怖造成人心惶惶。飞马党组织采取周密应对之策，各交通站相应地派出精悍的交通员，深入细致地了解敌人的生活起居情况，成功除掉潘德兴和郑积传这两个心狠手辣的恶霸，大大地鼓舞了革命士气。1947年冬，敌人"扫荡"潮利后村，郑金为营救被捕的女战士梁月，被敌人伏击杀害。

（三）郑凌华领导时期

1947年冬，上级党组织把郑凌华从电白调回来全面领导飞马、覃巴地区的革命斗争工作。他根据当时的形势，研究对策，重新部署。遵照"巩固老区，发展新区，小村包围大村，农村包围城市，秘密活动与武装斗争相结合，用两个拳头打击敌人"的指示，决定在飞马大村郑贞传家秘密成立交通总站，派郑文辉任站长。在文昌庙西廊，公开设立吞梦社读书社，由军阀邓龙光的外甥郑邦琼任社长，吸引一批进步青年学生前来读书看报，大家以此为掩护，蒙蔽敌人。派陈希、郑丽娟扩大文运村交通站，作为开辟新区的立足点，派陈山、梁梅在鳌头圩渡头红坎村建立塘边交通站，以窥探鳌头区署的情况。又把水东圩九连村交通站负责人郑煜、黄琼光调回来，派郑煜做驻飞马常备队长吴杰棠、罗廷森的统战工作，派黄琼光到兰石小学任教，串联梁之模烈士胞弟梁之楷，配合梁之业、梁龙文等，建立兰石交通站。

1948 年 5 月，郑凌华到茂化梅边界的罗安乡，指导吴寿昌、吴应理、李国政、郑凌球、吴寿荣、吴华丰等在双塘仔村建立交通情报站，与覃村、流水、锦盖岭等地交通站连成一体，及时和茂化梅边区地下党负责人李雅南、李冠中等沟通消息。8 月，又派鳌头乡乡长吴伯任的外甥陈永寿和陈元勋、陈和镇、吴广恩等在北淦田头屋村建立交通站，并借此争取吴伯任投靠共产党。同时在旺基坡村陈赞斌家里建立交通站，作为与袂花、羊角区的交通桥梁。群众革命热情高涨，革命活动地区不断扩大，情报来源不断增多。10 月，郑凌华因势利导，以各个交通站所在地的农会为单位，发动群众反征兵、反烟税、反糖税、反盐税和吊耕罢耕，要求地主实行减租减息，均取得良好效果。12 月，吴伯任把乡公所的乡兵暗中组建为护庄队，听候地下党的差遣，并当场交出驳壳枪 2 支、左轮手枪 1 支、子弹 430 多发、白银 300 元支援地下党，后继续支援了步枪 20 多支，子弹 2000 多发和粮食一批。

各种形式的收集、利用及阻碍敌人的情报工作，成效显著。1949 年 6 月，飞马各交通站四处张贴茂名县人民政府县长梁昌东发布的《告同胞书》和标语口号，广大群众奔走相告，拍手欢呼。为了阻堵敌人的交通通信情报，各交通站还派出人员把敌人所架设的电话线路和电杆全部毁掉。7—8月，中共茂名县委在飞马举办了两期培训班。为了确保参加培训的骨干安全，飞马交通情报工作人员不分白天黑夜地收集和报告消息。8月中旬，国民党茂名县县长缪任仁亲自带领县大队密谋"围剿"飞马村。鳌头乡乡长吴伯任获悉后，马上送来情报。县委领导人当机立断，将训练班学员分为三组，向覃巴、袂花、文运等堡垒村庄疏散隐蔽，以避敌锋芒。敌兵蜂拥而至，包围搜索飞马村无所获，又怕自投罗网进入游击队的包围圈，只好垂头丧气地撤退，直至袂花圩才敢停留，自此再不敢向飞马革命根据地进犯了。

为迎接茂名解放，飞马党组织以农会为单位，组织人员教育群众要坚定革命胜利的信心，热爱中国共产党，热爱中国人民解放军。觉悟提高了，广大群众迅速开展捐粮、捐款和征集枪支弹药活动，在人力、物力、财力方面为革命作出了积极的贡献。

（四）交通情报工作中使用的暗语

在飞马革命活动中，地下工作人员曾使用过一些暗语代号，如：总称飞马地区为"海陆空本区"，秦村河之南至覃巴称为"海丰区"，秦村河之北至袂花河之南称为"陆丰区"，袂花河之北至梅江河之南称为"空丰区"；称交通站为"老家"，称交通员为"介使"，自己人为"兄弟"，敌人为"灰头"，形势转好为"货物流通"，形势恶化为"市场滞销"，隐蔽为"囤积居奇"，活动为"大有利路"，大集结为"收购"，小会合为"选办"，大出动为"批发"，小活动为"零售"，张贴标语口号为"交底"，收发传单文件为"飞鸽"，向人募捐粮食为"盘点"，向人募捐钱款为"逗水"，向人借枪为"拉柴"。飞马地区最后一个革命暗语口号是"赶狗斩牛"，意思是用军事行动解放鳌头。经过英勇奋斗，在1949年的农历九月初九解放了鳌头圩和鳌头乡、三联乡、小良乡、兰石乡、罗安乡、袂花乡，建立了鳌头区人民政府。

二、白土地区交通情报工作

（一）交通联络站的建立与转移

1946 年 8 月，共产党员冯柱朝到金塘白土肇南小学任教，经他推荐，先后有共产党员李匡一、许俊文、陈美娟、吴国华等来该校任教。冯柱朝在肇南小学建立交通联络站，直接受高州城党组织的领导，在白土一带开展活动，发动群众，扩大游击队伍，发展党的组织。1948 年 8 月，国民党县政府对该校产生了怀疑，撤掉冯柱朝同学朱耀荣的校长职务，冯柱朝被迫离开该校，共产党在肇南小学的联络站被迫停止活动。

1948 年冬，白土党组织在距离肇南小学不到 100 米的朱至唐家设立交通联络站，朱至唐任站长。随着形势发展，交通站逐步扩大，成为茂名县的重要交通站。东与分界，南与公馆、合水，西与茂西、化中地区，北与高州城、曹江等交通站联络。20 多名交通员为了人民的解放事业，不怕艰苦，不怕牺牲，勇敢机智，克服困难，不论白天黑夜、寒天冷雨，都能按时完成党交给的交通情报任务。

1949 年 1 月，中共茂名县委在白土成立后，县委的主要领导在白土一带活动，领导全县的解放战争工作，情报的接送任务更加繁重，直至茂名县解放。

（二）统战工作发挥重要作用

白土地下交通联络站和中共茂名县委、县政府能在白土迳谷岭村扎根，而且从未受到破坏，在一定程度上是统一战线工作发挥作用所致。交通站的建立，是党组织鉴于冯柱朝与迳谷岭村朱至唐关系殊深，加上冯柱朝的姐夫、地下党员朱华基的家也在该村，其同学朱耀荣的父亲朱香是当地的乡绅，有这些人的保护，冯柱朝以教师身份来开展活动也不易暴露。

茂名县委书记龙思云与朱耀荣在革命斗争中结为夫妻。梁昌东是白土名人朱振基的得意门生，与朱至唐既是朋友又有亲戚关系。县委、县政府的警卫连连长朱亮炎是白土田头屋村人，原是国民党七区专员公署的连长，在地下党的策反下进入革命队伍，被任命为茂名县人民政府的警卫连连长，他父亲朱栋材曾于1925年任茂名县县长，在当地颇有影响力。而且白土一带群众基础扎实，积极拥护、支持共产党。在这些重重关系的庇护、支持下，中共地下党员在白土进出和活动，基本不惹人注意和怀疑。

（三）全力筹措交通站费用

白土交通站始建时，往来人员的食宿费用，全靠朱至唐祖父朱筱藩以前经商和办农场积累下的一些余财承担。但整个交通站、县委和县政府机关的开支甚大，仅凭朱筱藩筹措和挪借，渐渐难以承受。1949年10月，县人民政府成立后，红色政权从地下转为公开活动，各地党组织领导、机关工作人员、地方武装和南下大军齐集于白土一带，支出费用更加庞大。因此筹款、筹粮成为白土党组织的头等大事。党组织找到朱香蟾、朱召甘、朱柱京等地方上层人物做统战工作，要求他们积极配合筹措款项和军粮，各方迅速行动：一是各乡绅、族老经济宽裕者先行垫支部分粮款给人民政权应急。二是争取朱振基等人的支持，将白土朱氏宗族祖尝及祠堂的公产田低价出让，筹集资金给县委、县政府作经费和军饷用。很快就筹集到为数不多的款项，解决了红色政权缺粮欠饷的燃眉之急。

虽然白土迳谷岭村的群众基础较好，但为了中共茂名县委的安全，交通站准备了应急预警方案：万一有敌情，相关人员立即由村后的岭边撤出，从密林小路转移到西边数千米外的山上的明德农场隐蔽下来，待警报解除或局势平稳后再返回。因保持高度的警惕性，党组织从未暴露。此外，为了保密的需要，凡有重要或大型的会议，一般都在野外偏僻之处举行。1949 年 9 月，为发动、组织各种进步力量团结起来，争取革命胜利，中共高州地委常委车振伦，茂名县委书记龙思云、县长梁昌东等领导，在白土桂山绮华农场与揭培支、吴麟瑞、朱耀文、陆士风、伍圣瑞等 6 个文教界人士座谈。在梁昌东的建议下，成立茂名县文教界新民主主义革命委员会，吴麟瑞为主任委员，揭培支为副主任委员，任务是：宣传革命形势，筹款筹枪，搜集情报，策反国民党军政人员起义、投诚，迎接解放。从成立到高州解放这一期间，先后参加该组织的进步教师有 44 人，为后来茂名民盟组织的创建，打下了思想基础和组织基础。

三、合水地区交通情报工作

合水地区的地下交通情报工作，始于 1947 年夏，地下党组织了一批革命热情高、头脑机警的同志担任地下交通员，实行专人专线和临时委派相结合的办法把交通情报工作做好。交通总站设在汝嘉小学，分站设于合水地区的 30 多个自然村中。交通站工作由柯乙福、柯逵钊负责，具体分工是：柯逵坚负责联系电白水东的文锋书店、东寮村，兼顾袂花北斗陈泽永家等联络点；柯富、柯作流负责联系梅菉、湛江，兼顾化州石窝、覃巴等联络点；柯永平开始负责联系坡头、文秀、木头塘，后来负责联系白土、芋地坡等联络点；柯作雄开始负责联系木头塘，后来负责联系白土，兼顾分界及金塘圩边联络点；柯麟俦负责联系飞马联络点；柯德、李锦华负责联系分界联络点；柯正秀、柯阿晚、柯周等交通员，负责临时委派的各种交通工作。一个四通八达的交通情报网络形成了，东与新垌、云潭、分界、电白水东等地下交通站联系，南与袂花、飞马等地交通站联系，西与化州边沿、梅菉等交通站联系，北与白土、高城、信宜等交通站联系。

（一）交通情报任务

当时的交通情报联络，没有电话，没有自行车，靠的是交通员双腿和革命热情。解放战争时期，合水地下交通员为茂电信地区革命斗争做了大量工作：

密写传递交通情报信息。一是领导的指示、通知、情况交流等，先由地下党负责人用米汤写在薄竹纸上，折叠好交给交通员，有的插入竹帽内或嵌入衣服缝好，有的藏入所带物件不显眼的地方。然后按预约投递地点传送。收件人收到密写件后，用碘酒涂抹，密写内容就显示出来。二是用草纸一束将密件放在草纸夹缝中间，然后按交通员特点化装（男的伪装书童，女的伪装婢女）运送。三是把密件插入鞋帽递送。预约地点是某树枝头、竹枝头、屋角砖缝、厕所砖缝、大石隐蔽处。以上几种方法行之有效，交通员按时完成工作任务，从没出现过差错。

迎接领导，转移同志。中共组织负责人来往合水较多，曾在合水地区召开两次县委会议。领导来往迎送，多数由交通站安排进行。在接送这些领导时，根据各人的外形特征，选派交通员化装成书童、收账员或婢女随从行走。人员较多时，就选择黑夜乘渔船出行。1949 年，地下党从高州城转送几批同志到粤桂边纵队工作，有一部分是在当地已暴露身份的女同志。这些同志先由交通员接来在车头屋村或木头塘村隐蔽，然后由交通员送往化州再转送至粤桂边纵队。

物资收转。经交通站转送的贵重财物，如金银首饰等多批，多以送物走亲戚方式运送。

传送各种印刷品。1949 年 6 月，茂电信地工委副书记林其材直接领导的地下油印处转移到合水地区，翻印文件和编印宣传资料的工作量很大。这些印刷品，除少数由领导带走外，绝大多数是由交通员及时、准确地转送到茂电信各地，使各地的党组织能及时看到中共中央、毛泽东的重要指示及各地革命斗争情况，推动了革命工作开展。

（二）交通员的革命精神

合水的交通员虽未经专门训练，但大家都有坚定的翻身求解放的雄心壮志和革命必胜的信念，所以个个都能吃苦耐劳，机智勇敢地出色完成任务。

柯逯坚于1946年春参加革命组织，1947年专职做地下交通情报工作。由于她有胆识，应变能力强，因此派她负责重要机密件传递和联络袂花、北斗、电白县水东街和东寮村等交通站。这段路既险要，又比较远，往返一次达六七十千米，同时传送任务也多。但她干了近3年时间，不管刮风下雨，白天黑夜，照常带送，出色地完成任务。1949年3月，有一次送密件往水东东寮站，到村时听说东寮村遭敌围捕，站内无人接头。此时她又饿又累，但顽强地支撑返到袂花河边。当时天色已黑，一个女儿家又不敢叫渡，只好躲在河边，等待赌徒、烟鬼返家而乘机随同过河。当回到北斗村地下党员陈泽永家时，已是大半夜了。从早上4点在家吃了两碗稀粥出发，到陈泽永家时已经近20个小时了，饥饿和劳累一齐向她袭来，没说几句话就晕倒了。后来陈泽永给她灌了几口清水以及煲一些粥给她进食，才慢慢恢复过来，第二天清晨她又踏上归程了。还有多次转移密件，收藏大印、手榴弹和运送短枪等，都是由她去完成。

柯富是负责长途交通的，联系梅菉、湛江、化州、覃巴等点。这些站点路程既远、关卡又多，但他长期机智地冒险行走，从不出事，出色地完成任务。1949年8月，县委领导陈以大调回湛江工作，由他带送。这天风雨交加，他带领陈以大从鳌头起程，抄小路到梅菉，立即乘船，在船上过夜。第二天早上，在黄坡上岸，绕过乡公所，再坐木船到沙湾。当时到处汪洋一片，而柯富能从深水中识辨路径，带领陈以大左弯右转，迂回前进，终于把他安全送到录塘站。吃了晚饭，立即告辞归来。这种机智勇敢的革命精神，深受陈以大赞赏。

柯永平参加工作时只有 13 岁，初时跑短途交通，他平时工作积极主动，认真负责，没有交通情报任务时，主动申请站岗放哨，一有工作就千方百计完成，遇到危险时也能迅速应变。1949 年秋天，他在黑夜送密件往白土村，天色很阴暗，开始是从小路行走的，将近白土村时，发现国民党大批敌兵从远处的后面上来，说时迟那时快，他一个跨步就蹲进蔗林卧倒，躲避敌兵，待敌兵远去后，才爬出抄小路把密件送达。

其他交通员的工作也十分出色，大家积极主动，不怕苦、不怕累、不怕险，无论分配什么任务，都能出色完成。

四、羊角地区交通情报工作

1945 年 8 月，中共茂名县领导人车振伦、龙思云将毗邻的羊角、烧酒、陈垌区连接起来，游击组织活动区域不断扩大。

为了适应革命斗争需要，羊角党组织有计划、有目的地设置和发展地下交通联络站。1944 年冬，将凰渐村李平家设为交通联络总站。1945 年春节前后，茂电信举行武装起义相继受挫，不少武装队员撤退到羊角凰渐、山和、田心、山斜、那际和沙田坡等村庄隐蔽。车振伦及其领导的手枪队驻在田头屋的李延年家；李嘉、梁之模、郑奎等 20 多人驻在山和村黄成煦等人的家；梁之梗等 20 多人驻在凰渐李佐平的家和高坡顶。还有羊角油麻坡朱小琼家、青山廖鸣奎家、羊角周德寿家，都设置为地下联络站，连成一个小型的地下联络网。

为了使驻进来的领导和部队战士安全地工作和生活，羊角党组织一方面分工负责加强各联络站的领导，另一方面组织羊角游击队队员，全力做好保卫、情报和后勤工作。其中通讯联络组由李佐平、黄子元负责；武装保卫组由李延年、李鹤年、李芳负责；群众工作组由黄成煦、李立兴、李鹏翔、黄大成负责；医疗保健组由黄祖文、李应棠负责；担架运输组由黄家明、李生负责。由于分工具体，各负其责，工作开展得有条有理。

交通联络站活动虽然隐蔽，但仍被反动狡猾的国民党顽固派察觉，频频进行"围剿"。李寿汉等交通站联络员机智勇敢，及时通风报信，使党组织领导和游击队队员屡屡化危为安。

羊角地区的交通情报工作注重做好统战工作，孤立和打击顽固势力。中共电白县领导陈其辉、庞达，中共茂名县领导车振伦等和羊角地区较有名望的乡绅李业初、周小波、黄晏波等打好交道，还常常有目的、有把握地带领羊角交通站情报员直接找有关的绅士或国民党的保长等统战对象谈话、宣传教育，开展统战攻势，经过努力，一些有影响的乡绅和一批保长被教育争取过来，他们常为游击活动站岗放哨、探听情报等，保护了地下革命工作，有效地壮大和扩展了游击活动的革命力量和地域。

五、特色交通站和地下油印点

（一）吞梦社

郑金牺牲后，中共茂电信党组织从电白县把郑凌华调回飞马负责飞马、覃巴一带武装革命斗争。

郑凌华对飞马严峻的革命形势作了深入的分析，他决定重新部署设立新的交通联络点，并做进步青年郑邦琼（镇盛国民党中将邓龙光的外甥）、郑邦俊的思想工作，使他们积极投身革命。在新交通联络站的选址问题上，大家一致认为设在文昌庙西廊最适宜，以开设读书社为掩护。选址决定后，郑邦琼、郑邦俊等商量把社名定为吞梦社，同时拟了一副对联"吞噬醉鬼，梦觉睡狮"。

1948 年的中秋之夜，郑邦琼、郑邦俊等找来糨糊、棉花，做了一块横批匾牌，两边贴上对联，正式成立了吞梦社。为蒙蔽敌人，聘请当时的开明乡绅郑仁诗执教，表面是书声琅琅的书馆，实际是地

位于文昌庙左侧的吞梦社

下党的秘密交通站。吞梦社成立后，传送革命情报，培育青年学生，为飞马地区革命斗争的最后胜利作出了积极的贡献。

（二）源栈商店

源栈是柯乙福家开办的一间商店，设在公馆圩牛车街，以出售烧壳灰为主，兼营稻谷、木材等生意，由柯乙福的四哥柯汉英掌管。柯乙福家在公馆圩边东华岭村，1943 年秋，他升学到高州茂名师范学校读书，结识了钟正书、郑光民等进步同学。1944 年秋，柯乙福参加了游击小组，正式参加革命工作，从此这间商店就成为革命者来往的交通站。

其时，中共地下党筹备武装起义，人员来往很多，钟正书常到这里串联进步学生谭仲才、李淑明、吴时苑、谭琼珍等，发动他们参加武装起义。柯乙福搞革命工作最初是瞒着家里人进行的，但人员来往多了，父兄们不免有所察觉，十分忧虑。柯乙福就给他们做思想工作，讲述干革命的意义，解放区的民主生活，社会主义前景，国民党欺压群众、腐败无能、覆灭已成定局，共产党忠心爱国、人心归附、定能解放全中国等，使他们觉得干革命是正义的和必胜的，并给予了支持。

1945 年 1 月，南路起义爆发，地下党将源栈作为联络站，联

系参加起义人员。1月28日，参加起义的李淑明、谭琼珍来到源栈集中，由柯乙福把她们二人带到指定地点大塘新圩边陈佐荣家，与谭仲才会合。2月，起义受挫以后，钟正书叫一个交通员送来一箱进步书籍和一支驳壳手枪，放在源栈收藏。合水地区赴化南参战的人员撤回以后，王佩琼、王珊、龙中夏三名女战士转移到东华岭柯乙福家。柯乙福后找来了三乘轿子，雇请六个农民，把王佩琼三人安全转移到谢鸡。

南路起义受挫以后，革命形势转入低潮，各地以隐蔽力量为主，等待时机。柯乙福因没有暴露，接地下党通知继续回茂名师范读书，4月由钟正书介绍参加党组织。在此后一年多读书期间，柯乙福利用周末假期，回到源栈与革命同志联系，许俊文、冯柱朝、柯亨元、李匡一等常到源栈交流情报，研究工作。10月，党派林其材接管高州城工作，兼管茂南，经常在源栈住宿，召开短小会议，或约见地下党员布置工作。

1947年春，柯乙福被派到汝嘉小学任校长，安置了一批共产党员任教师，发展革命力量，源栈仍然承担一部分交通联络任务。每逢公馆圩日，柯乙福常到源栈，联系陈朝阳、张海生等各片负责人，布置工作。1948年10月，上级派来陈以大任县委领导，接管高州城及茂东南区工作，他常在源栈住宿。从高州城撤退出来的学生谭琼珍、汪路娜等，先后在源栈宣誓入党。在这期间，林其材还交来一批密件在源栈收藏。

源栈交通站历时6年，很好地完成了党组织联络、接待任务。

（三）文锋书店

1945年8月，陈华和梁昌东在袂花领导反苛抽糖镀税斗争期间，和地下联络站负责人陈泽永、陈擎天研究工作时，决定在水东开设一间书店，作为党的地下交通站，方便掌握敌情和联络各地。陈擎天、陈作屏在进行抗税斗争的同时，到水东筹备开设书店，经过筹集股本、租赁房屋和购置家具，于1946年2月正式开业，定名为文锋书店。

文锋书店在中共茂电信地工委和电白县委领导下进行工作，随后，陈擎天、陈泽永先后负责书店交通站工作，陈作屏负责业务经营，其他先后在书店工作的革命同志有郑溢、陈沃伦、吴庆时等人。

书店从1946年2月开业至1949年2月组织决定撤销，历时三载。在党的领导下，书店在推销进步书刊、传播革命思想、了解敌情、掩护过往同志和传递党内信件方面做了大量工作。书店开业初期，陈擎天和陈作屏研究，决定利用书店的合法性质经营进步刊物。1946年6月，国民党反动派撕毁停战协议，镇压和平民主运动，水东警察所通知陈作屏不得销售进步书刊。为了不暴露交通站，陈擎天、陈作屏研究决定将进步书刊全部改为暗中销售。因陈擎天在书店推销进步刊物有所暴露，组织决定陈擎天撤退到香港。书店曾掩护许多过往水东的革命同志，如陈华、龙思云、郑凌华、梁昌东、黎光烈等人。交通站还及时将水东的敌情向组织汇报和传递信件。林其材、杨瑞芬、梁壁、李匡一等人多次到书店找陈泽永联系工作，沟通情况。同时书店还接待各地过往的交通员，柯遂坚、五姑、黄祖庆、郑汝金、陈凤周等经常送信件到书店，粤桂边纵驻香港办事人员也经常以兄弟图书公司名义寄进步书刊到文锋书店。收到信件及报刊书籍后，陈泽永及时派出交通员转发给茂电信各地党组织或转送到粤桂边纵。

水东警察所所长陈庆奎是袂花人，曾与陈泽永、陈擎天、陈作屏3人是同学，陈泽永等人通过与他的同乡、同学关系，了解敌人活动情况和掩护书店交通站工作。1948年2月陈擎天从香港回来联系工作，被敌人追捕。电白县警察局派人搜查书店，进步书刊已藏好未被搜出，但陈作屏因在店内而被捕。10多天后，经陈椿龄、陈作谋设法营救，请商店担保出狱，书店交通站因此没有暴露。

（四）五支油印处

1949 年 5 月，茂电信地工委研究决定：将五支油印处划归林其材直接领导，经过李灏、李惠秀、郑溢和柯乙福等再三考虑确定地点后，派柯逮坚把油印处的工作人员带回合水地区品盛村一户柯姓人家。几天后，又觉得不安全，中共茂南区委派人带油印小组坐一小渔船，经过白沙河直驶到木头塘戴裕才家，在那里工作了两个多月。

木头塘住着 40 户人家，有柯、戴二姓，群众拥护革命的热情很高。该村背面靠山，三面环水，白沙河和鱼塘环绕全村，回旋余地很大。戴裕才是一位渔民，自有小渔船一艘，油印小组从船上出入行走，既方便又隐蔽，渔船可随时直达合水交通总站汝嘉小学。这个隐蔽点，也是茂电信地工委、中共茂名县委和茂南区委领导的重要隐蔽点。为做好油印处工作，林其材对茂南区委下达三条指示：第一，要保密，油印处由他直接指挥。第二，要确保油印处和油印小组的人身安全。第三，对油印小组的生活要多给予方便，粮食由合水交通总站供给，菜由交通总站支款给戴裕才家料理。戴裕才人品憨厚，村中的人都称呼他为"亚哥"。一家八口，只有三间瓦屋、两间茅屋，腾出一房一厅给小组搞油印和居住，他一家数口就挤住在几间破屋里。他家那时很穷，但夏天是渔业旺季，油印小组在那里能吃到不少淡水鲜鱼。

油印处的工作，主要是油印中共中央和毛泽东的最新指示、重要著作和解放军总司令朱德的布告等。如《论联合政府》《新民主主义论》《向全国进军的命令》《中国人民解放军布告》，还有粤桂边纵十三团办的《火车头战报》、对敌斗争的方针政策、党内的宣传品、重要的革命歌曲等。

　　油印小组忙着日夜刻印及装订后，地下党的交通站分发递送到茂电信地工委所辖的各地游击区干部和群众手里，以及地方部队。经常来检查指导工作的有林其材、柯乙福和柯作琼。经常来联系、传送印刷稿件及印刷品的有柯永平、柯作雄、柯进、柯德、柯逵坚等。这些油印的刊物内容丰富，文字简练，易读易懂，深受各地战士喜爱，对当时的政治宣传工作发挥了极大的作用。

　　1949 年 6 月的一个午夜，油印小组人员还未入睡，忽然听到村南边人声嘈杂，"捉住他"的叫声此起彼伏。油印小组立即收拾油印品放入谷箩、鱼篓，将印油、蜡版等印刷工具抬到后背山林收藏。大件的收不下，就用簕竹杂木把它盖着。戴裕才之弟戴裕发带领油印小组往北面白沙河边跑去，叮嘱说："若情况紧急，就跳入河中游到对岸的水榕树根下躲藏，用水榕根遮面，留鼻孔向上呼吸，即使有敌人来包围也万无一失。"后经查探，原来是群众捉拿偷田垌稻穗的盗贼，油印小组虚惊一场。后在戴裕才家屋侧的一棵树下挖个大洞，如遇紧急情况就利用此洞收藏油印物资，以确保油印处的安全。

　　油印小组精神饱满，干劲十足，日夜工作。两个多月里，印刷成品达一吨之多，使中共中央的声音及时传达到茂电信各游击区，对地下革命斗争和鼓舞革命斗志起到了极大的作用。

第四节 妇女运动和少年先锋队的建立

一、合水妇女运动蓬勃发展

中华人民共和国成立前，合水的妇女工作十分活跃，建立了中共妇女党支部，共有女党员 6 人，参加新青年团的妇女 20 多人，各村庄都建立了妇女会或姐妹会，为合水地区的革命斗争作出了贡献。

1942 年秋，地下党接管了汝嘉小学的领导权，把妇女工作列为办好学校的一项重要工作，分工罗燕萍、李白杨两位女老师专抓此项工作。从此，妇女工作列入合水革命斗争的一项内容，坚持不懈地进行。

通过深入发动，汝嘉小学有一批女孩子入学，学校对贫苦女孩减免学费。学校还开办妇女识字班，发动数十名成年妇女晚上学文化，向她们宣传进步思想，讲解抗日救国、妇女解放道理，教唱《新的女性》等进步歌曲。当时学校经常组织宣传队到各村宣传，宣讲抗日救国道理，表演抗日活报剧，演唱抗日歌曲。1943 年夏，汝嘉小学曾联合群德、浴德、九保、三民等学校赴高城体育场举行盛大的宣传演出。女同学积极参加，对宣传抗战发挥了很大作用。

1945 年 2 月上旬，参加化南起义的队伍分批撤退回来，参战的李福全、罗燕萍、郭明、李白杨等广西来的老师隐蔽在柯克家的一间闲屋里。李波、柯逵坚、柯克、柯碧、柯若梨、柯惠文等女同学经常找来大米、番薯、瓜菜、塘鱼、油盐等送给他们，解决了他们的生活所需。一个多月后，他们才安全离开。至 1945 年秋，地下党派来了一位女党员、教师张平，接替坚持革命工作。张平继续发动贫苦女孩入学，给学生们讲革命故事，借进步书籍《中国妇女》《家》《春》《秋》等给她们看，宣传革命道理，提倡自立、自强，鼓励大家参加革命。

1946 年夏，张平先后分两批发展了柯若梨、柯克、李波、柯婉如、柯逵坚、柯惠文、柯碧、柯慧如等 8 个女同学参加游击小组，为以后开展妇女工作打下了良好基础。

1947 年，柯逵坚小学毕业后，专职负责联系袂花、水东这条线的交通站，不管白天黑夜、刮风下雨，照常奔跑完成任务。1948 年 10 月，有一封急件要送到高州合水馆给柯日轮，由柯逵坚、柯婉如、柯慧如三人带去，她们半夜起行，天亮到达高州，完成任务。当时来往合水的革命人士很多，接待他们住宿，带引他们出入，帮他们缝补衣服，妇女们都视为自己的分内事，积极去做。她们还积极串联发动，争取更多的妇女参加革命工作。柯碧、柯惠文在果子园村发展了柯秀英、柯旭娟、龙阿火等，柯逵坚到文冲口村发展了柯肖芬、柯美娟等；柯婉如、柯慧如在合水村发展了柯旭如、柯少芬等；柯碧、柯惠文晚上翻山越岭，又渡河到坡头等村工作，在坡头村发展了柯碧芳、梁肖眉、梁素莲、黄尧英等；合水女党员还在东利村发展了柯丽珍、柯惠芳等；在木头塘村发展了李少云、戴丽珍、柯兰芳、柯阿凤等。她们又到各村庄做成年妇女的教育发动工作，宣传共产党的政治主张，宣传解放妇女、男女平等的道理，在各村成立妇女会或姐妹会。

1948 年，随着革命事业发展，来往人员大增，后勤负担加重。这批妇女为党分忧，积极献粮献物，由过年红包到结婚嫁妆都拿了出来；不仅自己捐款，还发动别人捐献。由于大家齐动手，集腋成裘，帮助组织度过了一个又一个经济难关。1948 年冬，合水地区先后有柯碧、柯惠文、程慧庄、柯逑坚、柯慧如、柯克、李波、柯婉如等 8 名经过长期锻炼考验的妇女骨干被陆续吸收为中共党员。柯旭如、柯若梨、柯秀英、柯旭娟、柯丽珍等 20 多名青年妇女骨干发展为新青年团员。

合水的妇女运动，在党的领导下，蓬勃发展，硕果累累。

二、羊角妇女踊跃参加革命工作

1946—1947 年，地下党员罗志坚在茂南起义失败后撤到电白，在羊角区任小学教师，与龙思云共同开展工作，积极发展妇女参加游击小组和姐妹会。

1949 年春，梁壁奉电白县委之命，到羊角区协助区委书记黄成煦工作。这里是老游击区，工作已有基础，群众觉悟较高。当时主要抓三方面工作：一是做上层人物的统战工作，曾任吴川县政府秘书的新南乡大田头村乡绅周以谦，是周嗣芳烈士的父亲，同情革命。他家是地下工作人员活动的一个掩护点。另一统战对象是那际村老中医苏月秋，他家也是堡垒户。二是发展党团组织，物色培养妇女骨干。1949 年经吸收入党的有梁美恩、陈惠珍、潘美屏、黄望、黄添、潘伟、陈桃等一批女同志，发展入团的有李玉芳、李淑儒、李贤、梁奇珍、陈照、李怀森等一批女青年。她们都是当时的妇运骨干。三是将羊角老区那际、凰渐、山和至大田头，以及林头至潭阪等连成一片，在其中许多村庄成立农会、妇女会，组织群众开展抗租、抗税斗争和拥军工作。这一带参加妇女会的人数，达 80 余人。

羊角山和村黄成煦的母亲，长期支持儿子干革命，地下工作人员长期来往她家，她省吃俭用，有点什么好吃的，都留着给同志们吃；敌人来"扫荡"，她将在家隐蔽的女同志认作女儿，掩护其脱险。

三、茂名县第一个少年先锋队

1949 年 11 月 2 日，当茂名县人民群众欢庆解放，举办中国人民解放军二野十三军先遣部队与中共茂名县委、县政府入城接管政权仪式时，在十三军先遣部队和中共茂名县党政领导人，以及粤桂边纵队第五支队第十四团二、三营战士与县直机关工作人员的入城队列后面，走着一支由 80 多人组成的白土少先队员队伍。这群"红小鬼"，个个胸前佩戴小红布条标志，举着五星红旗，精神焕发，迈着朝气蓬勃的步伐，走在高州城中山路的大街上，向国民党旧县政府大院进军。夹道欢迎的群众向他们投去惊讶与羡慕的目光，人们争相打听和传说着他们的来历与战斗故事。

原来，早在 1949 年 1 月，全国解放战争势如破竹，胜利在望，中共中央香港分局发出《关于迎接大军渡江和准备解放广东的指示信》，要求各地党组织放手发动群众，扩大部队，控制农村，加强党的领导。经上级批准，中共茂名县委在茂南游击根据地白土迳谷岭村成立，由龙思云任县委书记。6 月，白土党支部在迳谷岭村成立，始由中共茂东南区工委委员冯柱朝兼任党支书，后由朱耀荣接任。同时成立了青年团白土迳谷岭团支部，由朱耀武任团支书。在中共党团组织领导下，为了团结和教育少年儿童，冯柱朝与朱耀武商议，安排共青团员朱诚中、柯成德两人，负责秘密筹建白土少先队组织。

冯柱朝、朱耀武与朱诚中、柯成德议定：白土少先队组建，要以地下少年交通员为骨干，重点吸收白土肇南小学五、六年级中的进步学生，也要注意吸收当地各自然村表现好的社会少年儿童。朱诚中、柯成德接受任务后，采用单线秘密串联方法，首先发动了朱安华、朱耀均等30多人参加少先队。朱诚中、柯成德向领导汇报工作情况后，得到党团组织批准，正式成立白土少先队。中共组织任命朱诚中为队长、柯成德为副队长，下设3个分队。少先队队部设在中共白土地下交通站朱至唐家里。少先队的集体活动多数在晚上秘密进行，活动地点经常变换，有时在小学，有时在各村晒谷场，有时在村边山上的小树林里。外人往往只看见一群小孩在游戏，却想不到是少先队员在活动。

少先队成立后，主要任务是：一是团结教育广大少年儿童，宣传革命道理，教唱革命歌曲，引导少年儿童拥护中国共产党。二是为革命站岗放哨，收集敌情动态。做秘密交通员，传送情报与文件资料，张贴标语，发放传单。三是完成上级交给的工作任务。

（一）保障革命安全的"千里眼""顺风耳"

白土村交通方便，又时常面临敌人"清乡""扫荡"的侵扰。自中共茂名县委与白土地下交通站设立后，中共高州地委书记王国强、地委副书记林其材、地委常委车振伦，经常来此开会或检查布置工作，中共茂名县委书记龙思云、副书记梁昌东常驻这里，指挥全县革命工作。因而白土的革命活动日益增多，上级领导与革命工作人员往来频繁，安全保护责任重大。白土少先队就承担起外围站岗放哨的任务。从迳谷岭村屋背岭起，直到二十四岭路口的公路边新村铺，连绵不断地起伏着七八个小山头。每个山头都有少先队员或放牛、或打柴草、或玩耍，边劳作边放哨。如发现敌情，即采用接力传递方式与吹口哨、唱山歌、打手势、丢小石子等暗号，将敌情动态快速送达总部，向上级报告。由于少先队员机智灵活，监视周密，消息传递畅通，情况清楚，报告迅速，使中共组织在白土活动遇敌情时，都能及时采取正确对策，从没出过差错。少先队为保障白土游击根据地的安全作出了贡献。白土党支书冯柱朝称赞他们站岗放哨任务完成得好，个个是保障革命安全的"千里眼""顺风耳"。

（二）机智勇敢的秘密交通员

在少先队员中，活跃着朱诚中、柯成德、朱良谋、朱立荣、朱耀新、柯仕炎、朱兆珍、冯兴发等16名机智勇敢的秘密交通员，他们负责联络高城、分界、里麻、天官、金塘、陈垌、石鼓、桂山等10多个地下交通站或地下联络点的往来传送任务。他们不畏生死，不辞劳累，日夜兼程，风雨无阻，总是想方设法，以最快速度完成任务，从不误事。朱诚中曾接受冯柱朝交给的送枪任务，扮成探亲的学生模样，将一支驳壳枪藏在怀里，安全送到天官村地下交通点江柱石家里。还在江柱石家与游击队队员李兴接头，将他安全带到白土。

有一次，少先队员朱良谋身藏情报，与朱耀新一齐去送情报，半路遇上国民党匪兵围捕，朱良谋机智脱围而去，朱耀新不幸被捕。他遭受敌人多次严刑拷打，始终坚贞不屈，守口如瓶。敌人无可奈何，只好逼他当随军挑夫。直到南下大军击败了敌军，才将他解救出来，他随即参加了解放军。

更让人津津乐道的是，白土少先队副队长柯成德深入虎穴智送"鸡毛信"的英勇事迹。当时柯成德身带"鸡毛信"，需马上送入敌人戒备森严、白色恐怖严重的高州城，交给县委领导陈以大，让他转告潜伏敌特机关的地下党人迅速撤退。柯成德身穿粗黑布衫，头戴竹帽立即上路，于中午赶到高州城东门巷桂园地下交通站。不料，他被特务盯上了。柯成德突然钻入街上人群，左穿右插，好不容易摆脱跟踪后，走入小巷，换上蓝布衫，丢掉黑衫，赶赴城西。此时敌人全城戒严，到处搜捕黑衫少年，柯成德也被敌兵拦住搜身，敌人没有发现破绽将他放行。当他要过城西大桥时，发现曾跟踪他的特务与敌兵在桥上设卡搜捕。他急中生智，解开帽绳，让阵阵江风，吹起竹帽，飘落江面，惹得行人笑望，从而吸引住特务与敌兵的注意力。他乘机一边哭喊"我的竹帽"，一边以追帽方式，走过关卡，跑到桥下跳下江去，奋力游了约20分钟，才追上抓住竹帽，游回河边上岸。这里已远离大桥，再没人注意他了。他拿着湿竹帽，急速赶到城西地下交通站，见到陈以大时才松了一口气。他拿出小刀，破开竹帽内顶，取出薄胶布包住的"鸡毛信"，交给陈以大。陈以大阅信后，即派人通知潜伏的地下党人撤离，并高兴地说："你为党立了一次大功啦。"

白土少年先锋队在县政府合影

白土少先队在党团组织领导下，不断发展壮大，到1949年10月31日，已发展队员达80多人，成为革命斗争中的一股力量，在茂名人民革命斗争史册上写下了光辉的一页，得到中共茂名县委、县政府的表扬。1949年11月1日，当茂名县第一面五星红旗在迓谷岭村升起之际，白土少先队参加了庄严的升旗仪式。

11 月 2 日，白土少先队又参加了欢庆茂名县解放的隆重入城仪式，并在县政府大院内平台集体合影留念，留下了永不磨灭的红色少年传奇印记。

第五节 解放全县 茂南掀新页

一、中共茂名县委成立

1948 年 11 月中旬，在信宜中垌一个村庄召开中共茂名县委成立筹备会议，参加人员有茂电信地工委副书记林其材和梁振初、杨麟、陈以大等委员，龙思云因交通不便未到来。会议由林其材主持，给县委委员做了分工：龙思云任县委书记，负责全面工作；梁振初负责茂西北农运；杨麟负责武装工作兼茂北农运；陈以大负责茂南、茂东农运，兼高州城的知识分子工作。

时任中共茂名县委领导成员合影（左起）：梁振初（委员）、梁昌东（副书记兼县长）、龙思云（书记）、陈以大（委员）、杨麟（委员）

中共茂名县委成立筹备会议的与会同志一致认为，县委驻地设在茂南金塘白土村有利条件较多：白土村是革命先烈朱也赤的家乡，具有较好的群众基础和思想基础。清末民初之际，宿儒朱振基创办肇南小学，开启民智，培育大批有为青年，白土群众易接受新思想、新观念，对革命比较向往。根据中共茂电信工委全会的决议精神，1949 年 1 月，中共茂名县委在茂南白土迳谷岭村正式成立。

自 1949 年 1 月成立中共茂名县委至高州城解放，虽然时间不长，但中共茂名县委在这不到 10 个月的短短时间里，立足白土，对茂名地区的革命斗争发挥积极的领导作用。中共茂名县委的成立及其四次会议的决策，有力地推进了地方革命斗争形势的发展；同年 10 月就成立了县人民政府，为解放高州城、接管政权做好思想准备和打下了坚实的组织基础！

二、在茂南召开的中共茂名县委会议

由于茂南的群众工作搞得好，易于隐蔽，交通便利，中共茂名县委成立后，在茂南先后召开了多次县委会议。

1949 年 2 月，在金塘白土召开茂名县委会议，决定县委委员分工。

1949 年 4 月，在新坡合水召开县委会议，主要任务是组建五支十四团，其中茂南组建一个营。

1949 年 5 月初，茂名县委在合水汝嘉小学召开县委全体会议，参加人员有龙思云、梁振初、陈以大、李匡一、冯柱朝、黄泮光等全体县委委员，中共高州地委领导林其材、车振伦等前来指导，并扩大到茂东南区委的书记、委员参加。龙思云主持会议，主要内容是适应大好形势的要求，加强党对各区的领导，决议茂南、茂东、茂西、茂北都成立党的区委员会。会议由林其材介绍了农运大王梁汝新的工作经验，总结了梁振初的工作经验，由梁振初在木头塘村作示范演讲，影响很大。

1949 年 7 月中旬，茂名县委在金塘白土村召开县委全体会议，参加人员有林其材、车振伦及龙思云、梁振初、陈以大和杨麟等全体县委委员，梁昌东 6 月回到茂名任中共茂名县委副书记兼县长，参加了会议。会上林其材讲解放战争的大好形势，着重讨论统战工作，决定召开进步人士和知识分子会议，成立一个民主性质的组织——新民主主义革命委员会（简称"新民革委员会"），以便加强知识分子工作。这项任务由林其材、梁昌东负责，还增补了谢华胜为委员。分工情况：龙思云和梁昌东在金塘白土一带，与高州城、茂东、茂南、茂北联系，白土为中心比较方便；梁振初负责鳌头、飞马、覃巴一带；杨麟负责茂北、茂东一片。

1949 年 8 月底，茂名县委在合水汝嘉小学召开县委全体会议，林其材、车振伦与会，县委书记及全体委员参加。主要内容是陈以大奉组织之命调回湛江，由他汇报和交代高州城的工作，进行工作交接。会后，林其材、车振伦、龙思云送陈以大到鳌头，由柯乙福派交通员带路而去。同时讨论了建立下属各区委班子及有关人选。

三、中共茂南区委成立

1949 年 5 月，茂名县委在新坡合水召开扩大会议，高州地委副书记林其材、茂名县委书记龙思云主持会议。决定撤销茂东南区和茂西北区工委，成立茂东、茂南、茂西、茂北四个区委。茂南区委书记为柯乙福，委员为冯柱朝、陈泽永、郑凌华。柯日轮调茂东区任书记。

四、茂名县人民政府成立

1949 年 6 月，梁昌东奉命调任茂名县委副书记，驻在白土，负责茂南、茂东工作，并筹备建立县人民政府，确定当时县以下的区长、副区长、县科长等人选。

1949 年 10 月，茂名县人民政府在茂南白土迳谷岭村正式成立，梁昌东任县长，周梦吉、熊夏武任副县长。县政府在全县城乡广贴布告，发表《告茂名县各界人士书》，布告中约法几条并令茂名残敌向人民政府投诚。

1949 年 11 月 2 日，举行解放高州城入城仪式，梁昌东与县委书记龙思云陪同二野四兵团十三军副军长陈康，在万人夹道欢迎中，从中山路进入县政府，正式挂上茂名县人民政府的牌子。

五、加强武装力量建设

解放战争的战略进攻阶段，中共茂电信化四县党组织进一步扩大游击区，发展壮大革命力量，发动群众参加革命队伍，建立交通联络网，加强武工队活动，打击敌人，支持主力部队，为夺取解放战争最后胜利打好基础。

茂南区委以各地游击小组为基础，成立了一批三五人不等的小型武工队，机动灵活地开展革命活动。到 1949 年，飞马武工队力量日益壮大，下南以飞马为中心，游击区向袂花、石浪、覃巴一带发展；上南的金塘（属文田乡）等地与化县游击区中区连接；合水地区开辟了以果子园村为中心的 40 多个游击村庄，纵横 10 多千米。当年夏天，各游击区党组织乘解放军南下之势，广泛发动群众，开展游击战争，袭击敌人据点，狠狠打击敌人，从敌人手中夺取武器，充实壮大人民武装力量，配合南下大军解放茂名。

六、组建地方主力部队

中共中央香港分局于 1948 年底发出关于"迅速将各地武装正式编成纵队和下属支队"的指示，中共粤桂边区党委决定在茂电信地区组建主力部队。1948 年 8 月 11 日，中共茂电信工委派杨麟回茂北工作，负责组建茂名武装部队。杨麟和周文莲带领武工队，放手发动群众筹粮、筹款、筹枪，动员游击小组组员和农民积极分子参军，收缴地主武器。到 1948 年 12 月，已组织起一支 60 多人的武装队伍。1949 年 1 月，中共茂名县委成立后。县委分工杨麟负责武装工作拟建茂名独立大队。

经过了 2 个多月的筹备，茂名县独立大队（代号"大钊大队"）于 1949 年 2 月正式成立，刘绍兰任大队长，杨麟任政委，下辖一个中队，中队长为黎日坤，指导员为俞辉，文化教员为梁基赵、周群，特务长为毛亚伟，全队 80 多人。

3 月上旬，中共高州地委在廉江游击区召开全委会议，对组建第五支队的问题作出决定：支队下辖 3 个团，其中茂名县以茂名独立大队为基础组建第十四团并于 4 月正式成立；会议强调要加强部队的政治思想工作，加强纪律和在部队中建立党组织，团成立团党委，大队成立党总支，连队成立党支部，以保证党对部队的绝对领导。

5 月，中共茂名县委在新坡合水乡召开县委全体会议时，进一步确定了各区的建军任务，指定杨麟主管建军工作，并派柯日轮协助。其中，茂南区组建十四团第三营，茂西北组建第一营，茂东区组建第二营。第三营营长由茂南区委委员郑凌华担任，营本部设在鳌头飞马。到 10 月，十四团共有指战员 1100 多人。

8 月 1 日，各武装部队整编之后，发表宣言："坚决执行党中央毛主席、朱总司令的命令，坚决执行华南分局的指示，配合南下大军解放两广，消灭一切敢于反抗的反动武装，逮捕一切十恶不赦的战争罪犯。遵照党中央发布的国内和平协定最后修改草案，与国民党地方政府及军事集团签订和平协议，以期早日实现真正的和平。"

在解放战争时期，中共茂名县党组织领导当地人民进行了争取和平民主的斗争，粉碎了国民党反动派的大举"清乡""围剿"，配合南下大军解放了茂名地区。茂名县党组织在革命斗争中不断发展壮大，至茂名解放时，共有共产党员250多人，为解放事业作出了不朽的贡献。

七、培训干部迎接新政权建立

1949年5月7日，中共中央华南分局发出了《关于大军渡江后的工作指示》，要求各地党委在解放大军到来之前，成立边区临时行政委员会，建立县、区、乡政权，准备大批城市干部以便给军管会使用，举办革命青年训练班培养干部。

中共茂名县委遵照华南分局的指示，决定举办青年干训班，为接管政权做好干部准备。9月，县委先后在飞马和合水举办了两期干训班，每期10多天，参加学习的人员均是党、团员，共45人。干训班主要学习毛泽东著作，进行革命理想、前途、气节和全心全意为人民服务的教育。干训班由县委书记龙思云、县委副书记梁昌东主持。这些经过培训的青年干部后来成了各地的骨干力量，在新政权的建设中发挥了重要的作用。

八、茂名县升起第一面五星红旗

1949年秋，解放全中国的进军号角已吹响了。中共茂名县委决定进军解放县城高州城。

临进城前的11月1日，在县委、县政府临时所在地白土迥谷岭村举行升旗仪式，县委、县政府的领导和来自全县各游击区的部分负责人、代表、白土少先队员及肇南小学（白土小学）的师生 300 多人参加。他们齐集在交通站屋后的祠堂岭上，高唱着《义勇军进行曲》，一面鲜艳的五星红旗随着嘹亮的歌声冉冉升起。这就是茂名县升起的第一面五星红旗，另外两面：一面在进入高州城时升挂在县政府大门的上方，一面备用。

绣制红旗，是党交给白土村江正清、张丽筠、梁梅坚三妯娌的任务，她们按照上级的要求，连夜一针一线细心地赶制好三面五星红旗和一面党旗，按时优质地完成了任务。

九、从白土进军茂名县城

中华人民共和国成立前的茂名县城，即高州城，是广东南路的政治军事重镇。既是国民党茂名县政府的治地，又是广东省派出机关广东省第十三区专员公署治地（管辖茂名、电白、信宜、化县、廉江、吴川六县），还是国民党广东省粤桂"剿总"指挥部中将司令喻英奇统率国民党广东省残兵败将退守的地方，所以是军事必争之地。

1949 年 10 月下旬，中国人民解放军二野四兵团的十三、十四、十五军从广州向沿海包抄，沿罗江、鉴江布防围堵切断国民党白崇禧第三兵团企图经茂名向海南逃窜路线。在解放大军势如破竹的进攻下，茂名县城（高州城）的国民党部队已成瓮中之鳖，风声鹤唳。10 月底，喻英奇带领残部同广东十三区专员吴斌、茂名县县长缪任仁等仓皇出逃（到廉江时被陈赓部队与粤桂边纵队围歼，喻英奇被活捉，吴斌、缪任仁化装潜逃经海南岛过台湾）。虽然国民党军政人员逃跑了，但是那时县城还留下国民党退役上校军官周奇纠集旧军官 10 多人组成"维持会"，进入县政府和专员公署进行所谓"维持"办公。

10 月底，南下解放大军二野四兵团第十三军先头部队在副军长陈康率领下到达茂南白土村，同中共茂名县委书记龙思云，县委副书记、县长梁昌东等县委、县政府工作人员会合，在白土村商议进驻茂名县城事宜。

1949 年 11 月 2 日高州解放进城前，解放军、县领导在白土村合影。　前排从左至右：朱尤林、陈康、梁昌东、龙思云、熊夏武

10 月 31 日，粤桂边纵队第五支队第十四团二营和茂东武工队在团长黎光烈和政治处主任杨超率领下，当天傍晚进入县城后移驻东门岭，奉令等候十三军。

11 月 2 日，十三军先头部队从南关入城先行进驻茂名县政府和专员公署，清查有无残敌，保证安全。上午 10 时左右，十四团三营保护中共茂名县委、县政府机关干部到东门岭会合二营举行入城仪式，以自行车先导，县警卫队和县领导工作人员跟随着龙思云、梁昌东，白土少先队排在入城队伍最后。队伍从东门岭经中山路、南华路、后街，最后到中山纪念堂，全城群众欢呼解放，热烈欢迎解放军。在中山纪念堂，龙思云、梁昌东会见各界代表，宣布茂名县解放，县人民政府正式挂牌成立。

十三军先头部队从高州南关进城

随后进入县政府大门，在副军长陈康及龙思云、梁昌东率领下，县政府工作人员进驻接收原国民党县政府各科室，县委机关则进驻国民党十三区专员公署楼办公。又即分派干部分别接收警察局、银行、邮电、粮食等单位，十四团分别在县城东、南、西、北各交通要点布防一个连进行警戒。

茂名县城解放后，群众欢呼雀跃，商家开门营业，学校复课，当天《高州民国日报》头条刊登"茂名县解放了，县人民政府工作人员今进城展开接收工作"。陈赓大军进城由副军长陈康率领，县长梁昌东等同来迎接。县人民政府发出《告茂名县各界人士书》《告同胞书》。

十、策动陈赓桃起义

1949 年夏，南下解放大军已长驱直下，势如破竹。广东的国民党惊恐万状，急忙调防。5 月，他们把广东省保安第三师副师长兼保安第九团团长陈赓桃调防梅菉。

陈赓桃是茂南袂花椰子村人，他的儿子陈孔安、亲戚李灏是共产党员。调防梅菉后，陈赓桃将团部驻扎在博铺，但常带卫兵回椰子村居住。为策动陈赓桃起义，中共茂电信地工委一方面由陈孔安、李灏做他的思想工作，一方面地工委领导陈兆荣、车振伦多次亲自登门拜访，晓明大义，为策反工作打下了良好的基础。中共高州地委继续做好争取陈赓桃部起义工作。当时，陈赓桃正急于扩充队伍，中共电白县委就发动 100 多名党员、团员、游击队队员和进步青年到陈赓桃炮兵连当兵，成立秘密中共党支部、青年团支部。吸收该连连长郑伟猷加入新民主主义青年团，班长均由中共党员、青年团员担任。这样，党组织就直接掌握了这个连，有了策动起义的基本力量。与此同时，派中共地下党员李灏和陈孔安加紧做陈赓桃的思想工作，促其早日转变立场。

1949 年 6 月，中共高州地委在茂名县东岸乡大萝村召开会议，决定扩大十三、十四、十五团，全面开展武装斗争，打击敌人，对争取陈赓桃率部起义工作，在李灏、陈孔安跟陈赓桃谈判的基础上，先后派地委副书记林其材、陈兆荣，常委车振伦由李灏、陈孔安陪同前往陈家，同陈赓桃面谈。林其材等人向陈赓桃讲清当前形势，阐明中共政策，指出前途出路。陈赓桃终于接受中共意见，同意率部起义。中共高州地委派以车振伦为首的工作组到陈赓桃部做起义准备工作。陈赓桃把多余的枪支弹药，交给中共党组织运送至茂南游击区。1949 年 10 月 15 日，陈赓桃毅然率领保九团下属的两个营（还有一个营驻惠阳），三个直属连，一个通讯排，以及其弟陈赓彬率领的保二师某团一个营，共 1000 多人，在梅菉博铺宣布起义，改编为中国人民解放军粤桂边纵队暂编第二团，陈赓桃任团长，车振伦任党代表，椰子村有 50 多名青年参军参战。部队取道茂南游击区，经茂东、茂北，进抵茂信边境柴口村，同五支队取得联系。

陈赓桃部起义前，陈兆荣、车振伦向五支队司令兼政委王国强报告，请示王国强到茂南交通站与他们一起带陈赓桃部队开往信宜，与五支队会合攻打信宜县城。由于陈赓桃部队提前起义，已开赴茂信边境。王国强立即赶回茂信边境东才乡，命令十五团和十四团进军信宜，与陈赓桃部队一起攻打信宜县城，并派人通知陈达增做瓦解敌军工作，争取敌人放下武器。

1949 年 10 月 22 日凌晨，中共高州地委主要领导率十五团和陈赓桃起义部队，包围了信宜县城，向城内放炮，同时发出通牒，命令敌军投诚。中共地下党员陈达增抓住兵临城下的有利时机，分别向国民党信宜县自卫大队队长麦国琨和部分中队长喊话，宣传中共政策，讲明利害，指出前途。麦国琨知道大势已去，无法抵抗，率领城内 4 个自卫中队 400 余人投诚。县长陆祖光事前带甘瑞延一个中队仓皇逃命，五支队和陈赓桃部队便解放了信宜县城。五支队十五团和陈赓桃起义部队在信宜县城会师，揭开了信宜县历史的新的一页。

10 月下旬，国民党六十三军残部 1000 多人，被中国人民解放军二野大军追击，窜经信宜，逃往广西。陈赓桃起义部队投入追歼残敌的战斗，俘敌 30 多人，缴获迫击炮 2 门，机枪 2 挺，各种枪弹、炮弹一批。10 多天后，二野四兵团某部于 11 月 3 日到达信宜县城同粤桂边纵队第五支队和陈赓桃起义部队会师，共同协助南下大军追歼逃敌。

十一、合水党组织发动群众搬运武器

1949 年秋，解放的号角吹遍中国大地。陈赓桃在起义前夕，接受车振伦的建议，将一批枪支弹药送给中共领导的游击队。高州地委副书记林其材来到合水，向合水武工队传达指示说："武器交给你们搬运，是对你们的信任，同时也是一次考验。因为时间紧，任务重，要动员足够人力才能完成，相信你们是有把握的。但要注意，现在这里还是国民党统治，要秘密进行。"

武工队队员接受任务后，心情非常兴奋，队长柯逮钊的伯父柯澄璇是营运木帆船的，柯逮钊立即去动员他，接着又和他去串联木头塘村柯恒信、长山坡村柯源芳，3 人都很乐意地接受了承运任务。武工队派了几个人押运，开船直往博铺。

在博铺武器库装了武器回来，因为是逆水行船，装载较重，而且船都是人力撑动的，撑起来比较费力。但是大家精神振奋，干劲十足，2 天也就到了。当时听说喻英奇匪兵经过，船停泊在埠头，不敢起运。过了 3 天，不见匪兵到，决定夜晚突击起运，武工队队员分头到果子园、木头塘、坡脊、益智山、车头屋、品盛、高地、李八、郁芬、新屋仔等村庄，发动进步群众搬枪。骨干带头，群众争先恐后，乘着黑暗的夜幕，跑到埠头搬运枪械。有些老人、病号，也争着要参加，真正做到党叫干什么就干什么。

在搬运枪械中，柯生、柯进、柯光祥、柯永泰、柯寿德、柯作楫、柯铁屏等武工队队员起到了带头模范作用，苦战一夜，全部完成搬枪任务。其中：果子园村柯澄璇载重 20 吨的木帆船，停泊在鱼良渡头，枪械由果子园村群众搬运收藏。参加搬运的有男女青年 149 人，运回长枪 200 多支、子弹 100 多箱、手榴弹 20 多箱、重机枪 6 挺、轻机枪 4 挺、冲锋枪 2 支及其他军用物资一大批；木头塘村柯恒信载重 15 吨的木帆船，停泊在渡口，枪械由益智山村、坡脊村、木头塘村、新屋仔村、郁芬村、高地村、车田村群众搬运收藏。共出动劳动力 169 人，运回长枪 200 多支、重机枪 9 挺、轻机枪 2 挺、子弹 200 多箱、手榴弹 30 多箱、其他军用物资一大批；长山坡村柯源芳载重 11 吨的木帆船，停泊在丁角车埠头，枪械由车头屋村、品盛村、文秀村群众搬运收藏。出动劳动力共 132 人，运回长枪 300 多支，子弹、手榴弹一批，重机枪 8 挺，轻机枪 6 挺，其他军用物资一大批。武器搬运好后，全面登记，或分散至村民家中收藏，随后用布包好埋藏于地下。此后，分批分发到茂名县各个游击区组建武装连队，充实装备实力。

十二、第三营解放鳌头六乡

1949 年 6 月，在革命大好形势的推动下，郑凌华在飞马和覃巴地区分别组建一个步兵连，叶海萍为飞马地区连长，郑溢为指导员；何其贵为覃巴地区连长，欧平为指导员。各有 100 多人。随后，飞马党组织、武工队通过统战攻心工作，征集到轻机枪 3 挺，步枪 90 多支，驳壳、揸咀、曲尺、左轮等短枪 40 多支和弹药一大批。与此同时，茂南区委委员郑凌华奉命担任粤桂边纵队第五支队第十四团第三营营长。上级派陈擎天协助在茂南地区组建第三营，营本部设在飞马大坡村郑泰然的书房。各地青年学生、骨干民兵纷纷请缨要求参军参战。驻飞马的国民党常备队队长吴杰棠、队副罗廷森也带领全队武装人员投诚，鳌头乡乡长吴伯任把乡兵和武装全部带来归编。

经过编整，组成了第三营的七、八、九连和一个短枪队、一个宣传队，计有 500 多人。营长郑凌华，教导员吴卓壁。七连连长柯作根，指导员任鸿周。八连连长叶海萍，指导员郑溢。九连连长何其贵，指导员欧平。

10 月下旬的一个晚上，喻英奇部一个独立营从广州溃逃而来，慌不择路经过飞马。获知该地区驻有精悍的解放军部队后，不敢停留，连夜逃走了。

经过短暂的整编、训练、学习，大家斗志昂扬。随着革命胜利的即将到来，上级指示第三营要紧密配合大军南下，用自身的力量打击盘踞在鳌头地区的敌武装力量。10月28日，中共茂南区委联合第三营，发出了暗号口令"赶狗斩牛"（意思是赶在10月30日用军事行动解放鳌头圩），茂南区委及第三营领导的武装队伍会集在飞马大坡村，听候指挥。

10月30日下午5时，由郑凌华主持召开誓师大会，宣誓不获全胜，决不收兵。随后，派出了精悍的武工队队员40多人，化装成商贩或赶集的人，潜入鳌头圩与安排好的交通情报员密切配合，观察敌人的动态，随时汇报情况。又派出交通员把在飞马附近渡江的渡船和10多艘渔船会集过来，以供使用。

初更时分，由陈擎天带领尖兵队100多人，过河插入鳌头圩周围的关卡要塞，占领有利地理位置。二更时分，大队人马包围了整个鳌头圩，并与布置在圩内的情报人员取得联系。三更时分，发出攻击信号弹，里应外合，开枪扫射了一阵，敌人毫无斗志，在敌区署和区中队的碉堡炮楼扯起白旗投降，并派出代表谈判，党组织当即阐明有关的方针政策，安定民心。第三营官兵列队进入鳌头圩，学生、商人和群众团体夹道相迎，燃鞭炮庆贺。

天亮后，第三营分兵接管了袂花、小良、兰石、罗安、三联、林头等6个大乡的政权和武装。随后开赴县城与一、二营会师，一举解放了县城，取得了解放茂名的重大胜利。

十三、接收区、乡政权

1949年春，全国解放在即，根据形势发展需要，中共茂东南区工委决定成立合水地区武工队，加强发动群众工作。由柯日轮任队长，以及组员柯光祥、柯铁屏等组成。

武工队的主要任务是：开辟新革命村庄，做好统战工作，侦探敌情，征集粮饷，支援前线。2 月以来，武工队先后在新坡、公馆、高山、金塘等地的村庄活动，秘密召集同情支持革命的青年男女及游击小组召开会议，通过宣传教育提高他们的思想觉悟，坚定他们革命胜利的信心，同时还借此发展游击小组，布置任务，迎接当地的解放。5 月，柯日轮奉命调去茂东区任书记，武工队队长由柯逮钊担任，下分两个小组，一组由龚瑞芳任组长，组员有柯铁屏、龚烈、吴炳昌、龚世芳、李伙、柯周、梁阿传等；另一组由柯生任组长，组员有柯育民、柯容海、柯伯芳等。不久，龚瑞芳调回分界工作，由柯铁屏接任组长，带领队员在镇盛圩、上下博郡村、新屋村、龙面坡及小东江一带村庄活动。

1949 年 10 月下旬，茂南的形势发生了翻天覆地的变化。22 日，陈赓桃带领起义部队，会合粤桂边纵五支十四团开进镇隆，信宜县城解放。29 日午后，解放军二野四兵团像天降神兵一样，忽然从东、西、北三面围攻电城，电城解放；30 日，水东解放；31 日，粤桂边纵五支十四团开进县城，茂名解放；国民党覆灭的丧钟已在茂南敲响，清扫其残余势力的时候到了。

30 日中午，二野四兵团沿水东公路，经茂南的新坡、公馆，向化州的南盛西进，追击残敌。驻扎在合水地区的第七连战士和武工队队员 100 余人，由柯乙福、柯逮钊、柯亨元率领，赶到公馆接收区署和警察所。到区署后，看见已有解放军 10 余人在那里，区署和警察所的枪械，已被收缴起来。第七连战士和武工队队员全力筹集粮食、柴草等物资，源源不断地供应支援向前推进的部队。31 日，区人民政府随即成立，罗秋云任区长，柯逮钊任区中队长。

31 日上午，由柯作琼、柯惠文、柯永泰率领队伍 30 余人接收白沙乡公所。到乡公所时，只有一个人在那里看门，见队伍来了，就把一套锁匙交给柯作琼，这样移交就算完毕了。白沙乡人民政府成立，由柯作琼任主席，柯富任副主席。

同日，由张海生、阮春林带领队伍 40 余人，接收卫安乡公所。到达乡公所时，国民党乡长主持移交枪支、档案、财物等，共收缴到长枪 20 多支，手枪 3 支。接收卫安乡公所后，由阮春林任卫安乡主席，张炳凡任副主席。

11 月 1 日，由柯乙福、陈朝阳、何其贵率领队伍接收新治乡公所。早上，陈朝阳率领游击队队员 10 余人到合水集中，再由九连连长何其贵统一指挥前往乡公所，国民党乡长主持移交枪支弹药、档案和其他物资等，共收缴长枪 10 余支。在接收过程中，忽然袂花来电，说有大军经过，队员便出来站在路旁列队欢迎。原来十三军副军长陈康率领先头部队来了，陈康骑着马，笑容可掬，见到九连战士和武工队队员立即跳下马来，互相握手问好。

大军过后，接收工作继续进行，新治乡人民政府成立，由陈朝阳任主席，柯业凡任副主席。

接收完毕后，九连和武工队展开工作，袂花、金塘的桥梁已被破坏，柯乙福回东华岭组织 30 名桥梁工人，在敌人飞机轰炸下，冒险抢修，使大量支前物资能顺利、快速地运送给前线的解放军。茂南历史从此揭开了新的一页。

十四、解放羊角乡

1949 年 10 月，解放军十三团和各地游击队配合南下大军收缴武器，解放羊角等乡。

10 月 27 日，在羊角区，李延年与黄成煦奉命收缴武器和接收国民党政权。他们组织队伍，张贴公告，进村登门敦促乡保长、联防队长等军政人员，立即封存缴交的武器、公共财物和文件印章，不得转移、收藏、损毁。而后，他们率百余人的武装队伍直奔茂名县仁里乡公所，收缴武器，成功地防止那里的枪支弹药流失。接着，他们率队伍对羊角乡公所、联防队驻地逐一搜查，收缴枪支弹药。

接收政权时，李延年考虑到，时任羊角地区联防主任李永年是田心村族亲，有必要敦促他带头缴械。于是，他亲自带领李应超、黄同等人前往李永年住所，郑重其事地与他谈话。李延年说："我们都是田心李氏子弟，因人各有志，所走道路不同，刀枪相见，互为敌人。但是，现在国民党已经彻底败北了，你应认清形势，按共产党的要求，主动缴械，将功赎罪。否则就无亲族之情可讲了。"李永年愿意缴械，将功赎罪。他将其管辖下的联防区武器、财物、资料如数交出，还当即在收缴现场交出他保存多年的一支自动驳壳枪。

羊角商会门前广场，李延年让李鹏翔向数百名围观的群众发表讲话。李鹏翔说："我代表羊角区武装队伍，衷心感谢广大人民群众长期以来，大力支持革命！当前，我们的任务是建立政权，支援南下大军解放海南岛，请广大群众一如既往，支持我们的工作！"广场上响起热烈的掌声。

11月3日，中共电白县委书记钟正书在电城召开干部大会，宣布上级党委决定，成立电白县人民政府，杨瑞芬为县长，李延年为副县长。接着，第四区在羊角圩禄位楼成立，管辖羊角、大同等地，区委书记、区长黄成煦，副区长林立、李鹏翔。之后，李鹤年也出任该区副区长。

羊角乡人民政府随后成立，李应超为乡长，周炽荣等人参加羊角乡政府的建设工作。当时全乡有2万人，是人口较多的一个乡，同时也是情况较为复杂的乡，全乡划分为5个行政村，100多个自然村。乡政府干部走遍各个村庄，召集人民群众，宣传各项政策，动员人民起来当家做主，积极参加选举干部。群众思想觉悟提高后，进行民主选举，选出满意的村长和农会会长。各村村长、农会会长，接受党的教育和培训，提高了思想水平和工作能力，积极履行了工作职责。

十五、解放仁里乡

1949 年 9 月，中共电白县委书记钟正书在林头主持召开会议。会上，钟正书向与会同志通报了全国解放战争的大好形势，同时部署游击队扩大武装力量，发动群众做好迎接解放的各项工作。听到胜利消息，与会的同志欢欣雀跃，精神十分振奋，决心加紧做好各项工作，迎接南下大军。

10 月 26 日，中国人民解放军二野四兵团解放了阳江，挥师直指电白城。为配合南下大军的行动，羊角游击队近百人于 10 月 29 日下午，集中于羊角山和村，随后开赴山阁元屋岭村驻扎，准备首先攻打解放仁里乡（今山阁和新坡镇部分村庄），再攻打羊角乡公所。为了稳、准、狠地打击敌人，指挥部战前进行了周密部署，决定把队伍编成三个队：一队 50 多人，由黄茂坚带领，负责外围警戒，防阻外敌，围堵严防敌乡兵突围逃跑。二队是手枪队，由车鹏带领，负责圩内的警卫和联络工作。三队由车崇杰带领，负责进入乡公所收缴武器和处置乡兵等工作。

晚上 10 时，部队从元屋岭村出发，抵达位于新圩的仁里乡公所。队伍进入新圩后，一队迅速按计划布防，二队在圩内站岗警卫，三队直冲乡公所。为了弄清敌情，队员们仔细地观察周边的情况，只见乡公所大门紧闭，没有发现什么动静。队长车崇杰上前叩门，片刻，里面有人答话："谁?"车崇杰说："我们游击队奉命前来接收乡公所。"留守乡公所的乡兵拉开了门，30 多名游击队队员迅速进入院内，控制了大院各个房间，同时令乡兵把枪弹搬到院内集中。经清点，发现其中没有轻机枪，就盘问乡兵。他们说，乡长带回家了。后经查证，乡兵说的是真话。清点完武器，游击队封存了档案文件，遣散了乡兵。

武工队完成乡公所的接收事宜后，立即急行军前往禄村，包围了乡长车宗谋家，找到了车宗谋，追寻机枪的下落。原来车宗谋为防止机枪失落，几天前已将轻机枪上缴茂名县政府。此时，午夜已过，留下仁里乡籍的 10 多位游击队队员驻守乡公所，等候茂东区的同志前来接管，其他队员离开新圩，回到羊角交椅岭村休整，准备天亮后去接收羊角乡公所。

10 月 30 日，茂名县仁里乡人民政府成立，李维三任乡政府主席（乡长），车鹏任副主席（副乡长）。新圩居民纷纷燃放鞭炮，热烈庆祝人民政权的诞生。

十六、白沙、新治乡支前

茂名解放后，1949 年 11 月 5 日，成立茂名县军政委员会，车振伦任主任，同时成立茂电信支前司令部，车振伦任司令员，王国强任政委，各县区相应成立县区级支前司令部。

解放军以雷霆万钧之势日夜兼程追歼残敌，二野四兵团（十三、十四、十五军）及四野四十三军即在信宜、茂名、化州、廉江及广西边境组织粤桂边围歼战，消灭白崇禧残部，12 月 2 日结束，为时 1 个月。12 月中旬，粤桂边纵队和四十三军发起解放湛江战役（12 月 19 日湛江解放）。

白沙、新治等乡相继成立支前司令部后，以支援前线为压倒一切的中心工作紧张地进行。白沙乡支前司令由乡政府主席柯作琼兼任，支前司令部设在合水祠堂，在支前司令部工作的主要有柯永泰、柯寿德、柯铁屏、柯作材、柯茂崧、柯生等。

接收乡公所的第二天（11 月 1 日），下午 2 时，支前司令部立即接受一项紧急任务。有 2 个解放军战士到支前司令部下达任务，说战斗正在茂西激烈进行，要求在 2 日早上 7 时以前，在高山过新坡河搭起一座浮桥给解放军经过。（这里原是用木船撑渡过河的）这桥长 100 米左右，桥下面用木船固定，上面铺设木板或杉木。这项工作难度很大，但军令如山，柯作琼便到新治乡找乡政府主席陈朝阳商量，两乡分工进行。

新治乡负责木料（当时新坡地主有木栏，可以搬木料来使用）；白沙乡负责找木船 8 艘，木工工人 30 多人，以及铁钉铁线等。下午 5 时，材料和人员全部到位，两乡领导亲自指挥工作。由于木料不够打桩架桥，苦战了一夜，翌日早上 7 时，还有 1 丈左右未架好。解放军队伍已到，李钰华、陈朝柱就带领 6 个民工，分两批轮换用肩抬着梯子，上面再铺木板连接桥和河岸，让解放军经过。工人们重物压肩，半身浸水里，非常辛苦，但看到解放军能通过了，心情愉快。解放军过桥时，都伸出大拇指高叫"你们辛苦了，你们顶呱呱！"过了几百人以后，继续把桥架好。解放军的大炮、马匹、汽车则由渡船运过。晚上 9 时，就听到茂西方向传来的"隆隆"炮声，人心大快。

为了做好支前工作，乡政府人员、党团员分头到各村发动群众，大力宣传解放军的三大纪律八项注意，宣传解放军是人民的武装，是工农子弟兵，他们英勇善战，为解放全国人民而奋斗牺牲，他们是最可爱的人，大家要热爱和支援解放军。在解放军沿路经过的地方设起茶水站，例如：在红坎铺仔、玉岭铺仔等地分别设立茶水站，供应解放军饮用。

支前司令部积极发动群众，筹集粮食、生猪、木柴等供应解放军。其办法有两个：一是发动广大群众自觉捐献。首先在群众基础较好的果子园、合水、东利、新屋仔、文冲口、车田、益智山、木头塘、坡脊等村庄进行。解放了，人心舒畅，当年农业又丰收，一经发动，群众都积极拥护，踊跃捐献。各村把群众捐来的谷、猪集中起来，敲锣打鼓，送到乡支前司令部。一部分村庄搞起来后，其他各村仿照办理，都集中送粮送猪，共收到捐献稻谷35吨，生猪10头。二是向地主及富裕户征收，根据他们的地租收入征收百分之十至十五。例如：碑岭村陈茂生是国民党联防队队长，征收他稻谷6000斤；白沙村地主邓植三，征收他稻谷8000斤。共向地主富户征收到稻谷45吨，生猪10头。又向文冲口村群众征收了文冲口岭的松木，由柯永泰组织人力去砍伐，得到松柴10余万斤，供应解放军生火做饭。

木柴和生猪收到后，即送到区支前司令部，由他们安排给经过公馆的解放军。稻谷收到后，由柯作材安排群众加工成大米，每100斤稻谷收回大米70斤，再动员群众挑到南盛圩供应部队。动员了100多人，每人一次挑70多斤，挑运了七八次，运送大米20余吨。后来用木船运到湛江，支援解放海南岛。雇用木船4艘，每船运米八九吨，共运米35吨，由柯铁屏、柯寿德、柯茂崧、柯生等5人押运。运到黄坡后，把4船米合到一艘大船（出海渔船），再运到霞山铺仔圩。在黄坡至铺仔圩这段路上，敌机多次在空中轰炸扫射，十分危险，幸而没有被它击中，胜利完成运粮任务。为了支援解放军渡海作战，当时征集猪肚，送给解放军作救生气球使用。柯富、柯茂崧负责这项工作，在镇盛圩征集到猪肚500多个，洗净晒干后，上送区政府集中运送。至于公馆圩的猪肚，则由区政府派人直接收集。

十七、袂花发动群众迎接解放

1948年底，中共组织决定茂东南区委委员陈泽永负责袂花的地下工作，后又担任茂南区委书记负责全面工作。1949年7月陈作屏从合水汝嘉小学调回袂花工作，会同陈泽永、陈凤周、梁琳等人，深入组织宣传发动袂花广大群众参加革命。9 月，经党组织决定，成立袂花武工队，队长为陈凤周，副队长为陈作彬，队员有陈亚才、吴观寿、陈亚福、杨荫芳等人。为迎接茂南解放打下了坚实的基础。

（一）发动群众成立同心会

为了适应形势的发展，1948 年 8 月，陈作屏介绍陈赞斌参加革命，并在其家旺基坡村再建一个交通站。1948 年底，龙思云、陈以大、陈泽永先后在北斗、袂花圩、蕴坡等村发动群众，宣传共产党领导革命推翻三座大山，农民翻身做主人，分田分地等主张，号召农民成立同心会，组织起来壮大自己的力量，同心协力进行斗争，迎接全国解放。经过教育，很多农民踊跃参加同心会。接着，陈泽永又派陈凤周在荔枝车村一带，陈作屏、陈作彬在椰子村一带，梁琳、陈舜芳在黄屋村一带，杨凤、李有新在石浪一带，先后在北斗、袂花圩、蕴陂、黄屋村、荔枝车、石浪、叶屋、低山、侯伯坡、中间村、板排村、椰子、大路、界低坡、黄同、樟岭潭、张村、古楼、双子、袂郭、旺基坡等 20 多个村组织同心会 40 多个，发展会员 1000 多人。

（二）为革命活动筹集武器和资金

为了帮助党组织解决活动经费及武工队解决枪支弹药，袂花的游击队队员及革命群众长期以来积极做好筹集款项、收缴地主枪支弹药工作。

1947 年下半年，陈泽永通过杨荫芳向蕴陂地主贷到花生油 400 斤，稻谷 250 斤。1948 年 5 月，陈泽永把自有的 20 多石租的田契抵押，贷到稻谷 3000 多斤，后因无钱赎回而变成断卖。1949 年上半年，陈泽永又以陈舜芳、陈舜林两人的名义向外号"蒋介石"的地主借到稻谷 2000 多斤，以上三项借贷到的实物都折成现款，全部交林其材转给党组织使用。1949 年 9 月，陈擎天、陈凤周动员荔枝车村地主交出白银 1000 元，驳壳枪一支，由陈擎天交粤桂边纵队第五支队使用。10 月，陈泽永动员陈赞斌卖去 2 石租的田得白银 100 元，作为袂花的地下活动经费。

（三）为武工队建立兵器修造厂

袂花板排村是一个四面环水的小岛，住着 4 户贫农，很适宜开展地下活动。1948 年，陈泽永派陈凤周到板排村建立起党的地下交通站，任命吴福权为交通站负责人，吴观寿为交通员，该村吴汝新、吴汝有、吴汝义 3 户兼打铁营生，会铸造左轮手枪、修理枪支及翻新子弹，陈泽永、陈凤周对他们进行教育，动员他们为武工队铸造、修理枪支和翻新子弹，对他们生活上的困难，陈泽永设法帮助解决。吴福权兼任兵器修造厂的负责人。茂名、电白、信宜等地武工队的枪支坏了，都转到板排村修理，因此得到茂电信地工委领导车振伦等的赞扬，称板排村是茂电信地区的小兵工厂。修造厂修造枪支和翻新子弹的工作一直坚持到茂名解放。

（四）发动群众参军参战

1949 年 10 月初，陈赓桃宣布起义后，袂花乡党支部派陈孔晋、陈作勋及农民骨干 40 多人，参加起义部队，作为共产党的依靠力量，还动员群众 100 多人，帮助起义部队挑武器、弹药。起义部队离开椰子村当天晚上，党支部接上级指示，在袂花圩、椰子村及各村张贴欢迎陈赓桃部队起义的标语，扩大影响。陈赓桃儿子陈孔安在起义部队离开椰子村时拿出 1 支左轮手枪给陈作屏用，并交出白银 450 元给袂花乡党支部作活动经费。

（五）收缴陈沛家的枪支弹药

1949 年 9 月，在动员争取陈赓桃起义期间，车振伦指示袂花乡党支部收缴陈沛家的枪支弹药，经支部研究，决定由陈泽永做陈国宽（陈沛之弟）的工作。10 月，陈赓桃起义后两天，陈泽永通过其堂兄陈舜祥带领进入陈国宽家，陈泽永与陈国宽详谈国内的形势，劝其把家内的枪支弹药交出来，争取立功赎罪。经过陈泽永的初次教育，陈国宽表示愿意交出枪支弹药，并约定两天后武工队派人来取。两天后，陈泽永、陈凤周、陈作彬和武工队带领从荔枝车、北斗、旺基坡、袂郭、张村、古楼等村同心会抽出的可靠会员60人来到坡仔村，先由陈泽永、陈作彬与陈舜祥进入陈沛家与陈国宽联系，陈凤周带领5名武工队队员把守门口，陈舜芳带领其他群众在屋外蔗地埋伏接应，共收缴重机枪1挺、轻机枪2挺、驳壳枪12支、七九枪60支、七九弹80箱、驳壳弹6箱。陈泽永连夜带人把枪支子弹运到旺基坡村陈赞斌家地下交通站，后按上级指示转运到文运村交通站，分给合水、飞马等地武工队使用。

（六）阻滞国民党部队西窜

1949年10月，陈赓桃部队起义后4天的深夜，上级派来交通员向陈泽永传达中共茂电信地工委通知，说国民党喻英奇部队由广州逃经阳江，即将到达袂花，企图沿公路经袂花、公馆、高州到广西边境，与国民党白崇禧部队会合后逃往海南岛。

为了阻滞喻英奇部队逃窜与白崇禧部队会合，使解放军能追上歼灭敌人，茂电信地工委命令袂花党支部立即发动群众连夜烧毁袂花河沿岸的桥梁、渡船，切断电话线。

接到命令后，陈泽永布置陈作彬带领二三十人连夜用汽油烧毁双子桥附近的三处桥梁和日良河的渡船，切断电话线。陈泽永带领陈舜芳等30人将一艘汽车渡船和8艘民渡船连夜全部撑到袂花圩下游牛降车附近压沉河底，仅留一艘渡船解决群众赶集或因急事过河用。天亮后，喻英奇部队逃到袂花圩，因仅搜得一艘渡船，其部用了3天才全部渡过袂花河。2天后，陈赓桃起义部队亦追到袂花圩，党支部马上发动群众踊跃捐献木料竹子，并把压沉的渡船全部浮出水面，用渡船在袂花河搭成浮桥，并抢修好已烧毁的桥梁，让陈赓桃部队迅速通过袂花河。为了解决群众架桥吃饭问题，陈泽永亲自带陈舜芳推着手推车夜行 15 千米到电白小良向其内兄梁贺材借了 300 斤面粉作粮食。

由于袂花党支部充分发动群众，有效地拖延了喻英奇部队西窜的时间，喻英奇部队与白崇禧部队未能会合，陈赓桃部队追击至廉江境内成功地配合南下大军二野四兵团第十三军和粤桂边纵队一起将喻英奇部队全部歼灭。

第五章

建设发展时期

第一节 巩固政权　探索发展

一、清匪反霸，巩固政权

（一）清匪反霸

国民党败退前，部署了人员众多的反革命组织"忠义救国军两广纵队粤南指挥部"，总指挥董煜，副总指挥陈生、周奇，下设20个支队，按照军事编制封官委职，欺骗群众。妄图借着茂名县军阀势力雄厚，封建根基牢固，把茂名经营为他们颠覆新政权的基地。人民政府随即实行武装镇压，茂电信化四县在中共高雷地委和高雷军分区领导下，先后成立剿匪指挥部，以高雷军分区二十三团为主力，联合各县大队、公安局，在中国人民解放军第四野战军七六部队协助下，大举清剿各地股匪。肃清匪特斗争，贯彻"镇压与宽大相结合""首恶必办，胁从不问，立功受奖"的政策，摧毁了一批武装土匪，挖出了潜伏的反动组织，处决了一些民愤极大的匪首、恶霸。至1953年春，这场颠覆与反颠覆的斗争，以人民胜利宣告结束。

当时在茂南公馆区附近活动的股匪号称"忠义救国军两广纵队粤南指挥部第十五支队"，司令柯辉，副司令柯鼎天，下设20个大队，300余人。柯辉、柯鼎天被捕后，刘赞才接任司令，叶青任副司令，继续活动。在金塘附近活动的股匪号称"第一支队"，司令邓东林。在镇盛、白沙一带活动的股匪号称"第十六支队"，司令邓兴。邓兴被捕后，邓东接任。在鳌头、新坡以及袂花一带活动的股匪，匪首是杨允祥。在羊角一带活动的有禄段乡何禄儒股匪。

1950年2月18日早上，有百余人聚集在公馆圩车站准备去丫髻岭参加匪帮，谣言说参加陈生匪帮，可以一次性领到安家费白银500元，以后每月薪饷50元。茂名县二区驻公馆政府通过教育，将他们解散。当日，匪首邓兴密谋攻打白沙乡。区政府得到情报后，晚上10时，让乡队50多人埋伏在乡政府后面的山上，准备土匪来攻打乡政府时，即从山上打下来，消灭他们。19日凌晨1时，乡政府东南面一个村庄，敲锣放炮，大喊"贼佬抢村""救命"。乡队队员思忖一定是土匪诡计，按兵不动。过了16分钟，喊声便停下来了。天亮后，乡队才收队回来。后来解放军十四团捕获邓兴，他供认当晚在附近村庄狂喊，是想引乡队去到该村并借机进行伏击，然后再袭击乡政府。春节过后不久，以横山村匪团长梁昶为首的十五支队匪徒策划攻打二区区政府，他们收买了区队队员、轻机枪手柯某为内线。晚上10时，区政府电话线被切断了，战情十分紧张。乡队干部发现柯某动态可疑，便把他拘禁起来，拔掉了土匪的内线，使土匪攻打区政府的阴谋破产。

1950年2—4月，匪徒大肆烧杀抢掠，二区被土匪杀害的国家干部、农会骨干、民兵及群众共30余人。匪徒们手段凶残，引起了群众的极大愤慨。也有些群众害怕土匪，被他们吓得不敢支持政府工作。个别农会会长甚至窝藏土匪，为土匪通风报信。

匪患不除，民无宁日。为了巩固新生的红色政权，保卫人民生命财产，在中共茂名县委领导下，二区委和政府大力发动人民群众，并招集了进步青年40余人组成区队，由副区长柯逵钊兼任区队队长，吴时华任指导员。下设分队，分队队长由柯永达、柯周分别担任，开展军事训练和政治教育。1950年5月，当时任白沙乡乡长的柯作琼调任区公安助理员，成立区人民武装部，由柯生任部长，柯华德任干事。为了扩大剿匪队伍，区人武部在合水老区解放前参加游击小组的青年中，组织了 100 多人的武装民兵，将从陈赓桃起义部队运回的枪支配给他们使用，加强军事训练，做到召之即来，来之能战，战之能胜。紧密配合中国人民解放军五支十四团（后改为南路高雷军分区二十三团）一个连和四野三十八军七十六团一个连，开展剿匪斗争。

围捕公馆柯辉股匪。柯辉是公馆旧村人，抗日战争时期，曾做过汉奸，后和公馆区警长周国华勾结作恶，茂名解放后任土匪第十五支队司令，任命刘赞才、柯肇珍、柯兆富、柯泽光、柯邦宗、梁昶等 20 个匪团长，纠集了 300 多名匪徒，有长短枪 80 多支。1950 年春节后，曾指使匪团长梁昶密谋攻打区人民政府，阴谋未能得逞。后带领匪徒到大山岭抢劫，杀害了两名群众，抢劫了财物。后在其亲友家潜伏了一个多月，扬言一定要捉到柯作琼、柯生，切成 300 块，分给他的匪徒一人一块，以解心头之恨。

解放军二十三团和区队、民兵配合，多次围剿，先后捕获柯辉的匪团长 4 人。1950 年 6 月，区队以剿匪为中心，结合夏征和减租减息，大力宣传剿匪政策"坦白从宽，抗拒从严，首恶必办，胁从不问，立功受奖"。在大规模围剿和政策攻心下，匪徒们纷纷自新，柯辉队伍开始瓦解。柯辉眼见无法立足，在 8 月初强令他的通讯员柯益林筹集白银 300 元，作为化装潜逃费用。柯益林看清形势，向区政府自新，报告柯辉、柯鼎天等行踪。区政府即派柯生带领区队、民兵数十人，协同解放军二十三团驻莲塘新圩附近的连队一个排，共 100 人，于 8 月 8 日下午 2 时，到新圩包围搜查。一直搜索到下午 6 时，在一间当铺楼上，把匪首柯辉、柯鼎天擒获，共缴获驳壳手枪和左轮手枪各 1 支、枪弹 340 多发。

围捕公馆刘赞才股匪。刘赞才，公馆书房岭村人，父亲是国民党保长，他是保丁。茂名解放前拉丁勒索，无恶不作。茂名解放后参加土匪队伍。匪首柯辉被捕后，他接任股匪第十五支队司令，副司令为叶青，在山村、周坑、田寮一带活动。到处烧杀淫掠，先后抢劫山村一户农民家，强奸其媳妇和女儿。抢劫周坑村许均时家，将其妻子杀死。又杀害田寮村农会会长张标南和民兵2人。1950年3月，刘赞才回家，解放军二十三团和区队、民兵200余人于晚上11时联合包围书房岭村，区、乡队和民兵布防第一重哨，二十三团布防第二重哨。第二天天将亮时，乡队队员梁启元站起来联系情况，却被第二重哨二十三团战士误认为土匪逃跑，开枪打死了。刘赞才被惊动后跑掉。这次围捕，匪首没有捉到，还牺牲了一个队员，造成沉痛教训。同年7月，一天下大雨，刘赞才、叶青等匪徒窜到白沙乡三丫村一个乞丐家，将他唯一的母鸡杀吃，仅有的一点粮食也吃光了。这个乞丐跑到白沙乡政府报告。区政府立即组织区队和附近几个农会的民兵200余人包围三丫村，但在抵达之前，刘赞才、叶青等已经逃跑了。接着逐户搜查，由几个农会会长协同区队、民兵检查。文冲口村农会会长柯辉基刚推开一家的门，匪徒陈和光便从屋里跑出来，手里拿着一颗手榴弹。他正想引爆，就被合水民兵柯玉泉上前拦腰抱着，夺下了手榴弹。柯生上前一脚把他踢倒，将其捉获。匪徒黄灼坤被民兵驱赶逃跑，跳下水塘，柯生开枪击中了他的手腕后捕获。有一个民兵到厕所小便，发现了一个藏在粪池中以树叶遮掩的匪徒。他叫李阿胜，像粪坑鸡一样钻出来，民兵将他逮捕了。这次还捉到刘赞才的小老婆。共缴获手枪2支，长枪11支，子弹300发，手榴弹2枚。

由于不断追捕，刘赞才感到日暮途穷，1951年2月的一天，刘赞才、叶青二匪首窜到红地屋村农会会长吕高齐家，要求收留他们。吕高齐当时左右为难，不答应怕匪首杀害自己全家，便将他们藏在一间闲房，每餐送饭给他们吃。一天他见到白沙乡干部柯寿德，就把此事说了。柯寿德立即带他到区政府见区委书记冯柱朝，详细谈了情况。即由吕高齐带路，冯柱朝、柯生率领区队，将红地屋村匪首藏匿处包围起来。刘、叶二匪慑于军事压力和政策攻心，举起双手出来投降。刘、叶二匪被捕后，该股匪徒一部分出来自新，其余大部分被抓获。缴获手枪1支、子弹106发，长枪14支，子弹600发，手榴弹4枚。

围捕镇盛邓兴股匪。邓兴，镇盛龙舟坡村人，茂名解放前任白沙乡乡队副队长，拉丁勒索无恶不作。茂名解放后，他组织土匪任第十六支队司令。在1950年初攻打白沙乡政府阴谋破产后，解放军十四团派一个连进驻白沙乡政府。1月4日，根据群众举报，得悉邓兴在家，柯生即带十四团一个连，包围了龙舟坡村。邓兴见势不妙，拍门不开，烧毁文件后翻墙跳出，缩入粪坑，柯生看见后，喝令他上来，把他逮捕了。接着又发觉火灰堆里有动静，喝令藏在其中的两个匪徒邓儒兴和邓某出来，一并把他们逮捕了。其后，匪徒邓东接任了邓兴的职务，活动更加猖狂，到处杀人放火，奸淫掳掠，丧尽天良。白沙乡税收人员王伟其、荷谢村2名农民、白沙村戴姓农会会长都是他杀害的。当时有个群众举报邓东在某村活动，驻白沙乡的解放军二十三团一个连立即前往追捕。从樟岭过白沙河时，意外沉船，牺牲了6名不熟水性的官兵，其中有一位是连长，本来他已到河边，因为回头救其他人而溺水壮烈牺牲。经过连续追捕，邓东在本地已无法立足，便改名换姓窜到广州，潜入一家纽扣厂做工。直至1968年，才被发现逮捕归案。

围捕金塘邓东林股匪。邓东林，金塘人，1950年1月担任土匪第一支队司令，在金塘、公馆、石鼓一带活动，发展土匪组织。他委任的匪团长、营长有张奎中、彭世昌、吴章庆、梁昶、梁光亨、黄特、吴华珍、张军瑞等，打家劫舍，拦路截抢，杀人放火，无恶不作，曾杀害茂名县政府警卫连连长焦昆瑞。后来这股土匪逃到黑坭塘村，抢了群众的猪牛宰杀大吃，准备逃到双髻岭。逃到陈垌时被解放军和民兵包围截击打散。1950 年 10 月，柯生夜里带领民兵 30 多人到新治乡福吴东村，围捕该股土匪的女匪首何汝芳。开始时到处搜查不见，后来在芋地坑内发现何汝芳和庙祝佬两个土匪，把他们捕获。随后又抓到匪团长柯华安、匪营长莫钦，天亮后搜查神庙，匪营长谭祖基从鼓桶里爬出来，被捕获，后又在黄竹塘抓获匪徒陈才彰，共缴获手枪 1 支，子弹 6 发，长枪 4 支。1951 年 2 月，该股土匪营长张奎中潜入红七岭村一间柴房，柯阿晚知道后立即向区政府报告，柯生便和冯柱朝、林天宝，带区队去把这间柴房围着，柯生对准该匪连发三枪，把他当场击毙，缴获驳壳 1 支，子弹 43 发。后来该股匪徒大部分向政府自新，少数顽固匪徒梁昶、张军瑞、黄特、吴华珍等企图偷越国境，跑到云南和越南边界潜伏，被边防部队全部捉回法办。匪首邓东林逃脱后，窜到白沙乡茂坡的樟文村隐藏起来，妄图等待蒋介石反攻大陆。等了 9 年，觉得没有希望了，便于 1960 年出来向政府自新，政府对他宽大处理并让其回家。但 1961 年他又造谣破坏，胡说蒋介石反攻大陆，被政府逮捕法办。

围捕袂花杨允祥股匪。杨允祥，袂花石浪村人，这股土匪在鳌头、袂花活动。1950 年 2 月 21 日夜晚 9 时，杨允祥带着匪团长陈胜等烧毁袂花双子桥和隔坑桥，新治乡民兵赶到时桥已起火，民兵对着纵火烧桥土匪开火，土匪逃窜。2 月 22 日，柯生带着区队、民兵和二十三团一个连，包围追捕该股土匪匪首杨子强，柯生追赶了 2000 多米，杨子强逃脱，但捉到他的警卫员，缴获子弹 200 发，柯生受伤吐血返回区政府。同年 10 月，柯周、柯振清带领民兵到石浪理发店，捕捉了该股匪营长柯义峰，缴获左轮手枪

1 支，子弹 50 发。同月，李钰华、柯业凡协同二十三团一部及民兵到计星逮捕该股土匪交通站站长黎汉中，土匪营长张兆儒、何炳新、潘世华，还有土匪营长张锡周等 9 人向政府自新，交出长枪 3 支，子弹 500 发，手枪 2 支，手榴弹 3 枚。1951 年 2 月 16 日晚上，这股土匪到新治乡牛岗坟村，第二天，就有一农民代表到区政府报告。副区长林大宝及柯生带领区队和解放军二十三团驻新圩的一个连前去捉拿，下午 2 时，把牛岗坟村包围起来，土匪负隅顽抗。相持了一会儿，林天宝、柯华德、柯丽贤 3 名队员推开门冲进去，土匪突然丢了 1 枚手榴弹，把 3 名队员炸伤。区队把伤员抢救出来后，找来木梯爬上屋顶，把屋面的瓦搬开一个洞，向屋里投了 3 枚手榴弹。柯生等冲进去检查，看见 4 名土匪全被炸死，便把他们拖出来，却发现有一个是装死的，他用其他土匪的尸体盖着自己。这个装死的正是杨允样，其被逮捕归案。当场缴获驳壳枪 4 支，手榴弹 4 枚。

围捕羊角何禄儒股匪。羊角禄段乡何禄儒股匪 400 多人，横行于禄段一带，抢劫勒索，仅在北召村，一次就洗劫 10 户，抢猪两头、稻谷 20 多石等财物一批，并打伤群众 5 人。何禄儒股匪十分凶残，先后杀害干部群众 13 人，群众对恶匪咬牙切齿，积极举报并参加围剿。1950 年 2 月，解放军于马头岭击溃何禄儒股匪。3 月，何禄儒股匪 80 余人图谋血洗浮山岭村，群众速报，电白县公安大队和解放军迅速行动，毙匪 18 名，伤 10 名。匪首何禄儒藏匿山洞，群众发现举报，何禄儒逃窜，一名农民用锄头勾倒何禄儒，该农民受枪伤仍扑上去厮打，解放军追上生擒何禄儒，何禄儒股匪彻底覆灭。

经过一年多的围剿，成股的土匪武装基本被消灭，捕获的匪犯都交县司法机关依法处理。

（二）发动群众　歼灭残匪

在重点军事围剿和强大的军事打击下，残余匪徒成了惊弓之鸟，嚣张气焰被打下去。但是，散匪仍然为数不少，对人民生命财产和人民政权还有一定的威胁。

中共茂名县委于 1951 年 2 月 21 日，召开剿匪工作专门会议，确定了"深入发动群众，清匪特，反恶霸"的方针，二区委根据县委的指示，以行政村或农会为单位，召开农代会、贫代会、中农会，以各种形式充分发动群众孤立土匪。广泛宣传当时形势与剿匪公约，揭穿匪特制造的谣言，消除群众的恐惧心理。还召开自新分子会议、匪属会议，广泛宣传党的"镇压与宽大相结合"的政策，敦促已自新的土匪安分守己，将功赎罪，未自新的必须赶快投案自新。

1951 年 7 月，公馆区开始土地改革运动，各村都进驻土改工作队，深入访贫问苦，开展"清匪反霸、退租退押"的运动。大力宣传剿匪的意义和党的政策，群众的积极性充分调动起来，不少群众纷纷起来揭发、检举、控诉土匪的罪行，协助政府监视、捕捉土匪。有的匪属极力劝说自己的父亲、儿子、丈夫、兄弟自新，立功赎罪。在检举控诉中，有控诉被欺骗参加土匪的，有藏匪济匪通匪的，有替土匪探听情况和造谣的，有被拉拢替土匪征粮和投毒的，有代土匪收藏枪支的，以上的人数在二区约1000 人。

通过深入发动群众，贯彻"镇压与宽大相结合"的政策，最大限度地孤立了敌人，使匪特陷入了人民群众布下的天罗地网，土匪们食不知味，寝不成眠。对于极少数不听劝告，继续反共反人民的顽匪，坚决予以逮捕法办。在人民群众的配合下，不少土匪看清了形势，认识到替美蒋卖命绝无出路，愿意改过自新，将功赎罪，重新做人，纷纷向政府自首，交出匪特反革命组织的名单、罪证和武器。第十五支队匪徒柯肇林在匪首柯辉被捉以后，隐藏了3个月，一天他到区政府自首，并带区队去挖出收藏在光地发村的枪支。在这段时间，全区出来自新的土匪还有300多人。这场声势浩大的剿匪斗争，历时2年，彻底肃清了国民党反动派在这个地区的残渣余孽，社会上出现了从未有过的和平安定局面。

（三）巩固人民政权

1951年春，茂名县成立抗美援朝委员会，开展抗美援朝保家卫国活动。广大茂南青年踊跃报名参加志愿军，群众捐款支持部队购买飞机、大炮，许多妇女纷纷做鞋缝袜慰劳志愿军。

土地改革。1951年春夏间，茂名县全党动员，全民动员，以土改为压倒一切的中心任务。将地主所有的山林、果树、鱼塘、房屋以及其剥削得来的钱财均没收分给贫雇农。1953年夏，以颁发土地所有证宣告土改基本结束。至此，延续了2000多年的封建土地制度彻底被废除，农民真正成为土地的主人。

1951年6月，茂名县成立了土地改革委员会，主任由县委书记黄明德担任。县委组织了938名干部组成土改队，其中有地方干部733人，解放军干部101人，军区调来86人，专署调来11人，中南局调来7人。土改队的任务是下乡进行土改工作。开始时，将全县八大区和附城分成重点区、附点区、面上区3个部分展开。区政府设在公馆圩的第三区为重点区，设在鳌头圩的第四区和附城为附点区，其余六个区为面上区，以重点区带动附点区，再全面铺开面上各区。12月，全县重组土改队，每个队又分成3个工作组，队员分别进驻各个自然村。土地改革分四个阶段展开：一是清匪反霸、退租退押；二是划分阶级成分；三是分田分地分斗争果实；四是土改复查。土改队成员实行严格的"三同"，即与农民同住同吃同劳动，实行严格的纪律管理。

开展"三反""五反"运动。1952年春，茂名县在党政机关开展反贪污、反浪费、反官僚主义的"三反"运动。同时，在私营工商业者中开展反行贿、反偷税漏税、反盗骗国家财产、反偷工减料和反盗窃国家经济情报的"五反"运动。茂南查办了一批案件，挽救了一批犯错误的干部，教育了大多数，使干部队伍保持和发扬廉洁奉公、艰苦奋斗的好传统。

取缔反动会道门。1951年，中央人民政府明令取缔反动会道门组织。3月，茂名县成立取缔反动会道门办公室，发出布告，要所有反动会道门停止活动，一律解散。公安、宣传、文化部门紧密配合，运用电影、幻灯片、广播、黑板报、标语等多种形式，向群众宣传，广大群众认清了反动会道门的本质，积极投入取缔工作。1953年春，开始整顿反动会道门。在贯彻宗教政策，尊重信仰的同时，取缔了进行反革命活动的一贯道、先天道、吕祖道、同善社等反动会道门。

做好清查登记工作。1949年冬至1950年春，部分反动党团、特务骨干，勾结一些地主恶霸，网罗散兵游勇、流氓地痞，造谣惑众，预谋暴乱，妄图颠覆人民政权。人民政权建立后，宣布国民党、三青团、青年党、民主社会党及其特务组织为反动组织，责令一律解散，严禁继续进行任何活动，限令乡分部委员和分队长以上骨干分子向人民政府指定的专管机关进行登记。镇压反革命运动和开展清匪反霸运动，狠狠打击了罪恶重大的反动党团特务骨干，一般分子则到县公安局和区、乡政府进行登记。

二、探索社会主义建设道路

1. 社会主义改造。首先是农业改造。1954年，茂名县在互助组织基础较好的地方，开始试办半社会主义性质的生产合作社的试点，建立农业互助组、初级农业合作社。这些互助合作组织，在资金和技术方面都得到上级部门的援助，普遍增产增收，比单干户呈现出明显的优越性。1954年冬至1955年春近半年时间，连续发生风、冻、旱灾，造成茂名县8573户断炊。茂南新坡乡许炳玠领导的初级农业合作社165户800多人，基本无断炊。各地农业合作社都以自己的优势吸引着周围的群众，群众纷纷要求参加互助合作组织。至1955年秋，茂名县入社户数占全县总农户的83%。至1956年冬，基本实现了高级农业合作化，茂名县参加高级农业合作社的户数占该县农户总数的90%。至此实现了农业的社会主义改造。其次是手工业社会主义改造。把手工业行业的生产资料折价入合作社（组），实行统一核算，按劳分配。按行业组织总社，管理本行业的社（组），以县为单位组织手工业联社，领导和管理全县手工业社（组），并为基层社（组）组织原材料供应和产品销售，至1956年冬，茂名县入社人数占该县手工业总人数的94.7%，基本实现了手工业的社会主义改造。再次是对资本主义工商业社会主义改造。1956年冬，对商业资本家，一律实行公私合营。合营的领导班子，由公、私双方代表组成。仅一个月时间，茂名县私营工商业户参加公私合营厂、店的占该县工商业总户数的97.3%。

2. 整风、反右派。1957年4月27日，中共中央发出《关于整风运动的指示》，决定开展整顿党的作风运动。但是整风运动仅进行不到一个月，各方面人士对党的工作提出批评意见急剧升温，极少数人乘机向党和社会主义制度发动进攻，于是运动的重点开始由党内整风转向反击右派。翌年夏季，整风运动和反右派斗争结束。反右派斗争出现了严重扩大化，1962年，曾为部分"右派分子"摘帽。中共十一届三中全会后，对被错划的"右派分子"予以改正。

"大跃进"和人民公社化运动。1958年5月党的八大二次会议召开，会议通过了社会主义建设总路线，通过了15年赶超英国的目标等口号。会后,"大跃进"运动在全国开展起来。1958年8—9月,又掀起了大办人民公社的热潮,人民公社实行政社合一体制,生产资料归公社所有,劳力统一调动,产品统一调配;实行生活集体化(大办公共食堂和托幼组织),组织军事化(公社社员按营、连、排、班编队),行动战斗化(生产活动统一行动);生猪、"三鸟"集体饲养,私有果树、竹林归生产队统一经营,广大群众发展生产的积极性受到挫伤。

3. 处理"一平二调"。1960年冬开始,在农村普遍开展整风整社运动,重点检查和纠正1958年以来在"大跃进"和人民公社化运动中刮"共产风"的错误,对无偿平调生产队的生产资料、公共积累和社员的生活资料进行核实赔偿。

4. "文化大革命"和平反冤假错案。1966年5月,茂名市各地召开"文化大革命"动员大会。1967年1—4月,实行军事管制,设军管会,军管会下设革命委员会和生产委员会。1968年3月20日,成立茂名市革命委员会。1970年,开展打击反革命破坏活动。1975年8月25日,中共茂名市委召开常委扩大会,传达贯彻邓小平、叶剑英在中央军委扩大会议上的讲话精神,经过整顿,生产和工作秩序明显好转,生产发展逐步进入正轨。1976年12月,掀起揭发批判"四人帮"反革命罪行和反革命纲领的高潮。1977年9月,清算"四人帮"反革命路线在各方面的影响。1979年10月3日,中共茂名市委作出决定,对"文化大革命"期间发生的冤假错案给予平反,并给受害者发平反通知书。

5. 农村和城市经济体制改革。1978年,中共十一届三中全会号召广大干部群众"解放思想,实事求是"。1979年秋,市郊袂花、鳌头公社一些生产队,自发将集体的耕地分散承包给农户独立经营。实践的结果是,凡是实行包产到户的地方,群众的积极性很高,生产都上去了。包产到户已形成不可阻挡的趋势。

1981 年冬，大部分社队实行家庭联产承包责任制。1982 年，茂名市召开农村三级干部会议，全面落实大包干到户等多种形式的联产承包责任制；城市经济体制改革从扩大企业自主权开始。1979 年 1 月，茂名市在工商企业中试行扩大企业自主权。随后对商品流通体制进行改革，允许农民进城设摊摆档经商，允许工厂设店推销产品。逐步形成多种经济成分、多种经营方式并存的流通体制。1980 年 8 月，商品价格随行就市，议购议销。1987 年 11 月 28 日，国务院同意茂名市城区列入沿海经济开放区。广东省人民政府批准茂南区所属 8 个镇，列为沿海经济开放区重点工业卫星镇。

三、茂名城建"因油而兴"

茂名市城市建设是从石油工业开始，随石油工业而发展的。茂南为茂名主城区所在地，见证了建城的历史。

1956 年，国家决定在茂名开发油页岩，建设年产 100 万吨页岩油炼油厂，相应地建设一座工业城市。1956 年 8 月，编制了近期为 14 万人、远期为 20 万人的茂名市总体规划。并于茂南区新坡村成立了筹建指挥部。

1957 年，来自全国各地的石油工业建设者睡草棚，住农家，开创茂名石油工业。

1958 年，建设者云集茂名。1958 年建成金塘砖瓦厂、茂名市糖果饼干厂、木器制作厂、酱料厂、酒厂等一批工厂；建成河茂铁路等一批交通设施；建成"六百户""三万七"住宅区和官渡小学、露天矿幼儿园、"三万七"市场、群众饭店等。1959 年，在两条主干街道工业大道和红旗大道交叉点的周围建成茂名市百货大楼、邮电大楼、银行大楼和第四工程局一公司办公大楼，形成了河西市区的中心。在干道两侧建成第四工程局五层办公大楼

（今茂南区旧区政府办公楼，为当时最高建筑）、市人委招待所、新华书店、茂名饭店、红旗影剧院、东风电影院。1960年，横跨小东江建成永久桥，把河东和河西连成一体。是年，城区面积5.81平方千米，总建筑面积70.53万平方米。其中工厂49家，占地3.37平方千米，占城区用地58%；公共建筑面积6万平方米，人均1.1平方米，住宅区除华山街有几栋设单元房或套间的两层楼房外，其余均是平房。生活服务设施较差，饮用井水，做饭烧柴草，职工徒步上下班。

设于新坡镇的茂名工矿区城市筹建处

1961年，国民经济调整，工矿企业实行关、停、并、转，几万名职工的建筑队伍调离茂名，市内企业压缩职工，生活住宅区建设基本停止。茂油公司的生产向原油加工转变，1963年建成第一套100万吨每年常减压蒸馏装置。此后，由粗加工向深加工发展，生产规模不断扩大。至1978年，以石油、化工为主的五大工业基地初步形成。城市公共设施相应得到发展，茂名市自来水厂建成，供电设施逐步完善；市内2条公共汽车线路和市郊6条线路开通；职业病防治所、妇幼保健院、中医院等医疗机构开始运作；江滨公园、灯光球场、体育场、少年宫等文化娱乐场所和15所中小学先后建成。城区面积增至12.9平方千米，总建筑面积

126.8万平方米，其中生产设施占59.5%，生活设施占29.1%，公共设施占11.4%。

建设初期的工业大道（即现在的油城路）

1983年7月实行市管县体制，茂名城市建设向东伸延，发展河东区，改造河西区。至1988年，形成了五大工业区：西北区以炼油、采矿为主，文冲口区以电力和地方化工工业为主，公馆区以机修、水泥生产为主，官渡区以农机、修配为主，高山区以纺织工业为主。工业区主要分布在河西。河东区先后建成光华、双山、宾中、官渡、竹园、宾西、官山等7个服务设施配套齐全的生活小区。还建成了一批档次较高的公共设施，有可容千余观众的茂名影剧院，有百米高的电视发射塔，有占地分别为21.1公顷和6公顷的新湖公园和春苑公园，还有河东邮电大楼、市委大楼、市政府大楼等等。建成了4所大专学校，9所中等专业或职业学校，有占地12公顷的多功能体育中心。城区形成"卅"型的街道网络。城市绿化向净化、美化、花果化、立体化发展。道路有树木，庭院有花坛，家家阳台有花卉。城区面积增至19.4平方千米，总建筑面积338.8万平方米。形成了一座功能比较齐全，辐射力较强的社会主义现代化石油化工城市。

茂南建区　扬帆起航

一、设区前的组织和工作机构

1949 年 11 月，信宜、茂名、电白、化县 4 县县委同属中共南路（高雷）地委领导，1952 年属中共粤西区委员会，1956 年属湛江地委。1956 年 6 月，中共茂电信化 4 县先后召开代表大会，分别产生县第一届委员会。

1958 年 6 月 12 日，中共茂名工矿区城市筹建处在茂名县新坡村成立，曾源任书记。9 月 3 日，中共茂名工矿区市委员会成立，孙西歧任代理书记，属中共广东省委和湛江地委双重领导。设办公室、组织部、宣传部、工交部、农村部，共有干部 81 人。11 月，原茂名县剩下部分（包括县城高州城）跟信宜县合并为茂信县（同年 12 月茂信县定名高州县。1961 年 4 月，高州县拆分，复置高州、信宜两县）。1959 年 1 月 24 日，撤销农村部，成立中共茂名市郊区委员会（今茂南区域分属茂名市城区和郊区）。5 月9 日，中共茂名工矿区市委员会改称中共茂名市委员会，6 月 10日，设立书记处，7 月，孙西歧任书记处第一书记。

1983 年 7 月，茂名市实行市领导县的体制。

二、设区前的中共茂名市历次代表大会

中共茂名市第一次代表大会：1961 年 11 月 23 日至 28 日在茂

名市红旗影剧院召开。出席大会的代表 438 人，候补代表 45 人。大会由市委书记处书记方华致开幕词，市委常务书记郑少康作市委工作报告。大会选举产生中共茂名市第一届委员会，委员 31 人。

中共茂名市第二次代表大会：1969 年 12 月 22 日至 1970 年 1 月 4 日在市红旗影剧院召开。

中共茂名市第三次代表大会：1981 年 3 月 3 日至 8 日在市人民政府小礼堂召开。

中共茂名市第四次代表大会：1984 年 11 月 2 日至 5 日在市人民政府小礼堂召开。

三、设立茂名市茂南区

茂名市成立后，茂名县南部的公馆、袂花、金塘、新坡、高山、鳌头、镇盛、山阁等镇先后划归茂名市，茂名县改名高州县。1983 年实行市管县体制。

1985 年 1 月，中共茂名市茂南区委员会成立。建置茂南区，辖原茂名市郊区各镇。茂南区位于茂名市政治经济文化中心，是茂名市党政机关所在地。

四、中共茂南区第一次代表大会

1987 年 1 月 13 日至 16 日，中共茂南区第一次代表大会在茂南区政府礼堂召开。出席大会的代表 350 人。大会听取并审议中共茂南区委员会和纪律检查委员会工作报告；选举产生中共茂南区第一届委员会，委员 19 人；第一届委员会第一次全体会议选举产生中共茂南区常委会，常委 8 人；第一届委员会第一次常委会议选举产生茂南区委书记江国瑞和副书记 3 人。大会还选举产生第一届纪检会，委员 11 人，常委 5 人，内设 2 科 1 室，干部 6 人。

1988 年底，茂南区党委机关干部共 126 人。

五、深化改革，发展经济

1985 年设区初期，茂南农业基础薄弱，仅袂花、新坡镇等城郊的蔬菜种植稍有规模。工业企业很少，独立核心企业仅有 66 家，个体工业只有 745 户。建区时从市里划来一个糖厂，已属于规模较大的企业。茂南区委、区政府提出奋斗目标：不管困难多大，每年都要上 1~2 个有一定规模的工业项目，各经济部门、各镇及各街道办事处每年也要上 1~2 个中小型项目。

（一）社会主义建设先行先试阶段

在 1986 年 6 月 14 日召开的茂南区第一届人民代表大会第一次会议上，《政府工作报告》指出：农业方面，要充分利用茂南乡镇毗邻市区的优势，因地制宜，大力发展城郊型农业。工业方面，茂南地处中心城市，紧靠大厂矿、大企业，资源丰富，发展第二、第三产业具有得天独厚的优势。要充分发挥这一优势，抓好六大产业，促进城乡经济起飞。重点是：大力发展乡镇企业、大力发展街道企业、大力发展区办企业、大力发展建筑建材业、大力发展饲料和食品加工业。针对商业基础薄弱，流通滞后的情况，茂南区提出了"深化改革、搞活经济、服务城市、富裕农村"的战略方针，对当时经济发展起到促进作用。1986—1988年，茂南区生产总值增长率分别达 38.3%、28.5%、17.5%。其中农业增长率达 13.4%、21.2%、10.1%，工业增长率达 55.6%、28.6%、28.7%，第三产业增长率达 96.7%、28.5%、20.7%。1988 年，全区三大产业结构比例为 48∶26∶26。

1991 年茂南区适时制定了"工业立区，调整农业布局，大兴第三产业"经济发展战略，促进生产稳步发展。1991 年全区生产总值比 1990 年增长 13.5%。其中农业增长为 16.5%，工业增长

22.2%，第三产业增长 11.6%。

到 1992 年，茂南区经济取得了喜人的成绩：地区生产总值 6.36 亿元，比 1985 年增长 2.4 倍，年均增长 19.2%；农业总产值（1992 年价）1.32 亿元，比 1985 年增长 2.5 倍，年均增长 19.4%。农民人均纯收入 387 元，比 1978 年增长 2.1 倍，年均增长 17.8%。

（二）改革开放加速发展阶段

邓小平南方谈话后，改革开放目标的确立、各项改革措施的相继出台和对外开放的进一步扩大，为经济发展注入了新的活力。茂南区提出了"工业立区，建设城郊型农业，大兴第三产业"的经济发展战略。

1992—1994 年茂南区掀起第一轮工业化高潮。这三年全区生产总值增长率分别达到 27%、29.2%、23.8%。其中农业增长率达 22.1%、18.7%、12.1%，工业增长率达 84.6%、26.0%、29.1%，第三产业增长率达 34.1%、20.7%、41.6%。创下了 1987 年以来新的经济增长纪录。1994 年三大产业结构比例为 39.4∶32.6∶28.0。

受国家抑制通胀，收紧银根，严控固定资产投资规模等宏观调控政策影响，1995 年茂南区生产总值增长率回落到 12.3%，主要是靠第一产业增长 14.1% 和第三产业增长 18.8% 拉动，而工业仅增长 0.5%。1996—1997 年，茂南区按照"稳中求进，有效增长"的方针，全区生产总值增长率分别为 12.5%、16.9%，工业再次复苏，这两年工业增长率分别为 15.5% 和 24.5%。

受农村基金会风险和亚洲金融危机影响，1998—1999 年茂南区经济增长率再次回落。这两年全区生产总值增长率分别为 11.0% 和 9.8%。2000—2002 年茂南区以抓好工业化、农业产业化、城市化和信息化建设为主要任务，着重实施"工业立区"战略，发展环境持续向好，国民经济在结构调整中出现回升的良好势头，经济发展出现重要转机，逐步走出前几年持续徘徊的局面。这三年茂南区生产总值增长率分别为12.9%、13.6%、13.4%。2002年三大产业结构比例为26.9：31.0：42.1，第二、三产业比重明显上升。

2003—2005年茂南区把工业放在突出位置，着力推进服务业优化升级，该区又形成新一轮发展潮，经济迈入快速、良好的发展时期。这三年全区生产总值增长率分别为13.0%、14.5%、13.3%。分产业看，第一产业增长率达2.6%、42%、6.2%；第二产业增长率达16.5%、19.3%、19.0%，其中工业增长率达24.0%、22.1%、19.0%；第三产业增长率达16.9%、17.5%、12.5%。自2004年工业产业占全区生产总值比重首次超过第一产业后，第二产业表现出强劲的发展势头，标志着茂南区经济从此进入工业化前期。

2006年进一步推进以"强工、兴商、活农"为内核的"产业强区"建设，加快发展壮大区域经济，茂南区逐步走上稳定、持续、快速的发展轨道。2006—2012年全区生产总值增长率分别为13.6%、12.9%、11.0%、11.1%、17.6%、11.9%、18.9%。2008—2009年和2011年经济增长率虽然有所回落，但回落幅度不大，2010年和2012年经济增长率更是创出历史新高。经过20年的努力，茂南经济社会发展呈现可喜变化。

综合经济实力显著增强。全区生产总值从1985年的1.16亿元上升到2012年的163.52亿元，按可比价计算，增长51倍，年均增长15.7%。分产业看，2012年第一产业增加值18.01亿元，第二产业增加值70.05亿元，第三产业增加值75.46亿元，分别是1985年的10倍、116倍和111倍，年均分别增长8.8%、19.2%和19.1%。

农业生产稳步增长。茂南区根据区位优势，依托城市，大力调整农业结构，发展"三高"农业，建立水果、蔬菜、"三鸟"、淡水养殖等农业商品基地，加大"三农"支持保护力度，促进农林牧渔全面协调发展。到 2012 年，全区农林牧渔总产值从 1985 年的 1.32 亿元上升到 2012 年的 30.24 亿元，按可比价计算，增长 22 倍，年均增长 12.3%。

工业立区成绩斐然。1985 年全区工业总产值仅 0.45 亿元；1996 年全区工业总产值突破 10 亿元（达到 11.19 亿元），形成了工业的雏形；2000 年全区工业总产值突破 20 亿元（达到 23.65 亿元）。随着中国加入世贸组织，茂南区企业加快经济结构和产品结构的调整，加速改制、重组、联合、兼并的进程，进一步融入国际经济社会、更好地利用国际资源和国际市场优化资源的配置，全区工业迎来发展大机遇。2005 年全区工业总产值突破 50 亿元（达到 55.23 亿元）；2010 年全区工业总产值突破 100 亿元（达到 102.02 亿元）；到 2012 年全区工业总产值达到 170.58 亿元。

第三产业发展势头迅猛。工业化、城镇化进程逐年加快，有力地促进了茂南区第三产业的发展。经过历年的发展，全区三大产业结构不断优化，比重由 1985 年的 58.1∶20.2∶21.7 发展为 2012 年的 11.0∶42.8∶46.2。第一产业比重大幅下调了 47.1 个百分点，第二产业上升了 22.6 个百分点，第三产业上升了 24.5 个百分点，第三产业发展尤为迅猛。第三产业由 1985 年的 0.25 亿元，增长到 2012 年的 75.46 亿元，年均增长 19.1%。

固定资产投资快速增长。1993—2012 年茂南区全社会固定资产投资累计完成 249 亿元，年均增长 26.4%。

实际利用外资、外贸出口成绩喜人。茂南区充分利用区域优势，积极改善投资环境，积极引进外资和先进技术，积极发展外向型经济。1993—2012 年全区累计实际利用外资 7736 万美元；2012 年末，外贸出口总额达到 6362 万美元。

（三）改革开放奋力争先阶段

随着中国经济步入新常态，茂南区坚持稳中求进工作总基调，坚持新发展理念，坚持以提高发展质量和效益为中心，以推进供给侧结构性改革为主线，适度扩大总需求，加强预期引导，深化创新驱动，全面做好稳增长、促改革、调结构、惠民生、防风险各项工作，促进经济平稳健康发展和社会和谐稳定。

一是经济总量不断增加，综合实力再上新台阶。2017 年全区生产总值达到 305.57 亿元，按可比价计算，比 1985 年增长 86 倍，年均增长 15%。分产业看，2017 年第一产业增加值 27.72 亿元，第二产业增加值 107.01 亿元，第三产业增加值 170.84 亿元，分别是 1985 年的 10 倍、212 倍和 188 倍，年均分别增长 7.6%、18.2% 和 17.8%。全区财政总收入 29.77 亿元，是 1987 年的 158 倍，年均增长 19.1%。财政一般预算收入 6.66 亿元，是 1987 年的 71 倍，年均增长 15.8%。城镇居民人均可支配收入 28708 元，比 2012 年增加 10639 元，年均增长 9.7%；农村居民可支配收入 15778 元，比 2012 年增加 6128 元，年均增长 10.3%。

二是农业持续稳定发展，产业化水平不断提升。茂南区深入推进农业供给侧结构性改革，落实强农、惠农、富农政策，培育新型农业经营主体，加快发展现代农业，农村基础设施明显加强，农业产量稳步增加，特色优势农业不断壮大。2017 年农林牧渔总产值 47.83 亿元，是 1985 年的 36 倍，年均增长 11.9%。全区市级以上农业龙头企业发展到 26 家，其中省级 12 家（含国家级 1家）。农民专业合作社发展到 592 个，覆盖全区 161 个行政村（居）及部分自然村。其中，种植类 335 个，养殖类 188 个，农机类 18 个，种养类 51 个；国家级示范社 4 个，省级示范社 18 个，市级示范社 11 个。罗非鱼繁养殖业发达，是全国最大的罗非鱼种苗繁殖基地，是茂名罗非鱼"金三角"产业基地核心。

三是工业规模不断壮大，竞争力不断提高。茂南区坚持发展工业不动摇，积极推进工业园区建设，在传统优势行业中培育龙头骨干企业，在新兴行业中培育潜力大、产品科技含量高、成长性强的企业。2017 年全区工业实现总产值 315.32 亿元，比 1985 年增长 700 倍，年均增长 22.7%。

规模以上工业企业增多。1986 年茂南区规模以上工业企业只有 1 家，1996 年为 24 家，2012 年达到 86 家。到 2017 年末，全区规模以上工业企业发展到 135 家。

规模以上工业产值猛增。1998 年，该区规模以上工业总产值 3.91 亿元，2012 年为 85.92 亿元。到 2017 年末，全区规模以上工业总产值达到 214.37 亿元。2012—2017 年增加产值 128.45 亿元，增长 1.5 倍。占全区工业总产值比重由 1998 年的 23% 到 2012 年的 50%，到 2017 年的 68%，所占比重越来越大。

四是新形态产业催生，第三产业全面发展。茂南区人民收入不断提高，生活质量要求越来越高，对改善住房条件、优质的教育服务、完善的医疗条件有着急切的需要。全区第三产业经济发展达到了新的高度。2017 年，茂南区第三产业增加值达到 170.84 亿元。三大产业的比例发展为 9.1∶35.0∶55.9，与 2012 年相比，第一、第二产业分别下降 1.9、7.8 个百分点，第三产业上升 9.8 个百分点。社会消费品零售总额达到 454.75 亿元，是 1985 年社会消费品零售总额的 599 倍，年均增长 22.1%。由于生活条件越来越好，人们在物质需求满足的同时，对精神文明的追求越来越迫切，更加凸显了人们对美好生活的向往。

硕果累累 成就喜人

在中共中央、广东省委、茂名市委的坚强领导下，茂南区高举习近平新时代中国特色社会主义思想伟大旗帜，全面贯彻党的十九大和十九届二中、三中全会精神，全面贯彻落实习近平总书记系列重要讲话精神，坚持稳中求进工作总基调，统筹推进"五位一体"总体布局，协调推进"四个全面"战略布局，按照茂名市委"建设产业实力雄厚的现代化滨海城市，打造沿海经济带上的新增长极"总体目标要求，紧紧围绕建设"实力茂南、活力茂南、平安茂南、美丽茂南、人文茂南"的发展目标，积极融入粤港澳大湾区，全力打造茂名"首善之区"，全区经济社会各项事业取得新进步。2018 年，实现地区生产总值 340.76 亿元、固定资产投资 257.36 亿元、社会消费品零售总额 477.71 亿元、一般公共预算收入 9.13 亿元，分别比 2017 年增长 6.9%、5.6%、8.5%、9.5%。

一、经济实力持续提升

一是工业基础进一步夯实，园区经济不断壮大。逐步形成茂南石化工业园、茂南产业转移工业园、中科云粤西产业园、南方国际汽车产业园、高岭土产业园"五园"的发展格局，茂南产业转移工业园、茂南石化工业园、中科云粤西产业园纳入省级产业集聚地。

至 2017 年，茂南石化工业园首期 1500 亩土地已全部进驻项目，建成园区路网、管廊等基础设施，集中供热、污水处理厂等配套设施建成投入使用，新增工业项目 11 个，总投资 28.4 亿元。天源石化年产 10 万吨丙烯、大泽天年产 18 万吨脱蜡脱油、切割、精制联合装置、新华粤精细化工科技创新园等项目在抓紧建设，以期形成百亿石化产业集群。中科云粤西产业园累计收储土地 2240.77 亩，路网进一步完善，教育高地效应凸显，一批高科技型企业注册入园发展。茂南产业转移工业园建成路网 11 千米以及供电、供热、污水处理等一批基础设施，入园项目不断增加。军民融合产业园准备动工建设。启动高岭土产业园筹建工作，将重点整合高岭土开采、加工企业集聚发展。南方国际汽车产业园与深圳市汽车模具联合会签订战略合作框架协议。

二是农业产业化水平进一步提高。2018 年，现代农业提质增效，好心湖畔国家级田园综合体、茂南罗非鱼省级现代农业产业园落地建设。市级以上农业龙头企业、农民专业合作社分别发展到 29 家、608 个。完成农村土地承包经营权确权登记颁证工作。国家重点县级农产品检测站建成投入使用。农村集体"三资"管理交易平台实现区、镇、村三级全覆盖。采取有力措施严防非洲猪瘟。

三是现代服务业进一步发展。仓储物流、汽车销售、旅游等行业加快发展，建材、家具、服装等专业市场进一步壮大。至 2017 年，创建了茂南电商物流园，园区创业孵化基地获得国家级"众创空间"称号，进驻孵化项目 216 个。与阿里巴巴集团合作推进"农村淘宝"项目，建成农村淘宝茂南服务中心及 52 个村级服务站。2017 年，旅游业加快发展，成功举办粤桂（茂南—容县）旅游战略合作框架协议签约会，露天矿生态公园周边乡村旅游逐步兴起。2018 年，第三产业繁荣活跃，1959 南越文创街成为粤西地区首个南越文化主题的创意街区。外贸自主品牌产品出口额超过60%。住宿、餐饮等传统服务业持续繁荣，网络订餐、共享经济、物流配送等新业态新模式快速发展。

二、城乡布局持续优化

一是基础设施不断完善。至2016年茂化快线改线段建成通车，西部快线、环市西路、中科云大道、工业大道等在加快建设。升级改造城南路、金城东路、锦华路二街等一批道路。解决了官渡三四五路征地拆迁、广东石油化工学院扩建征地、油城二路铁路桥底水浸黑点改造、镇盛竹篙车石堤加固、沈海高速鳌头出入口开通等一批延续或搁置10多年的难题。完成茂名石化炼油厂卫生防护距离第一期第一批搬迁安置、愉园小学的征地拆迁任务。累计建设高标准基本农田7.73万亩，全面完成农村安全饮水工程、村村通自来水工程，实施中央小型农田水利重点县、水毁水利工程修复等一批水利工程项目，农业农村发展基础得到夯实。至2017年，西部快线、文明北路、大园三路、西粤南路、站前大道的征地拆迁顺利完成，环市西路扩建改造征地拆迁接近尾声。周坑大道、中科云大道接环市西路600米主路面以及露天矿生态公园环湖公路建成通车。工业大道准备动工建设。新建硬底化农村公路45.2千米。建设高标准基本农田1.75万亩。中小河流治理工程进入扫尾阶段，青年湖水库除险加固工程、中小河流治理重点县综合整治及水系连通项目全面开工建设。省级新农村示范片建设已投入资金4757万元。2018年，深茂铁路茂南段、西部快线、潘州大道、南排大道、中德大道、红旗北路延长线建成通车。西粤北路、高凉北路、复兴大道等征地任务如期完成。茂名火车站改扩建工程、茂化快线东延线、大园桥、省道S283线（原S291线）金山开发区至茂南公馆段路面改造工程等一批省、市重点交通基础项目顺利建设。科创路动工建设，大园西路征地拆迁加快推进，"十横十一纵"城市交通格局基本形成。新建精准扶贫农村公路20多千米。

二是城乡面貌日新月异。至2016年，站南片区完成发展单元控制性规划编制，建成一批高档商住小区，功能配套日趋完善。积极推进深茂铁路、茂名综合客运枢纽建设。西城片区基础设施建设全面启动，市五中、广东茂名幼儿师范专科学校、碧桂园、海印·森邻四季等项目已建成，广东石油化工学院西城校区、广东茂名农林科技职业学院征地拆迁已基本完成。东北五小区随着路网、公园等基础设施的完善，扩容提质步伐不断加快。城区面积达到80.89平方千米，常住人口城镇化率达66.82%。加快推进"三旧"改造及宜居和谐村（社区）建设，站前街道旧塘村"三旧"改造项目在全市率先完成，河东街道迎宾社区被评为"全国和谐社区建设示范社区"，新坡镇车田村被评为全国文明村，全区有10个社区被评为"广东省宜居社区"。新农村建设扎实推进，省级新农村示范片建设已投入资金4035万元；名村示范村建设累计投入1.52亿元，创建8个名村、28个示范村。至2017年，市区20条内街内巷改造完成15条，5条纳入城中村改造。站南片区茂名火车站南侧站房及广场征地拆迁加快推进，周边路网陆续开工建设。成功搬迁滨河北路花木市场，全面清理茂苍路、高山路、官南路及官渡市场、光华北路"三鸟"批发市场周边的乱搭乱建、占道经营等市容顽疾。2018年，形成了站南、羊角、西城、河东、河西5个片区城市发展格局。羊角片区多个商业及市政配套项目竣工或在建，健康产业园、疏港铁路等项目征地和棚户区改造加快推进。站南片区CBD建设步伐加快，茂名综合客运枢纽162户房屋清拆全部完成，学校、医院、道路等配套项目征地拆迁稳步推进，保利中环广场、城光世纪城、爱琴海购物公园等 10 多个城建项目落户建设，内街内巷升级改造全面动工。西城片区"科教绿城"雏形初显，广东茂名农林科技职业学院正式招生开学，广东石油化工学院西城校区一期主要建筑已封顶，广东茂名幼儿师范专科学校二期征地拆迁已完成，蓝光雍锦半岛、山湖海上城等房地产项目动工建设。河东片区发展日新月异，保利东湾、碧桂园柏丽郡等一批商住项目以及东江学堂、竹园小学等城市配套项目加快建设。

三、活力持续释放

一是各项改革扎实推进。至 2016 年，顺利实施简政强镇事权改革，较好地完成事业单位分类改革和法人治理结构试点工作。逐步深化行政审批制度改革，行政审批事项削减 41%。完成区政府部门、乡镇权责清单编制工作。建成标准统一、功能完善的区镇两级公共服务中心共 17 个、村（居）公共服务中心 207 个。区级网上办事大厅自 2013 年底建成运作以来，业务受理、办结量连年居全市前列。完成党政机关公务用车制度改革。扎实推进财政体制、商事制度、医药卫生体制等领域改革。至 2017 年，出台并推进供给侧结构性改革总体方案和 5 个行动计划。完成劳动保障监察、农业综合行政执法体制改革。积极推行"一门式、一网式"政府服务。全面落实"营改增"政策。持续深化商事制度改革，新登记企业 2081 家、个体户 4825 户。完成镇级权责清单编制。清理规范行政许可中介服务，取消 4 项非行政许可审批事项。2018 年，供给侧结构性改革稳步推进。"放管服"改革持续深化。完成 2018 年行政许可事项目录、权责清单修订和行政职权清理工作，取消、下放或调整事项 158 项。大力开展"减证便民"行动，取消证明事项 66 项。稳步推进机构改革。企事业单位车改走在全市前列，国有企业、事业单位分别实现节支率 29%、39%。

完成第四次全国经济普查单位清查工作，清查单位 16356 户、个体户 81602 户。

二是科技创新持续加强。至 2016 年，实施创新驱动发展战略，推动科技创新，建成 2 家省级农业科技创新中心、6 家市级工程技术研发中心，创建全市首个产业技术创新联盟——广东罗非鱼（茂名）产业技术创新联盟。全区有高新技术企业 12 家，占全市的 42.8%。专利申请量、授权量分别是"十一五"时期的 5.2 倍、3.9 倍，人均专利申请量、授权量稳居全市第一，获省、市科学技术奖数量居全市前列。至 2017 年，茂南电商物流园创业孵化基地、五谷创业村获批国家级"众创空间"。科技创新能力进一步提升，全区新增国家高新技术企业 14 家，新列入省高新技术企业培育库 11 家；申报省、市科技计划项目 12 项，已获得市立项 7 项；专利申请量 991 件、授权量 422 件，人均专利申请量和授权量位居全市各区（市）第一。2018 年，出台《支持企业建立研发机构暂行办法》。全区技改备案企业 35 家。组织企业申报省、市科技计划项目 15 项。新增高新技术企业 7 家、省工程技术研究中心 6 家。全区专利申请量 1411 件，授权量 856 件。

三是对外开放取得实效。至 2016 年，强化招商平台建设，成立深圳、东莞茂南商会，区工商联被认定为"广东省'五好'县级工商联"。围绕发展定位及产业特点，大力开展招商引资工作，推动企业开拓金融市场，茂名国旅、高瓷科技、长盈科技 3 家企业成功在新三板上市。促进区内金融机构健康发展，缓解部分中小微企业和"三农"贷款难问题。至 2017 年，招商引资网上线运行，吸引不少外地企业前来投资考察。2016 年新引进项目 26 个，投资总额 96.4 亿元。坚持内资外资同引，实际利用外资增长 65.2%。促进外贸回稳向好，外贸进出口总额 18.5 亿元，增长 5.2%。2018 年，正式挂牌成立区招商办，落实专职人员。成功举办全区招商引资大会、首届茂商大会（茂南），参加中国国际投资贸易洽谈、粤港经济交流、城市运营招商推介等大型招商活动。

四、生态质量持续上升

综合治理更加扎实。至 2016 年，全力开展小东江流域（茂南段）环境污染综合整治，共整改或取缔高耗能、高污染企业 157 家，完成减排治理的规模养殖场 255 家。推进绿化茂南大行动。全面实施"城乡清洁工程"，完成生活垃圾设施"一镇一站""一村一点"建设，中心城区基本实现环卫作业市场化。市绿能环保发电项目建成运营。区污水处理厂主体工程已完成，准备投入使用。金塘镇污水处理站在加快建设。至 2017 年，区污水处理厂和金塘镇污水处理站建成试运行。河东片区、站南片区部分区域环卫作业服务顺利推向市场。"城乡清洁工程"考核全市排名第一。加快淘汰落后产能，拆除 1 条造纸生产线、12 座落后炼钢中频炉。加强小东江流域（茂南段）综合治理，全面清理 36 家死灰复燃的非法皮革企业。以中央环保督察为契机，责令整改企业（养殖场）547 家，解决了一批环保突出问题。2018 年，污染防治坚定有力，中央环保督察"回头看"和省环保督察交办案件全部办结。完成工业河饮用水源保护区内全部 101 个违法建设项目及违法建筑整治。强力推进农业污染源治理，累计关闭禁养区内养殖场 367 家，禽畜养殖废弃物资源化利用率达 68%。加强固废危废监管。推进"散乱污"工业企业（场所）综合整治和锅炉污染整治工作。常态化开展城市扬尘、秸秆焚烧治理，市区空气质量稳居全省前三。扎实开展第二次全国污染源普查工作。完成重点行业企业用地土壤污染状况调查。茂名石化炼油厂卫生防护距离搬迁安置完成一期二批，拆除房屋约 3 万平方米；二期工作局面迅速打开，推进成效得到中央第五环保督察组充分肯定。生态环境持续优化，全面开展创建国家森林城市工作，推进2018年新一轮绿化大行动，建成省、市、区级乡村绿化、美化示范点26个，植树约7万株。加快彭村湖黄竹河综合治理与生态修复，完成首期人工湿地工程，环湖路、低埒河黑臭水体整治三期、彭村湖周边村庄生活污水收集处理工程加快建设。全面推行河长制、湖长制，各级河长累计巡河7000多人次，实现巡河、治水常态化。实施"一河一策"综合治理中小河流，累计投入1.97亿元，治理河道175.06千米。中小河流治理一期项目全部完成，二期已启动6个项目建设。城乡清洁工程取得扎实成效，城区垃圾日清运率、生活垃圾无害化处理率达到100%。"村收集、镇集中、区处理"的生活垃圾收集转运处理体系高效运转，村庄垃圾清运收费率达到95.33%。茂南区水质净化处理设施全区捆绑PPP项目即将动工建设。

五、民生保障日趋完善

茂南区不忘初心、牢记使命，抓重点、促改革、惠民生、防风险，全区公共财政预算总支出的约80%投向民生领域。全面落实五保、低保、医疗救助、残疾人等困难群众保障，全力促进各项民生目标任务落实。

落实政策、搭建平台，全面推进就业创业。多措并举促就业。落实更加积极的就业政策，推进各类群体充分就业，2018年共落实就业创业专项资金521.31万元，全区城镇新增就业人员6142人，失业人员实现再就业人数2008人，就业困难人员实现就业人数228人，新增农村劳动力就业转移人数8468人，全区农村劳动力转移培训人数4015人，新增吸纳本省劳动力人数6041人，促进创业人数352人，创业带动就业人数1351人，城镇登记失业率为 2.43%。大力开展就业扶贫。全面建立就业贫困户劳动力信息台账，为精准扶贫提供了基础条件。结合"民营企业招聘周"和"就业扶贫行动日"活动，分别在金塘镇、袂花镇、公馆镇等地举办了 9 场招聘会，现场达成就业意向人数约 830 人。2018 年，全区建档立卡有劳动能力的贫困人员共 4272 人，实现就业的贫困人员有 4267 人，其中区外就业 1119 人，区内就近就业 3148 人，就业率达 99.88%。积极开展技能培训。共组织劳动力技能晋升培训 1023 人。全区有劳动能力非在校的贫困人员应培训人数为 5475 人，一年培训人数为 5469 人，培训率 99.89%。

城乡统筹、完善机制，社会保障日趋完善。全面推进社保扩面征缴。2018 年度茂南区企业职工基本养老保险参保人数目标任务 7.05 万人，已参保 75737 人，参保率 107.38%；茂南区城乡居民养老保险参保人数为 25.81 万人，完成参保任务 105.34%；已完成缴费人数为 11.07 万人，完成缴费任务 104.63%。工伤保险参保人员为 4.47 万人，完成任务率 114.60%；失业保险参保人员为 3.47 万人，完成任务率 115.60%；生育保险参保人员为 3.66 万人，缴费人数为 3.48 万人，完成任务率 105.17%；做好征地社保资金分配工作。2018 年全区获批复的征地社保资金 1121.4 万元已全部分配完毕，完成率 100%。

六、医疗卫生事业跃上新台阶

中共十八大以来，茂南医疗卫生事业成就突出、跨越发展。2012—2018 年，卫生投入快速增长、结构优化，卫生资源显著增加，医疗服务总量大幅增加，群众看病难问题已经得到缓解，全区卫生工作跃上新台阶。

医疗服务能力显著提高。卫生机构日益健全，截至 2018 年 12 月底，全区共有医疗卫生机构 347 家，比 2012 年 274 家增加了

73 家。其中公立医院 3 家、公共卫生机构 3 家、镇卫生院 9 家、民营医院 5 家、社区卫生服务中心 10 家、社区卫生服务站 29 家、卫生站 172 家。医疗床位大幅增加，截至 2018 年 12 月，全区医疗机构床位 1596 张，与 2012 年末相比，医疗机构共增加床位 728 张，增长 83.87%。每千常住人口医疗机构床位由 2012 年的 2.28 张增加到 2018 年的 2.84 张。卫生人员大幅增加，截至 2018 年 11 月，全区卫生技术人员达 1615 人，比 2012 年增加 974 人，增长 151.95%。2018 年，全区 44.33% 的卫生技术人员拥有大专学历，人员素质明显提高。

基层医疗服务体系逐步完善。建区初期，茂南的医院硬件水平落后，设施差，极度缺少检查和治疗器械，药品短缺，能使用的治疗手段非常缺乏。通过 30 多年的发展，医疗卫生机构的软硬件水平都实现了质的飞跃，各种先进检查仪器都已经普及，医疗技术发生天翻地覆的变化，为人民的健康带来了新的希望。特别是党的十八大以来，该区医疗服务体系逐步完善，区、镇、村三级医疗机构硬件水平明显提高。2018 年，全区所有乡镇卫生院均已完成标准化主体建设。区人民医院改扩建、区中医院整体搬迁新建、区妇幼保健院新建和村卫生站规范化建设等重点基础建设项目正稳步推进。

医疗改革持续深化。2017 年 7 月 15 日，茂南区所有公立医院全面取消了药品加成，初步建立新的运行机制。全面推开医改以来，公立医院总体运行平稳，改革成效符合预期，基层医疗卫生机构门诊费用呈现下降趋势。同时又促进全区医疗技术服务水平得到提升，最终使群众获益。2018 年，共为群众减轻负担 828.6 万元。茂南区高度重视中医药传承和创新工作，全区所有乡镇卫生院和社区卫生服务中心均设立了中医馆，均能提供中医药服务。2018 年，中医馆门诊量 18.1137 万人次，住院量 8257 人次，业务收入共约2356.16万元。

稳步提升公共卫生服务水平。为了预防传染性疾病，茂南区进一步完善疾病预防控制体系，不断加强重大疾病防治、精神卫生和应急救治能力建设，强化基础免疫接种工作。全区法定传染病报告发病数总体逐年平稳下降，各种一类疫苗的接种率都达到国家要求的95%以上，有效控制了各类传染疾病的传播。茂南区针对人民群众最关心的健康问题和影响健康的危险因素，采取有效的干预措施和适当的卫生策略，努力提高全民健康水平。全区已建立电子健康档案76.72万多份，建档率78.09%。高血压、糖尿病规范管理率和严重精神障碍患者管理率、服药率等考核指标都达到国家、省和市要求。妇幼健康服务能力明显提升。强化产科质量建设，提升母婴健康水平，继续推进免费孕前优生健康检查、产前地贫防控项目和强化消除艾滋病、梅毒和乙肝母婴传播项目，巩固预防出生缺陷四道防线，推动全区妇幼保健事业稳步发展。截至2018年底，全区孕产妇早孕建册率90.8%，产前检查率98.9%，剖宫产率14.01%，机构内无孕产妇死亡病例；5岁以下儿童死亡率为0.22‰，婴儿死亡率0.22‰，无新生儿破伤风病例发生。

七、创建教育现代化先进区

至2018年底，茂南辖区内有中小学202所，其中普通完全高中6所，中等职业学校6所，初级中学13所，九年一贯制学校11所，小学168所（含教学点86个），民办小学4所，民办职业技术学校1所，幼儿园322所，特殊教育学校2所，在校中小学生169370人，全区中小学幼儿园在职教师16410人。广东石油化工学院、广东茂名农林科技职业学院、广东茂名幼儿师范专科学校、茂名开放大学4所高校傲居该区。博物馆、青少年宫、文化馆、图书馆、科普馆、美术馆、体育中心、老年大学、中小学生社会实践基地设置齐全。社区教育丰富着茂南教育，汇聚成茂南完善的现代化"大教育"。

1985年建区以来，在茂名市委、市政府的正确领导下，茂南历届区委、区政府始终把教育摆在优先发展的战略地位，茂南教育事业不断向前发展。1990年，实现义务教育学校"一无两有"工程；1992年，在茂名市率先通过义务教育"普九"达标县验收；1996年，通过全国"两基"验收；2006年，实施农村老区学校改造，成绩显著；2008年，实施中小学"校安工程"，全面消除中小学危房校舍；2012年，通过广东省普及发展高中阶段教育验收；2015年，全区100%镇创建成广东省教育强镇，同年底通过广东省教育强区验收；2016年，高标准通过全国义务教育发展均衡县检查认定。

创强促发展，推现勇争先，乘着教育"创强""创均"的东风，茂南区继续吹响了创建推进教育现代化先进区的号角。区委、区政府制定了《关于加快推进教育现代化的决定》以及《茂名市茂南区创建广东省教育现代化先进区实施方案》等系列文件，召开了全区创建广东省推进教育现代化先进区动员大会，区委书记李相亲自发布了创建广东省推进教育现代化先进区的总动员令。茂南加快迈入了"政府统筹、分类指导、内涵发展、质量提升"的推进教育现代化争先之路。

实施"强师兴教"工程，打造现代化的师资队伍。茂南努力采取措施打造现代化的师资队伍。加大师资培训力度，提高师资队伍整体素质。至2018年底，全区有广东省、茂名市名校长8名、名教师30名、名班主任28名，名师工作室21个，广东省新一轮"百千万人才培养工程"培养对象6名，2016年度中国创新型校长1名，广东省特级教师10名，南粤优秀教师5人，广东省乡村优秀教师3人，广东省优秀少先队辅导员4人，广东省优秀德育教师2人。全区幼儿园教师大专学历达标率73.33%，小学教师本科学历达标率79.82%，初中教师本科学历达标率93.46%，普通高中教师研究生或硕士学位以上比例达到13.09%，中职学校"双师型"教师比例占61.24%。

加大投入，各类教育协调优质发展。一是把学前教育纳入建设茂南"六个一"民生工程，全区实现学前教育全覆盖。二是义务教育优质均衡发展。近年来，城区投入15.5亿元，新建义务教育学校3所，增扩建校舍47万平方米，城区新增学位25700个，茂南区财政投入8亿元改善农村中小学办学条件，新建校舍19万平方米，改建及维修校舍11万平方米，新增学校用地面积18万平方米。三是实施高中学校提质工程。市财政投入9亿元，高质量完成茂名市一中搬迁建设，投入1.8亿元扩建市十六、十七中；茂南区财政投入3亿元搬迁市五中，投入1.2亿元扩建市四中、市十中。四是打造职业教育强区。截至2018年底辖区内有中等职业技术学校6所，全部为省级以上重点中职（技）学校，满足职业教育需要。五是加快协调区域内一本两专新校区建设，打造高等教育功能区。广东石油化工学院、广东茂名幼儿师范专科学校、广东茂名农林科技职业学院新校区同时在西城区建设。六是加快社区教育建设，构建完善和谐的国民教育体系。投入4000多万元建设区学生社会实践基地，投入3000多万元利用原市一小改扩建为区特殊教育学校，投入5700多万元新建茂南青少年活动中心，乡村社区文化、体育设施建设全面发展，覆盖率达100%。

加强教育信息化建设，以信息化推动教育现代化。茂南区投入近3亿元，安装计算机室197间，多媒体教学平台3293套，中小学录播室45间，智慧教室42间，利用互联网建立了茂南教育资源大数据平台、云平台、茂名市教育城域网、学籍管理系统、大数据学业测评系统、校园安全监控系统，各中学建立校园网站、教学管理系统等数字化校园平台。

内涵发展，全面促进教育治理能力现代化。全区 100% 学校实现章程管理，100% 学校实施督学挂牌制度，100% 学校建立了家长委员会，100% 学校聘请了法律顾问，100% 学校配备了法制副校长，学校法治管理显著增强。全区中小学办学目标明确、理念鲜明。学校"一训三风"建设加强。实施学校工作的精细化管理，形成了校训鲜明、校风好、教风正、学风优的良好局面。积极推进教育科研，全力打造课改新模式。近年来，茂南区立项课题共 285 项，其中省级以上立项课题 35 项（重点课题 4 项），市级立项课题 105 项（重点课题 34 项），区级立项课题 145 项，全区形成了浓厚的教育科研氛围，教育教学质量全面提高。

八、精准扶贫工作扎实有效

茂南区贯彻中共中央、广东省、茂名市关于打赢脱贫攻坚战的决策部署，在抓好建档立卡的基础上，狠抓责任落实、政策落实、工作落实，不断转变作风，深化精准施策，确保了全区脱贫攻坚工作顺利推进。至 2018 年底，全区有精准扶贫任务的行政村 162 个（其中省定贫困村 19 个），共有建档立卡贫困人口 6545 户 17274 人。据统计，2016 年、2017 年全区累计预脱贫 5222 户 12541 人，占总贫困人口 72.6%，贫困户脱贫增收成效明显。2018 年预脱贫 3305 人。

加强产业扶贫工作。该区根据实际，把产业发展作为重点工作来抓，通过"企业＋合作社＋基地＋农户"的模式，大力扶持贫困村、贫困户发展手工加工业，按政策规定支持群众参与光伏发电、乡村旅游、建设农贸市场、入股农业龙头企业等产业项目。2016 年开展精准扶贫工作以来，累计入库项目 116 个，审批下达的 94 个项目已全部实施，划拨使用 19507.7 万元。其中 2018 年 4 月中旬，该区投入统筹帮户资金 5500 多万元建设广东粤电镇盛农光互补项目，6 月 30 日完成并网运营并产生效益，平均每年能提供 9000 万千瓦时清洁电能，前三年年投资收益率 16.5%，四至二十年年投资收益率 16.25%，为全区 2980 户贫困户提供每户每年平均 3000 元的分红收益。至 2018 年底，全区在家务农的有劳动能力贫困户参加合作社并且有产业项目共有 932 户，参与率 99.79%。全区有劳动能力的非在校非务农贫困人口参加就业 4272 人，务工率 99.88%，达到就业一人脱贫一户的目标。

认真落实保障政策。2018 年全区 418 户贫困户危房改造任务全部完成改造，完工率为 100%；抓好基本医疗政策的落实，使大病救助率达到 100%；落实好贫困家庭学生困难补助政策，对 3818 名建档立卡贫困学生，落实生活费补助和免学费补助，落实率为 100%；全区对 4469 人落实无劳动能力贫困人口兜底政策，落实率为 100%；对符合条件的 8032 名贫困人员落实养老保险政策，落实率 100%；对 2190 名残疾贫困人员发放残疾人生活津贴、1628 名残疾人发放重度残疾补贴。

九、文化体育事业蓬勃发展

茂南区不断创新体制和机制，给文化产业注入活力，建立文化创业园，出台文化产业扶持政策，重视文化人才的培养。扶持体育产业，加快体育产业发展，搞活体育市场，引领体育消费，推动了区文化体育事业继续蓬勃地向前发展。

2017 年，全区共有文化产业经营单位约 150 家，从业人员 15000 多人，实现文化产业增加值约 1.5 亿元，约占全区生产总值的 3.1%，初步形成多元化的经营格局。全区印刷行业的总量和规模有所增长，有印刷企业 39 家，印刷从业人员 3000 多人，年工业产值 1.3 亿元；茂南区书报经营单位 20 家，书报刊发行从业人员 1000 人；有专业桃花粤剧团一个，有电影队 5 个，数字影剧院 5 家；共有歌舞娱乐场所 39 家，网吧、游戏室 57 家，这些场所每年为市区创造 1000 多万元的税收和 2000 多个就业岗位。

茂南区还结合有当地民族传统和特色的历史文化资源，建设文化旅游观光点 8 个，构建"茂南文化走廊"，打造"茂南文化之旅，开发好心茂南"的绿色生态游、文化休闲游、美食休闲游等路线。推进了露天矿生态公园、广东茂名森林公园、茂南区青年湖、鳌头古镇、鳌头古驿道、茂南区逸和生态旅游度假区、金塘牙象休闲生态园等生态旅游。每年还举办茂名龙舟赛等活动，吸引了周边地区和珠三角、港澳等地达 50 多万名游客前来观光度假，体验茂南好心文化旅游的乐趣。

茂南区共有 17 个文化站，镇街文化站面积 9936 平方米，广场面积 33080 平方米。建成综合性文化服务中心示范点 17 个、文体广场示范点 5 个。基层文化站（馆），文化室图书阅览室 265 个，电子阅览室 258 个，图书馆藏书 3 万多册，电子设备设施一批，文化站（馆）都有供开展各种文化活动的功能室；建有茂南区综合训练馆、区全民健身广场、福岭体育公园各一个。全区各镇建有全民健身广场 8 个，全民健身园 6 个。全区街道、居委会（社区）建有体育设施活动场所，覆盖率达 80%，镇级村委会体育设施全覆盖。全区 239 个村居综合文化服务中心建设实现了 100% 全覆盖。区文体旅游局每年不定期开展全民阅读活动和体育健身活动，满足了群众文化生活的需要，得到了社会的赞誉。

十、建设平安和谐茂南

茂南区坚持源头治理、系统治理、综合治理、依法治理，深入开展综治及平安创建工作，努力把全区建设成为社会和谐稳定、人民群众安居乐业的法治之区。

推进社会治安防控体系建设。茂南区高效地推动社会治安防控体系建设工作。一是推广建设"平安家居"智能安防系统。至2018年底，全区安装和整合社会视频摄像枪13000多支（联网摄像枪4221支），社会视频数量持续增加。其中"平安家居"网摄像枪10139支，"一村居"网摄像枪1527支。二是依托新兴网络开辟多通道情报平台。三是推进可视化合成作战平台建设。形成强大的打击合力，全方位整合公安、交通、商企、居民等散建视频监控资源，并安排专人对街面实施24小时巡查，一旦发现违法行为即迅速指令警力进行精确打击，大幅提升了侦查打击的效能。

全面推进"中心＋网格化＋信息化"建设工作。全区完成升级改造的综治中心5个，实行网格化的村（居）共239个，划分网格1503个，配备网格员1516人，配备综治e通手机终端1516台，综治信息系统覆盖镇街17个，镇级占比100%。至2018年底，该区扎实推进视联网建设，已完成全区18个点的链路的建设与连通，终端设备已经开始投入使用。

扎实推进"平安细胞"工程建设。全区为强化基层基础，重点建设"平安区域""平安市场""平安医院""平安校园""平安企业"等"平安细胞"典型示范点，不断提高"平安细胞"覆盖率，以此带动"平安细胞"创建活动全面推进。

大力推进"红袖章"工程建设。在全区范围内深入开展社会治安群防群治"红袖章"工程，初步形成了以派出所民警为主力、治安联防巡逻队为辅助、平安志愿者巡逻队伍为补充的巡防网络。区17个镇（街道、开发试验区）均建立"红袖章"平安志愿者队伍。共有"红袖章"平安志愿者23630名，参与巡逻19885人次，参与安全防控宣传9467人次，共向公安机关提供线索 540 条，协助抓获犯罪嫌疑人 142 名，破获各类案件 52 起，排查不稳定因素 855 起，化解矛盾纠纷 956 起。

进一步推进平安法治文化建设。一是开展美丽村（居）创建活动，按照"一村（居）一文化阵地"建设内容标准，在全区确定了 32 个重点创建美丽村（居）示范点，高山的章福、文秀，镇盛梅江、元亨，公馆埇坡，新坡车田等村（居）创建成效显著，举办了系列茂南特色文化、岭南优秀文化、安全知识防范教育的活动，平安文化创建氛围浓厚。2015 年，茂南区新坡镇车田村被评为"全国文明村"、茂南区检察院被评为"全国文明单位"。二是抓好"农家书屋"的建设工作，解决农民群众看书难的问题。为了解决广大群众读书难的问题，为构建农村和谐社会打好文化基础，茂南区实现了"农家书屋"全覆盖，每间书屋配套 1 个书架，120 册图书，进一步充实"农家书屋"的藏书量。此外，制定了管理制度，安排了开放时间，保证了农民群众的看书场所和时间，成为培养新型农民的"充电"场所。

开展矛盾纠纷排查调处工作。该区创新人民调解工作载体和方式，建立以村居、镇街、派出所为依托的群防群治防线，巩固以镇街综治维稳为中心，各职能部门配合的控制处置防线，把矛盾纠纷化解在源头、化解在基层、化解在萌芽状态。2018 年，全区各级人民调解组织调处矛盾纠纷 1566 宗，调解成功率达到 99%。全区上市进省进京上访总量明显减少。

严厉打击违法犯罪，确保社会长治久安。茂南坚持严打整治，全力开展各类专项打击行动，重拳打击黑恶势力及严重暴力性犯罪，打击涉黄赌违法犯罪活动，推动茂南治安形势持续向好。2018 年 1—11 月，刑事案件发案数持续下降，全区接报刑事警情 1525 起，同比 2017 年下降 36.61%，社会治安持续好转。

十一、实行全面从严治党

茂南区深入学习贯彻落实新时代党的建设总要求，推动全面从严治党向纵深发展。

从严抓好政治建设。茂南区始终把政治建设摆在首位，扎实推进"两学一做"学习教育常态化制度化，按照"三个第一"，认真学习贯彻习近平总书记视察广东重要讲话精神，区委常委带头学、带头讲、带头干，带头在区委常委会会议、区委理论学习中心组学习会上谈学习心得体会，带头到基层一线、所在支部进行宣讲，将全区各级党员干部思想和行动统一到中央、省委、市委的决策部署上来。全域推进全体党员学习培训，在全区239个村（社区）建立新时代讲习所，配备讲习人员1240人。2018年，举办讲习活动600多场次，覆盖干部群众2万多人。

从严抓好队伍建设。该区坚持党管干部原则，落实好干部标准，形成"重基层、重一线、重实绩"的选人用人导向。抓好"头雁"的队伍建设。2018年，共撤换调整村（社区）党组织书记7个，其中"四不"书记3个。选派挂任"第一书记"231人。同时，坚持多元实践锻炼，注重"练"与"用"的结合，把火热的实践作为最好的课堂，大力推进干部挂职锻炼工作，开展了"双向"挂职、扶贫挂职、村（社区）"第一书记"挂职、信访督查专员挂职、事业干部到镇街挂职等工作，让干部在多岗位的互动中经历多层次的政治历练。

从实抓好干部培训。该区坚持事业为上，靶向培训、多元实践，培育新时代需要的好干部，努力造就一支适应时代发展要求的高素质专业化干部队伍。党的十八大以来，全区共开展各类培训班2500多班次，培训干部18万多人次。每年还举办候任村（社区）干部岗前培训、入党积极分子培训和股级干部素质提升工程培训，开展"流动党校、驻镇夜学"活动。仅 2018 年，培训干部 2 万多人次。

从严抓好基层基础。茂南区压实党建工作责任，抓好各级党组织书记党建履职考核，建立问题清单，制定整改措施，责任到人，限时整改。大力开展"党建＋"品牌创建活动，切实加强基层党组织带头人队伍建设，持续精准靶向整顿软弱涣散村党组织。同时，坚持主动治理，大力解决基层治理源头问题，有效遏制农村土地"三乱"现象。推进全区基层公共服务平台硬件建设工作，至 2018 年底，共建成区公共服务中心 1 个，镇（街道、开发区）公共服务中心 17 个，全区 239 个村（社区）公共服务中心全部按"一厅四室"规范进行建设，全面完成全区基层公共服务平台建设任务，实现了基层公共服务全覆盖。

茂南区还积极探索基层党员服务群众新机制，全面铺开推行"党员联系户"制度，制订实施方案，明确党员"四帮一带"工作责任。至 2018 年底，"党员联系户"活动广泛开展，全区 17 个镇（街、开发区）9600 多名党员联系服务 38 万多群众，帮助解决困难和问题 11000 多宗，活动经验在全市推广。此外，驻点直联工作、党员先锋工程、基层基础保障工程等工作有序开展，为基层党组织发挥战斗堡垒作用注入强大动力。

从严抓好正风反腐。茂南区严格落实中央八项规定精神，进一步纠正"四风"，2018 年，发送廉洁过节提醒信息 1.6 万余条，查处违反中央八项规定精神案件线索 12 条，处分 4 人；查处"为官不为"案件 16 宗，处分 12 人。蹄疾步稳做好国家监察体制改革试点工作，顺利完成监察委挂牌、转隶、移交等工作。发挥巡察利剑作用，开展 3 轮常规巡察，配合市委开展 2 轮交叉巡察，对全区 19 个省定贫困村开展扶贫领域专项巡察。巡察共发现问题 161 个，移交问题线索 41 条，立案调查 2 人，政务处分 1 人，诚勉谈话 12 人。对提任、评先、评优的党员、领导干部进行廉政审核 453 人次，开展谈话提醒 1800 人次。始终保持反腐败压倒性态势，立案 52 宗，结案 51 宗，处分党员干部 49 人。

从严抓好意识形态工作。严格落实意识形态工作责任，2018 年，先后召开 8 次联席会议分析研判会，严控各类庆祝改革开放 40 周年活动，审批 3 起讲座，均无不当言论。切实守好互联网这个主阵地，开展"净网 2018 年"行动，上报删除有害信息 1280 条，收集、移送、上报处置网络舆情 230 条，打击整治网络谣言 5 宗。营造更加清朗的网络空间。

第四节 老区建设日新月异

　　茂名市委、市政府和茂南区委、区政府高度重视老区建设，取得累累硕果。一是老区危校改造建设工作。全区改造老区危校22所，新建建筑面积32693平方米，共投入资金1575万元。其中广东省投入600万元，茂名市投入60万元，茂南区政府投入620万元，各镇政府投入170万元，社会企业捐资125万元。改善了学校环境，使老师安心、学生用心、家长放心，学生学习成绩得到进一步提高，升学率较好。二是老区行政村通镇政府公路硬底化建设。总投入1876万元，使全区老区行政村通镇政府公路于2011年全部实现硬底化。三是解决老区群众安全饮水问题。争取各级政府投入2240万元，建起了自来水厂供水进村入户，使老区村庄群众饮上清洁自来水。四是改善镇级卫生院问题。总投资1684万多元，对公馆、鳌头、金塘、袂花四所卫生院进行改善，建筑面积10421平方米。于2011年底全部验收合格交付使用，改善了医疗环境，解决了老区群众看病难、看病贵问题。五是泥砖房改造建设。全区实施泥砖房改造投入资金4亿多元，改造面积达120多万平方米。其中属老区改造的泥砖房2107户8018人，茅草房2户7人，改善了农民居住条件，受到群众好评（数据未含羊角镇）。

一、服务老区人民

（一）加快老区建设

茂南区老促会于 1999 年 5 月正式成立，在历任领导柯永达、黎锐泰、彭国才的带领下，全体老促会干部兢兢业业，全心全意为老区人民服务。近年来，在茂南区委、区政府的正确领导下，在茂名市老促会的指导和各理事单位的大力支持下，茂南区老促会坚持以中央全会精神和习近平总书记关于扶持老区、加快老区建设的系列讲话精神为指导，深入贯彻落实《关于加大脱贫攻坚力度支持革命老区开发建设的指导意见》，积极发挥老促会的参谋、助手和桥梁、纽带作用，面向老区，服务老区，动员社会各界力量支持老区建设，为推进茂南老区建设发展作出了新的贡献。

（二）推进老区民生工程建设

为了做好茂南老区民生工程建设，提高老区村庄群众生活水平，茂南区老促会充分发挥舆论宣传、牵线搭桥、扶贫济困等作用，除老促会本身积极筹集资金支持老区民生工程建设外，还积极争取茂名市老促会的大力支持，并协调联系区老促会有关成员单位在争取政策、资金等方面支持茂南老区建设，同时发动老区群众筹集资金，合力解决老区群众饮水难行路难等问题。

解决老区群众饮水难问题。采取政府出一点、发动私营企业资助一点、群众自筹一点的办法，积极解决老区群众的饮水难问题。2014 年，茂南区老促会向茂名市老促会申请，获得市财政补助安全饮水资金 20 万元，支持金塘镇桥东田头屋村、公馆镇旧村、鳌头镇林道旺家山村、山阁镇烧酒村委会建设安全饮水工程，加强跟踪和督促，扎实推进工程实施。2015 年，为加快解决老区群众饮水难问题，茂南区老促会专门召开有关村委会党支部会议，要求尽快发动群众自筹配套资金，让群众早日饮上自来水。9 月，将安全饮水补助款 12 万元划给公馆镇旧村村委会用于延伸自来水管线施工，使马鞍岭、地龟岭等 5 个老区村 629 户 2210 人饮上了清洁水。2016 年，茂南区老促会多次深入金塘镇白土村委会的白土大村、新村、方田屋村进行调研，了解到仍有 550 户 2330 人尚未饮用上清洁自来水。为了解决白土老区群众饮水难的问题，茂南区老促会连续两年向茂名市老促会、茂名市政府写报告申请，茂名市老促会派员到实地调研落实，使该村委会获得 2016 年老区饮水安全工程市级财政奖补助资金 20 万元。2017 年，继续抓好这 3 个自然村的安全饮水工作，经过努力，将清洁自来水接到所有群众家中，解决了群众的安全饮水问题。2018 年，鳌头、袂花、镇盛、公馆等镇的民庆、油甘窝等 8 个自然村共获得茂名市财政奖补助资金 20 万元。羊角镇的大同、来龙村分别获得 10 万元和 12 万元。其中大同村的饮水工程已经完成，群众先后集资565 万元，将自来水管接到村民家中，13 个老区村庄 10300 人饮上了洁净自来水。

解决老区群众行路难问题。2014 年，茂南区老促会班子深入金塘镇文林村委会茂东坡老区村调研，发现该村道路是一条烂泥路，严重制约村经济发展，及时向茂名市、广东省老促会申请扶持资金 4 万元，修通村道。申请省交通运输厅补助资金 3.8 万元，修建新坡镇文冲口老区村 1.5 千米村道。2015 年 1 月，经过 7 个多月的紧张施工，投入 188 万元的烧酒危桥重建工程竣工通车，解决了山阁镇西部烧酒、金塘岭、霞池、合益 4 个老区村村民的行路难问题。区老促会多次到现场督促，协助解决施工难题，使已经延期 3 年的鳌头镇民庆村委会箣仔岭老区村道硬底化建设工程于 7 月底竣工。争取到省补助资金 4 万元，支持金塘镇文林村委会茂东坡老区村道硬底化建设。2016 年，组织有关人员，深入鳌头镇民庆村委会当群岭、公馆镇油甘窝村调研，并争取省交通运输厅每村 5 万元的老区扶贫基础项目补助款用于这 2 个老区的村道建设。从基金增值款中拿出 9 万元，分别扶持鳌头文运、镇盛茂山平垌村道硬底化建设。2017 年，继续抓好鳌头镇民庆村委会当群岭村、公馆镇油甘窝村委会、镇盛镇茂山村委会平垌村的村道硬底化建设，解决了这些老区村庄群众行路难的问题，获得了老区群众的好评。

（三）开展扶持老区"光明行动"

2016 年 11 月，茂南区老促会协助茂名市老促会开展为老区群众送"光明"的扶贫基础设施建设项目，投入 20 多万元在新坡镇关车村委会的主干村道 5 千米路段安装上 102 盏太阳能路灯，为 6 个老区村庄 5000 多名村民晚上出行提供了方便。2017 年，抓好"老区村道亮化"工程建设，投入 2 万元在茂南区高山镇文秀村委会安装路灯，为村民晚上出行提供方便，深受老区群众赞扬。

（四）做好奖学助学和扶贫济困工作

茂名市和茂南区老促会每年都千方百计筹集资金，对老区和农村青年升大学、升高职成绩优秀学生实行奖励，对家庭困难的烈士后裔进行助学。

奖学方面，2014—2017 年茂名市老促会奖励茂南区高考农村学生、老区村庄和高职优秀学生共 107 人，发奖学金 15.64 万元；茂南区老促会奖励老区村庄高考应届本科以上学生 100 人，发奖学金 10.2 万元。助学方面，2014—2018 年对革命烈士和五老人员后裔 59 人发助学金 6.35 万元。

2014—2018 年，茂名市、茂南区老促会共同出资，慰问茂名解放前牺牲的烈士遗孀 10 人次，发慰问金 2.85 万元；慰问烈属 94 户和五老人员 121 人次，发慰问金 17.7 万元；向家人长期患病的农村特困户及归侨 291 人，发救助金 18.92 万元。

2014—2017 年，协助茂名市老促会向茂南区 230 名单亲、孤

儿在校学生发助学金 13.92 万元。此外，还协助茂名市老促会向老区学校赠送 1.5 万元各类书籍，

（五）实施"科技兴果"工程

茂南区老促会在帮助老区农村发展经济方面，针对本地水果种植面积大，但经济效益不够好的问题，着重抓了"科技兴果"工程。紧密结合实际，采取"回缩间伐、换种改造、选种育苗、培训学习、示范推广、服务指导"举措，切实解决果农种果中遇到的实际问题，并多方争取政府和相关部门的支持，积极从外地引进新品种，认真调整品种结构，努力提高种果科技含量和管理水平，使老区广大果农年年增产增收减贫致富，取得了显著成绩，让老区农民走上了水果种植致富的幸福道路。

利用茂名市"科技兴果"扶持资金，引进外地大果鸡心黄皮、枇杷、无乳四季树菠萝、砂糖橘、百香果等果苗，先后在金塘五联引种大果鸡心黄皮，在山阁烧酒和金塘白土、桥东引种树菠萝，在镇盛那田引种砂糖橘，在袂花荔枝车引种黄金百香果等，丰富了市场水果品种，也带动了周边农民种果。其中位于镇盛那田的茂名市茂南区恒丰农场，2015 年 1 月从湛江吴川引回优质无核砂糖橘种苗种植，面积 90 亩，4500 多株，2018 年开始试产，平均株产 30 市斤，总产达 60 多吨。位于袂花荔枝车的茂名市茂南区鸿源种养专业合作社，2017 年 1 月承包土地 260 亩，2—5 月份引种黄金百香果 160 亩，2018 年把余下的 100 亩地全部种上黄金百香果。该社 260 亩黄金百香果，每斤果可卖 8～12 元，原来大片弃耕的农田变成黄金百香果园。预计到 2020 年，可带动周边农民种植黄金百香果 500 亩。

抓好技术培训，帮助果农增产增收。茂南区老促会经常聘请资深果树栽培农艺师在山阁禄村、金塘五联和茂名市区开展桂味荔枝暖冬促花技术、龙眼"正季早"促花技术和荔枝龙眼病虫害

防治技术的培训，较好地解决了果农迫切需要解决的技术热点难点问题。与茂名市老促会配合在山阁镇禄村、霞池、金塘岭、那际，镇盛镇那田、茂坡等老区村委会搞科学种果示范点，带动果农种果脱贫致富。2014 年来，争取茂名市扶助资金，在山阁镇金塘岭村委会的果场搞"正季早"储良广眼试验，实现了增产、增收，产品远销深圳、珠海、广州等地，带动了周边果农增收；通过采取更好的技术措施进行复壮改造，加强水、肥管理，成功帮助金塘镇南垫村果场的龙眼残园改造，取得了良好的经济效益。同时，带动了周边龙眼残园、密蔽园复壮改造 5000 ~ 10000 亩。

（六）做好"红色资源"的保护和利用工作

茂南区老促会积极争取各方支持，抓好革命烈士纪念馆、纪念碑的建设，对茂南红色资源进行保护利用。

茂名市老促会拨款各 2 万元，支持金塘镇白土村委会朱也赤纪念馆、茂南开发区杨绍栋烈士纪念墓碑、茂南区博物馆的建设，对茂南的"红色资源"进行保护利用。茂南区老促会多方筹措资金 8 万元扶持筹建山阁镇烧酒村委会革命起义纪念碑。支持协助建设鳌头革命史迹展览馆、高山镇章福村委会车头屋村革命纪念馆。充分利用革命遗址、遗迹的历史事件，对党员、干部、群众特别是青少年进行革命传统教育。鳌头革命史迹展览馆建成后，馆内有朱也赤及中共茂电信武工队郑奎等小水五烈士和李嘉、梁之模、郑金与梁月烈士等为抗日战争和解放战争英勇奋斗壮烈牺牲的事迹展出，被茂名市委宣传部、茂名市文明委命名为"茂名市爱国主义教育基地"，每天接待参观人员数十人，多则几百人。

为落实习近平总书记关于保护红色遗产、弘扬红色文化、传承红色基因的重要讲话精神，不断加强红色革命遗址保护建设和利用工作，2018 年，主要抓好高山镇革命历史纪念馆建设工作，该纪念馆已经建好地台。同时，继续抓好烧酒、霞池革命历史纪念馆的建设工作，争取工程早日完成。

（七）抓好自身建设和老区宣传工作

茂南区老促会是党和政府联系老区人民群众的纽带，是社会各界关心支持老区建设的桥梁。要打赢老区脱贫攻坚战，全面建成小康社会，必须不断加强老促会自身建设。茂南区老促会在思想上加深对打赢老区脱贫攻坚战的重要性、紧迫性和艰巨性的认识，进一步增强责任感；在组织上继续选拔年富力强、热心老区工作的干部充实队伍；在制度上进一步完善各项工作制度，提高工作效率和工作水平；在作风上以更加自觉的行动践行老区精神，勤奋敬业，遵纪守法，廉洁自律，全心全意为老区人民服务。以自身良好的形象，赢得党委、政府的信任和社会各界的支持。

茂南区老促会始终把弘扬老区精神、强化老区意识、帮扶老区发展作为出发点和落脚点，使全区各阶层老区意识不断增强，关注、支持老区的氛围逐步形成。一是做好订刊、用刊工作。征订《中国老区建设》《源流》杂志，赠送全区相关单位及镇、村委会、老区村的干部群众阅读，使各级、各部门利用这两个刊物平台，宣传老区历史、老区变化等，推动茂南老区工作开展。二是组织编写茂南老区革命书籍，使人们了解茂南的老区历史和老区人民作出的牺牲和贡献，大力弘扬老区精神。三是通过多种渠道加强老区宣传。加强与新闻媒体的联系，利用电视、网络等不定期地开展老区建设宣传。茂南区老促会组织文艺团体深入金塘文林、公馆油甘窝、镇盛联塘、新坡车田、袂花北斗、鳌头林道、山阁那际等老区村委会巡回演出，让老区人民了解茂南革命斗争历史，有 2 万多名群众、师生受到教育，弘扬了革命精神。

此外，茂南区老促会积极深入老区村庄调研，采取有力措施，助推老区精准扶贫工作和新农村建设。

二、市、区两级协力

（一）解决农村饮水难问题

新中国成立后，茂名市、茂南区两级政府，高度重视茂南农村饮水难问题，齐心协力解决茂南农村尤其是老区人民的饮水问题。

2000 年 4 月 21 日，茂南区鳌头镇关屋村通水那天，时任市委书记王兆林（左二）、市长邓维龙（右二）亲手拧开自来水闸时，老区群众一片欢腾

茂南区原辖 8 个镇，由于茂名油页岩的开采和加工，大量排放废水、废渣造成梅江严重污染，依靠梅江水的群众饮水十分困难，南北两大排土场堆积的废渣污水渗透到地下，污染周边村庄群众水井，严重影响群众健康和生活。羊角镇部分村庄属油页岩浅层地区，水质受严重污染。1994 年，镇盛镇乌石村群众给茂名市政府写了一封信说"村里祖祖辈辈靠梅江河挑水吃，现在河水变成油河不能饮用了，只能靠村中从红砂岩地层中挖出一口井供全村 1000 多人用，但红砂岩是不透水的，只靠表土层渗透一些

水，水量很小，村里人多，只好天未光就排队打水，因而发生跌伤的、打架的，希望市政府救救我们。"时任茂名市副市长邓刚第二天就和市环保局等部门去调查，接着又走遍了茂南区受污染的村庄，实地了解，认为涉及10多万人的饮水问题，十分严重，必须下决心尽快解决并采取两大措施：一是科学论证供水方案。在多个方案中经过反复研究，采纳时任自来水公司经理陈晃新提出的新坡、高山、公馆、金塘4个镇受污染村庄，由自来水公司扩大管网供水；镇盛、鳌头各建一个自来水厂。从天安、洪山两个村庄开始铺设自来水管网，这两个村水压很高，技术上完全可靠，通水那天，群众欢天喜地，舞狮放炮、请客吃饭庆祝。时任茂名市人大常委会主任赖鸿维等与村干部座谈，问他们有什么要求，他们说因为饮水困难，许多男青年谈婚谈不成，请在报纸、广播上宣传说该村饮上自来水啦！后来，真的来村里谈婚的人多了。接下来，茂名市、茂南区有关领导到镇盛为自来水厂选址，建议在黑石岭（从工业支渠提水）建自来水厂，日产6000吨。实践证明，在当时技术和资金比较困难的情况下采用自来水供水方案，一步到位，是个正确决策。陈晃新从提建议到设计、施工、全程参与，作出了贡献。二是千方百计筹集资金。当时茂名市财力较薄弱，经茂名市政府办公会议讨论决定从排污企业、城市维护费、排污费三方面筹措资金。但市政府和大企业商议时，其主要领导说是"以治理污染为名，勒索企业"。为此，由柯永达等茂名市人大代表于1986年3月在市人大五届四次会议上提出了《解决市郊新坡、彭村等区乡人民生活用水及环境污染案》。议案通过后，筹集资金720万元，于1998年春节镇盛水厂和由茂名市自来水公司供水的村庄的管网建成，8万饮水受污染的群众饮上清洁自来水。接下来，茂名市政府又筹集资金建成日产2000吨的鳌头自来水厂，解决1万多人饮水安全问题。2000年1月《茂名日报》报道鳌头镇塘扎村委会老区村庄关屋村饮水困难，市领导组织有关人员研究拟打井解决。茂名市老促会、茂南区老促会领导深入关屋村进行调研，认为关屋村一带的地质结构是红砂岩，没有含水层，解决不了问题，提出按原规划以鳌头水厂供水解决并建设从水厂经鳌头大桥、飞马大桥至镇河东片两条主管线，解决几个村委会饮水问题。关屋村供水工程于 4 月 21 日建成通水，群众兴高采烈，搭牌楼庆贺通水，茂名市当时的主要领导王兆林、邓维龙等参加庆典。关屋村全体村民向市委、市政府写来了《饮水不忘挖井人，关屋人民感谢党》的感谢信。2002 年以后，因北排土场渗透水污染水源，茂南区尚有山阁镇金塘岭、霞池、禄村 3 个村 7000 人饮水困难。2008 年为解决农村饮水安全问题，水务部门决定建设山阁镇自来水厂，根据茂名市老促会建议，市委办出面协调由茂石化公司拨款 250 万元，市环保局安排 100 万元，由茂南区水务局负责，将水管安装至每户的屋边，于 2010 年 12 月建成通水。羊角镇是人口大镇，市管县以来，茂名市政府首先帮助该镇建设自来水厂，解决圩镇及周边村饮水问题。贡献大、牺牲大的老区爱群、山和、田心、横岭 4 个村，由于地处油页岩的浅层地带，地下水受到严重污染，井水不能饮，癌症多发，征兵合格率极低。群众平时要到小东江拉水吃，富裕一点的人买矿泉水做饭做菜。1991 年 11 月广东省老促会、广东省新闻工作者协会组织的"南粤老区行"采访活动，报道了羊角镇群众饮用受污染的页岩井水。广东省人大常委会主任、省老促会理事长罗天十分关心，经他穿针引线，广州市水质净化公司赠送了两台组合式净水器给横岭村委会佛子窿村。1993 年 5 月 6 日罗天参加剪彩活动，并对市、县、镇和老促会领导说："解放 40 多年了，老区人民饮水仍如此困难，我们对不起为中国人民解放事业作出重要贡献的老区人民啊！大家一定要千方百计解决老区人民饮水问题。"与会干部深受教育。要解决这 4 个村 1 万多人的饮水问题，也需解决供水方案和资金筹集问题。关于供水方案，羊角自来水厂供水量小、水压低，不可行，小型水质净化装置由于适合饮用的地下水难找，难以广泛应用，也不可行。经论证决定，由茂名市自来水厂管网供水，爱群村由于在市区旁，由城区管网直接供水；其他村由市自来水公司在高水公路附近主管安装一条干管到山和村附近，首先于 2006 年春节向山和村供水，共投入 200 多万元。接下来，茂名市政府主要领导在田心村委会调研，决定由市政府投入 140 万元，加上各方面投入共 250 万元，全面解决这片老区村庄饮水问题，圆了老区人民饮清洁自来水之梦。

党的十八大以来，以习近平同志为核心的党中央十分重视革命老区建设，加大力度，加大投入解决民生中最为重要的饮水难、饮水安全问题，实施"饮水安全""村村通自来水"工程。茂南区纳入广东省第一批村村通自来水计划，老区村和所有村庄都接通了自来水。

附　录

附录一 革命遗址

一、烧酒起义遗址

1945 年 2 月 18 日，车振伦、刘炳燊在山阁烧酒村宣布茂南武装起义，正式成立南路人民抗日解放军茂南大队。

1945 年茂南大队在崇礼小学树下宣布起义的旧址

部队取水饮用的古井

烧酒抗日武装起义旧址碑志

二、茂名县人民政府旧址

1949 年 10 月，经上级批准，在茂名县文团乡第二保迳谷岭村（今属金塘镇白土村委会），宣布茂名县人民政府成立，梁昌东为县长，周梦吉、熊夏武为副县长，发布了《告茂名县各界人士书》。11 月 2 日，在中共茂名县委书记龙思云、县长梁昌东率领下，从白土出发进入高州城，接管政权。

茂名县人民政府旧址

茂名县人民政府旧址碑志

三、簕仔岭战场旧址

该址位于鳌头镇东南面的民庆簕仔岭，地处茂电交界的山旮旯，左邻谷仓岭，右依覃关岭，背靠后坑岭，三座山岭，地形险要，竹林树木连片，道路崎岖。1947年4月7日，茂电信独立大队和飞马、覃巴武工队在飞马祠堂会师时被600多敌人发现包围。游击队指战员们毫不畏惧，英勇杀敌，并成功突围而出。簕仔岭一战，历时14个小时，敌军冲锋了8次均被击退，在战斗中，共打死打伤敌人10多人。

簕仔岭战场旧址

部分曾参加簕仔岭战斗的老游击战士参加巡游

四、田心李氏宗祠

李氏宗祠旧址

重建后的李氏宗祠

田心李氏宗祠曾是中共羊角支部研究部署革命斗争工作的会址之一。

五、那际老屋

那际老屋

1940年，羊角党支部书记李延年到那际一带开展革命活动。游击队常在那际这座百年老屋隐蔽，研究部署革命斗争工作。

六、白土小学

1905年，以白土朱氏二世祖祠建立肇南小学。大革命时期，在此挂牌成立乡农民协会。1946年，地下党员冯柱朝在该校秘密开展革命活动，先后向校长推荐了茂师的同学、共产党员李匡一和许俊文当教师。1947年下半年，经组织安排，由冯柱朝介绍共产党员苏克、吴国华来校任教。他们在该校开展革命活动，不断扩大革命队伍。1948年8月，国民党当局撤掉朱耀荣的校长职务，大部分老师也同时被撤换，肇南小学革命活动的据点被迫撤销。1949年10月下旬，地下党在茂南地区文田乡公开露面和开展活动，茂名县第一面五星红旗在肇南小学升起。茂名解放后，肇南小学改名为白土小学。

白土小学旧址

七、汝嘉小学

汝嘉小学创办于 1933 年春。1941 年，共产党员柯荣萱取得学校领导权。1942 年秋，进步青年李福全担任校长，梁平为该校

合水老游击战士 2000 年回汝嘉小学欢聚合影

党组织的负责人。1943 年夏，由汝嘉小学发起，组织了一次五校联合赴高州城宣传活动，焕发抗日救国的革命精神。1944 年秋，柯日轮等一批地下党员到汝嘉小学任教，开展抗日宣传活动，创办青年补习班、妇女识字夜校，壮大革命力量。同年冬，以汝嘉小学教师为骨干，组织了一支 25 人的游击中队。1947 年春，柯乙福接任校长。1948 年，交由柯亨元负责，以此为据点，为迎接解放做了大量工作。1947 年至 1949 年间，学校在茂电信地工委副书记林其材的主持下，在汝嘉小学成立中共茂东南区工委，后成立合水党支部。据不完全统计，该校老、新学生中，参加共产党的有 18 人，参加新民主主义青年团的有 14 人。其中离休后享受厅级待遇 2 人，处级待遇 13 人。

八、浴德小学

大革命时期，农协南路办事处总干事、国民党茂名县党部负责人，中共茂名县支部书记朱也赤等到高山等地开展革命活动，发动农民组织农会闹革命，农会会址便设在该校内。1942 年，共产党员柯日轮以该校为基地开展革命工作。1944年，共产党员柯荣萱、罗淑英、龙中夏和游击小组成员柯捷才等在该校任教，开展抗日救国

浴德小学新址

宣传活动，组织游击队伍，进行武装斗争。1948 年，地下党派进步青年唐淑贞到该校任教，同时做学生和群众的思想工作，掩护党的地下工作，开展革命活动。

九、群德小学

群德小学创办于 1932 年，原址为梁氏宗祠。1939 年秋，中共党员、坡头村青年梁恩波回村从事革命活动，并介绍该村青年梁道亮加入中国共产党。1940 年秋，梁道亮受党组织委派，回坡头村群德小学任教。他以学校为阵地，经常向学生灌输进步思想，宣传党的抗日救国主张，帮助和

群德小学新址

引导梁础基、梁元谷等一批青年走上了革命道路。为巩固和扩大群德小学这块革命阵地，梁恩波、梁道亮等在村民和校董的支持下，扩大办学规模，招收穷苦家庭的子弟和女童入学读书。其间，共产党员梁惠珍、李晖雅、罗志坚及先进教师陈荣辉、钟达夫等先后受聘于群德小学，党组织得到进一步壮大和发展。梁道亮等以群德小学为中心，在坡头村及周边村庄组织农民夜校、妇女识字班、武术馆等群众性抗日救亡团体，向农民群众宣传党的抗日救亡的主张，发动农民参加革命。

十、飞马小学

飞马小学始建于 1939 年，旧址为飞马三房七世存志公祠，由时任广东省建设厅厅长郑丰筹建。教师多是抗日救国学生队队员。在飞马地下党组织负责人陈醒吾、郑奎、李嘉等领导下，开展大规模的抗日救亡宣传活动，教育群众，培养学生的革命思想，不少学生成为飞马乡的抗日宣传队、儿童团、民众夜校的骨干分子。

1941 年，飞马革命领导人郑奎组织抗日游击队伍，学校教师李展莉、罗远芳、潘伟德参加，其他师生继续开展各项革命宣传活动，动员群众起来参加革命，飞马群众的革命思想得到很大的提高，革命热情空前高涨。

飞马小学新址

十一、其他革命遗址

位于鳌头镇北淦村委会的榕树林，已生长数百年，树木茂密，紧靠袂花江，与飞马一河之隔，便于隐匿和行动，吴氏宗祠即建于林内。茂名解放前，这里曾是飞马武工队的活动场所，"文化大革命"期间吴氏宗祠被拆除。

1945 年，共产党员陈擎天组织游击队、群众开展大规模的反对苛抽糖镖税斗争并取得胜利。其指挥部设在今袂花镇荔枝车小学。

榕树林

抗税指挥部旧址（今袂花镇荔枝车小学）

1943 年，镇盛环江村委会
下车村地下党人吴均在元岭村的
琼斋书院建立地下交通站，后又
成立游击小组，开展革命活动。

琼斋书院旧址

1944 年，茂南党组织主要
负责人罗秋云、钟正书到金塘南
塘一带开展游击活动，并在南塘
村建立交通联络站。

南塘村游击队的交通联络站旧址

纪念场馆

朱也赤纪念馆

学生在朱也赤纪念馆内宣誓

朱也赤英勇就义之地——高州东门岭

公馆镇革命烈士纪念碑

　　鳌头革命史迹展览馆，位于圩镇南面，建筑面积300多平方米，是茂名市茂南区爱国主义教育基地。展览馆内分别设：抗日救亡、飞马武装起义、武工队领导机关、武工队作战指挥部、簕仔岭战斗、武工队疗养所、革命英雄树、解放鳌头等八个展区。整个展览馆运用现代声、光、电、投影，以及模型、沙盘、石膏水泥塑像、壁画、仿真环境等形式，栩栩如生地展现在抗日战争和解放战争年代，中共茂电信武工队在以飞马为中心的革命根据地，前赴后继，为中国人民的解放事业抛头颅、洒热血，用鲜血和生命谱写的一部气势磅礴的革命史诗。此外，馆内还陈列有烈士血衣和革命英雄树等一批珍贵革命文物。

武工队领导机关旧址塑像

武工队作战指挥部旧址塑像

　　武工队领导机关旧址为革命烈士、飞马党支部书记郑奎祖屋，坐落在飞马婆氹村，是一座一搭两臂，坐北向南，走西横门的砖瓦木结构房屋，在横门上，还有20多平方米的木板密楼阁。

1949年农历九月初九，郑凌华率领中国人民解放军十四团第三营解放鳌头的塑像　　**239**

武工队作战指挥部旧址是革命烈士、飞马武工队队长郑金的祖屋，坐落在飞马姓胡村，是一座坐南向北的泥砖草房，曾是茂电信独立大队的作战指挥部。

交通站疗养所旧址塑像

交通站疗养所旧址——北淦村祠堂曾是武工队交通站、武工队疗养所旧址，坐落在古镇东边的北淦村，建于清朝乾隆年间，祠内设有庆武堂武馆，祠堂外广场是练武场地。

革命英雄树旧址在鳌头古镇内圩头。1947年，飞马武工队队长郑金为营救被捕战友时，惨遭敌人埋伏杀害，随后敌人又残酷地割下他的首级拿到该榕树上示众。

革命英雄树旧址塑像

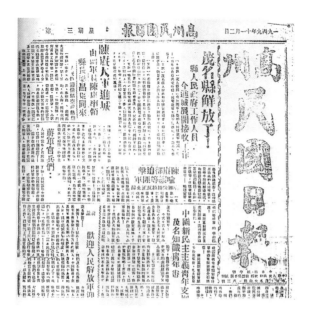

《高州民国日报》关于茂名县解放的报道

《高州民国日报》发布的《告茂名县各界人士书》

中共中央巡视员
毅宇给中央的报告

——关于广东各地党组织、宣传、群运情况*

（一九二八年十二月三十一日）

中央：

前上一信，想已收到，兹乘交通之便，作此简单报告：

1. 南路广州湾机关被破坏，黄平民、朱也赤等十余被屠杀，吕品（省委巡视员）由危险中逃出返港。各县工作，尚未十分受影响，又化县、廉江、遂溪、茂名等①五县工作尚佳，各县可自己维持党部费用，绝不会因省委津贴减少而影响到工作（南路同志这样说的）。省委已派人去恢复五县关系，接收到后再派正式巡视员去。

2. 东江有报告来省委，C,Y,特委同志陈回来港报告，现已返东江。东江开过一次特委临时会

①派文如此。

447

议，重要县份有人来参加，结果甚好，同志均兴奋。有个同志说，"我从来没有参加过这样的会议，这才是C,P,的会议"。故请求改命令主义的遗毒最深，一般同志对特委（彭湃时代）极不满意且不信仰。丰顺工作最好，有组织的农民群众约万余人，兵士极动摇，敌军兵士逃到我们这里来的共有四次了。第三党以福建漳州为大本营，有学校，在张贞（在汪派影响之下）的保护之下，尚恍乎一番发展，向民众宣传说"C,P,没有红军了，做不成功，我们（指第三党）有军队呀！"汕头工作已找到一点线索，发展了十数店员同志，并有店员的群众组织，谷良同志已去了，担任汕头工作，东江经费无问题。工作照前次信进行，补加了一些新决定（有信寄兄处，兹不赘述）。

3. 北江数日内代表大会，朱、毛处有人到北江接头。我已要他来香港，转赴申，望兄处对朱、毛问题有一详细的决定，由他带返去。

4. 最近香港工人的自发斗争极多，已有数十起，但工作中有下列的坏现象：（1）向"慕家"要求的和平请愿运动（各邮政、铁路）；（2）群众恐慌，不要"上当"（怕与我们接近，各织造

448

厂），（3）党不起作用，在此次表现非常清楚，原理甚缺乏。现在我们已加紧工作，着重这一次香港罢工联合，结果很好，决定了许多办法，比发动动与做斗自发的分争手续。拿斗争中渡过斗争基础与革命工作，制止的改变工作方法（命令主义）。省委经常派人参加五县工作，并纠正以前，九区很小，九江水桥，西江柴槁，全是世界此分据，九区问各无比，香港工代会开过一次会议，二十余工会，结果还很好，一般代表不尽考查，互相间各工会情形，彼此间有方法的工作，将会议通过达到一般工人群众中去，目前决定以铁路（商未正式接到关系）、邮政（已改关系）与九区组织广为中心工作，全息发行《工人消息》日刊。

5. 广州工作进展，最近被查在街上被捕，不单就好。

6. 机关开一月四日开会，代表二十余同志，已开过周目的决议要讨论会了（讨论完了，决议就在起草中）。

7. 广西需要破到港，未会列，此同现无法派人去找他们，要等他们的交通来后才能找他们开

449

扩大会议。

8. 巡视员都快要逃来了（周须年已返），返后再详细考察与决定工作，不赘述。

9. 省委工作仍做，可由应付得将到讨论各种工作了，最近对政治问题等讨论，由将到开会后讨论结果反坏，一方面是因为国际情形太不懂，因另一方面是中央通告太久了，包办的"晚会"太多了，我觉得以后中央通告要简明和白，大忘了各党实要问题讨论，传达到支部更是鬼话了。

10. 省宣传工作越过等于停顿，石焕是主要员，图县越要表复提纲（因为听说石去做人来讨论）。中央应为多读，将提纲补正后派洲工作，现在在整理中，省委要我帮对负责，因此，天彭兄我还是不能再此了。请批准！

11. 训练班训成绩非常好，第一批明日完，第二期即开办，由东江调八人来港上课，之后要各地派人来，继续办下去，经费已筹一千元（省委350，金总南方办事处350，济难会300——他们做人来党训练）。

12. 印刷同周极困难，油印刊物工人不愿意者，而且怕看（油印刊物即是共产党的），因此，在广

450

东办一小印刷局，根必要，约需要1,000元以上，望中央能给500元，此外可在此间设法。

13. 骑香子芬，C,Y,矿大会一月十五日开，经费速汇来，望C,Y,望已即返。

总之，广东的客观情形系革命潮流迅速向前发展的，但是反动势力的进攻亦日益剧烈，因党本身的弱点太多，此为极大之缺点，加以群众要数量的滑弱，党的宣传的很少，使我们不能战胜一切困难也。

我们的工作忙极了，平均每日要参加三个会，现上则九区要参加支部工作很有兴趣，但望中兄星早加指导，是所至持！

毅宇

31/12.28

1928年完了。①

①译文如此。

451

中共中央巡视员毅宇就南路革命情况给中央的报告

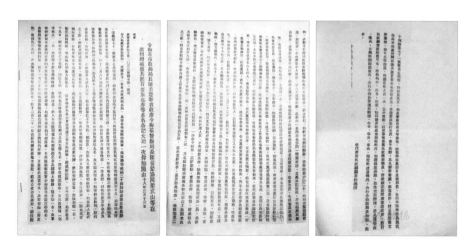

有关中共南路特委机关被破坏经过的民国广东省政府档案

《高州民国日报》上刊登关于朱也赤领导怀乡暴
动的报道

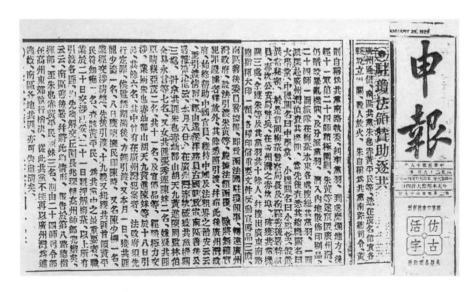

《申报》关于南路共产党人朱也赤、黄平民被杀害的报道

大事记

1922 年

5 月，朱也赤在广东高等师范读书时加入中国社会主义青年团。朱也赤在广州读书期间加入中国共产党并以个人身份加入国民党，后回家乡传播马列主义，宣传中国共产党政策主张。

1925 年

冬，受中共广东区委派遣，朱也赤回茂名县领导革命工作，发展中共党员、改组国民党，拉开了中国共产党领导茂名县革命工作的序幕。

1926 年

年初，中共党员杨绍栋由党组织安排回茂名县从事革命工作。

3 月，国民党茂名县党部改选，朱也赤任执委会常务委员（即负责人，后称书记长）。

3 月下旬，在电白县农民协会领导下，羊角农民协会成立，开展农民运动。

春，朱也赤在公馆圩创办平民学校，地址设在同善社，朱也赤任校长，杨绍栋任教导主任，学校分 8 个班，学员 400 多人，农民子弟免费入校读书。

4月，茂南区农民协会筹备处成立，下设军事部、宣传部、仲裁部、财粮部。

5月，中共茂名县支部成立，朱也赤任书记，委员有杨绍栋、毛次奇、关耀南、梁泽庵、梁列楷。同月，朱也赤回茂南发展朱明绍、朱祖武、朱维茂、朱兴民、朱绍礼等人加入中国共产党，在白土村成立党组织，集中活动地点设在金塘白土朱明绍家里。

6月，茂名县农民协会筹备委员会成立，朱也赤任主任。

夏，朱也赤任农协南路办事处总干事，杨绍栋任国民党茂名县第三区（公馆）分部主任、茂南农民运动特派员。在中共茂名县支部、县农协领导下，茂南农民运动、学生运动迅猛发展。

秋，茂南中学建立共青团支部，潘襟江任书记，张汝庚任副书记。以学运协助农运。

10月，朱也赤领导茂南中学开展反贪官斗争并取得胜利，茂南区长张耀垣被撤职。

1927 年

4月18日，反动当局包围高州南皋学舍，暴力"清党"，时任中共南路地委、农协南路办事处负责人朱也赤指挥机关和队伍撤到广州湾转入秘密斗争。茂南有朱也赤、杨绍栋、刘蜀虎、潘襟江、张汝庚等多名共产党骨干被反动当局悬红通缉，茂南陷入白色恐怖之中。

5月，朱也赤在广州湾主持召开南路党团紧急会议和南路农民代表会议，成立南路农民革命委员会，朱也赤任主任，陈信材任副主任。委员还有杨枝水、黄广渊、梁文琰、刘傅骐。

秋，车振伦在公馆圩重建共青团茂南中学支部，任命柯义行为校团支部书记。

8月，成立中共南路特委，彭中英任书记，南路农民革命委员会撤销。

12 月，朱也赤、罗克明在怀乡组织发动起义，朱也赤任广东省信宜县国民革命军司令。

1928 年

春夏间，朱也赤在茂南从事恢复党组织和农会工作。

10 月，共产党员杨绍栋被捕后遭到杀害。

12 月，由于叛徒梁超群告密，广州湾中共南路特委及下设机关接连被破坏，书记黄平民和朱也赤等 18 人不幸被捕。

12 月 23 日，朱也赤、黄平民在高州壮烈牺牲。

1929 年

1 月 29 日，上海《申报》报道共产党南路总指挥朱也赤、书记黄平民在高州城东郊被枪杀消息，宣称"南区共党已告肃清"。中共中央巡视员毅宇巡视南路将黄平民、朱也赤牺牲及南路严峻形势向中共中央报告。之后，中共茂南基层组织也遭受敌人严重破坏，中断活动近 10 年。

1938 年

冬，中共西南特委选择具有爱国传统的飞马乡为抗日救国主要基地，将当地进步青年郑奎、李嘉作为党的教育培养对象。飞马掀起抗日救亡运动热潮。

1939 年

3 月，中共广东省委派周楠到高州成立高雷工委并任书记，此后，南路党组织重建工作全面展开。

同年，郑奎加入中国共产党。受梅菉地下党组织派遣，通过国民党第十九路军爱国将领张炎的关系出任飞马乡乡长，掌握了飞马乡政权，开始不屈不挠的革命斗争。

春，高山坡头青年梁恩波加入共产党。

3月，朱耀权与罗明领导乡村工作团到白土开展抗日救亡活动。

秋，广州湾地下党赵世尧小组派罗远芳、李展莉、潘伟德等地下党员到飞马小学任教，秘密发展中共组织。

是年，李延年在田心村发展李芳、李鹤年、李子钦加入中国共产党并成立党小组。

1940 年

春，茂南中学学生、共产党员陈擎天带领高州抗日学生队到袂花荔枝车开展抗日救亡宣传活动。

夏，中共在公馆圩成立中共公馆支部，梁恩波任书记，党员有陈擎天、张杞才等人。

秋，中共茂名县工委在公馆圩打铁街新民学舍内建立地下交通站。

秋，建立飞马党支部，陈醒吾任支部书记，郑奎任副书记。先后吸收郑洋、郑美南、梁关、郑康、郑爵等加入共产党。

9月，羊角成立党支部，李延年任书记，党员有李芳、李鹤年、李子钦等。

1941 年

2月，在羊角凰渐村李佐平家、旱塘村廖华家举办党员训练班，参加训练的党员有廖华、李鹏翔、李佐平、陈汉雄、杨坚、杨展华、黄培恭、陈绍芳、杨学青等人。

1942 年

春，柯荣萱、柯日轮、柯捷才等党员在合水建立党小组，说服合水乡绅校董接纳进步人士来合水任教。

夏，飞马党支部由梅菉特支划归茂名县党组织领导。

秋，中共茂名县特派员安排进步青年李福全到合水汝嘉小学任校长，党组织取得了汝嘉小学的领导权。

1943 年

夏，地下党组织在茂南合水汝嘉小学组织九保、三民等几所小学高年级学生300多人身穿童子军装进入高州城宣传抗日。

1944 年

同年，烧酒党支部成立，龙思云任书记，党员有李维三、李颐年等。

12月，茂电信党组织召集茂北的郑光民、杨超、杨麟，茂南的钟正书、罗秋云，烧酒的龙思云、李颐年，羊角的李延年等人在那际村举办为期7天的军事训练班。

1945 年

1月17日，合水党小组组织武装队伍到化南地区参加茂化吴梅边武装战斗。

1月20日，中共茂名特派员陈华到茂南部署烧酒抗日武装起义。

2月初，车振伦、刘炳燊、龙思云在山阁烧酒村成立烧酒中队，进行起义的准备工作。

2月14日，钟正书、罗秋云成立陈垌中队。

2 月 17 日，郑奎、李嘉成立飞马中队，宣布举行飞马乡抗日武装起义。

2 月 18 日，烧酒、飞马、陈垌 3 个中队 160 多名游击队员在烧酒村集中，车振伦、刘炳燊宣布武装起义，组建南路人民抗日解放军茂南大队，车振伦任大队长，郑奎和罗秋云任副大队长。

2 月 19 日，茂南大队拟攻打仁里乡公所。但由于乡公所戒备森严，寡不敌众，茂南大队决定化整为零，分散回飞马、陈垌、烧酒隐蔽开展革命斗争。

3 月，羊角地区党组织划入茂南区党组织领导，保持与电白党组织联系。

7 月，成立南路人民抗日茂名大队，郑奎任大队长，梁振初、郑剑为副大队长，宣布举行覃巴武装起义。

夏，陈华在那际田头屋召开茂电信领导人会议，有李延年、梁昌东、杨瑞芬、李颐年、郑光民等人参加，会上总结了电白华楼起义失败教训，还有加强党员形势教育，提高政治觉悟等内容。

1946 年

4 月，茂电信武工队在飞马婆涨村成立，郑奎任队长，梁振初任副队长，钟正书任指导员。设飞马、覃巴、羊角、上南区武工队。

5 月，郑奎、钟正书率茂电信武工队北上信宜，在东岸乡公所遇到敌兵围攻，郑奎、张贵、杨康日、杨亚松落入敌手，宁死不屈，壮烈牺牲。

9 月，以茂电信武工队队员为骨干，成立茂电信独立大队，梁振初任大队长，钟正书任政委。

1947 年

春，党组织派地下党员柯乙福回合水任汝嘉小学校长，重新夺回该校领导权。

3 月，茂电信独立大队整编为茂电信独立连，梁振初任连长，刘绍兰任副连长，钟正书任指导员。

4 月 6 日，茂电信独立连从羊角转战飞马时，在籍仔岭遭遇敌兵伏击，双方发生激战，独立连共打死打伤敌兵 10 多人。

4 月 25 日，新四团柯炽荣连前往飞马，遭到敌兵 600 多人围攻，独立连前来支援，柯炽荣连主力猛攻敌兵，使敌兵溃败退回鳌头圩。

6 月，钟正书在羊角等地组织动员党员骨干和游击队队员 50 多人，开往化县南部补充独立连兵力。钟正书率武工队随队护送，多次击退敌人的围追堵截。

6 月，羊角武工队袭击了茂名自卫总队副队长丁龙起家，收缴枪支弹药一批。

6 月，中共茂名中心县委正式成立。

7 月，羊角游击区遭受敌兵疯狂"扫荡"，遭受到一定破坏和损失。

夏秋间，飞马武工队活捉袂花反动乡绅，处决敌自卫队中队长，火烧覃巴乡公所，重挫敌兵锐气。飞马武工队队长郑金为营救战友，遭到敌人伏击杀害。根据党组织安排，郑凌华从电白调回飞马，领导飞马武装斗争和党组织工作，飞马游击区进一步发展壮大。

12 月，中共茂名中心县委撤销，成立中共茂电信工委，王国强任书记，林其材任副书记，委员车振伦、郑光民、钟正书。王国强抓全面，重点抓军事，车振伦兼茂名工作，钟正书兼茂南、电白工作。

1948 年

1 月，茂南各武工队四处活动，尤其是飞马游击区在反"围剿"中不断壮大，在政治上、军事上给敌人很大的威胁和压力，迫使敌大队撤出羊角，转移到鳌头、袂花一带驻防。

4 月，中国人民解放军南路东征部队东征西进，打乱了茂名地区敌兵的战略部署，敌人对羊角等游击区的"清乡""围剿"彻底失败。

10 月，在合水汝嘉小学成立茂东南区工委，书记为柯乙福，副书记为柯日轮，委员为冯柱朝、李匡一。

1949 年

1 月，中共茂名县委驻地设在白土迳谷岭村，龙思云任书记，杨麟、陈以大、梁振初、谢胜华为委员。

4 月，在合水召开县委会议，主要任务是组建五支十四团。

5 月，茂南组建十四团第三营。

是月，在合水召开中共茂名县委全体会议，参加人员有龙思云、陈以大、梁振初、柯乙福、李匡一、冯柱朝等，决定撤销茂东南区委，分别成立茂东区和茂南区，茂南区委书记为柯乙福，委员冯柱朝、陈泽永、郑凌华，柯日轮调茂东区任区委书记。

6 月，郑凌华奉命在飞马组建十四团第三营，设七、八、九连和一个短枪队、一个宣传队，计有 500 多人，营长郑凌华，教导员吴卓壁。

是月，中共白土支部在迳谷岭村成立，开始由中共茂东南区工委委员冯柱朝任书记，后由朱耀武接任。同时组建团支部，由朱耀荣任团支部书记。并在肇南小学组建少先队，朱诚中、柯成德任正、副队长。到 10 月 31 日，少先队员发展到 80 多人。

7 月，在白土召开中共茂名县委会议，参加人员林其材、车振伦、龙思云、梁振初、陈以大、杨麟、梁昌东等。

是月，袂花乡党支部成立。

8 月，上南片建立党总支，黄泮光任总支书记，下辖白土、里麻、石鼓 3 个支部。

是月，合水成立党总支，柯逮钊为书记，柯亨元、柯作琼为委员，下设 3 个支部。

是月底，在合水汝嘉小学召开中共茂名县委会议，参加人员林其材、车振伦和全体县委委员。陈以大调湛江工作。

9 月，袂花乡党支部在北斗村陈泽永家召开支部会议，宣布决定陈作屏任支部书记。成立袂花武工队，陈凤周任队长。

是月，在白土桂山召开文教界人士座谈会，成立茂名县文教界新民主主义革命委员会。吴麟瑞任主任委员。

是月，茂名县青年干训班在木头塘村开班。

10 月，茂名县人民政府在白土宣布成立，县长梁昌东，副县长周梦吉、熊夏武。

是月，郑凌华率领十四团第三营解放鳌头，并分兵接管袂花、小良、兰石、罗安、三联、林头等 6 个大乡的政权和武装，随后开赴县城与一、二营会师，协力解放茂名县城。

是月 15 日，党统战工作取得了又一次胜利，国民党广东省保三师副师长陈赓桃率领保九团下属两个营、三个直属连、一个通讯排及其弟陈赓彬率领的保二师某团一个营共 1000 多人在梅菉博铺宣布起义。

是月 27 日，羊角地区武工队和革命群众 100 多人，由李延年、黄成煦带队穿过羊角圩街进入禄位楼，接收区政府政权。

是月 29 日，由车崇杰带领三队接收仁里乡公所，30 日仁里乡人民政府成立，李维三任乡政府主席，车鹏任乡政府副主席。

是月30日，驻扎在合水地区的第七连战士和武工队队员，到公馆圩接收区署和警察所。31日，区人民政府成立，罗秋云任区长。同日，接收白沙乡政权，柯作琼任乡人民政府主席。

11月1日，在茂名县委、县政府临时所在地白土迓谷岭村的祠堂岭升起了茂名县第一面五星红旗。同日，第九连战士和武工队队员接收新治乡政权，陈朝阳任乡人民政府主席。

是月2日，人民解放军十四团二、三营部分干部战士和茂名县委、县政府领导成员，以及白土小学少先队员80多人，从县委、县政府临时所在地白土迓谷岭村向高州城出发。上午10时左右，县人民政府正式挂牌成立。县委、县政府当天在《高州民国日报》头条刊登"茂名县解放了，县人民政府工作人员今进城展开接收工作"的消息，并发出了《告茂名县各界人士书》《告同胞书》。

红色歌谣、诗词

一、大革命时期在茂南传唱的红色革命歌谣

（一）《国民革命歌》

　　　　打倒列强，打倒列强；

　　　　除军阀，除军阀；

　　　　国民革命成功，国民革命成功；

　　　　齐奋斗，齐奋斗！

（二）朱也赤创作教唱的革命歌曲

农民苦

　　　　六月割禾真辛苦，

　　　　点点汗滴禾下土，

　　　　田主们快活收租！

　　　　啊哟！啊哟！

　　　　田主们快活收租！

　　　　田主们收租真猛烈，

　　　　把我谷种拿去了，

　　　　明年时不知怎样！

　　　　啊哟！啊哟！明年时不知怎样！

　　　　无钱买米活家小，

　　　　孩子们饿肚！饿肚！

　　　　啊哟，孩子们饿肚饿肚！

农民耕种有田土

农民苦，农民苦，
插秧割禾皆辛苦，
天寒冒着凄风雨，
烈日汗滴禾下土，
辛辛苦苦种禾粮，
官吏地主似狼虎！
依哟……依哟……
官吏地主似狼虎！
救穷苦，寻出路，
国民革命新政府，
联俄联共扶农工，
三大政策好规矩，
四万万人都拥护，
实行革命行民主，
依哟……依哟……
实行民主国富强，
行民主，国富强，
四万万同胞齐拉手，
务使农民都起来，
结成工农大队伍，
工农队伍显威武，
自由幸福向前取，
依哟……依哟……
入农会，好处多，

意志集中力量固，

打倒列强除军阀，

打倒劣绅大地主，

农民不再受欺侮，

农民耕种有田土！

依哟……依哟……

农民耕种有田土！

二、朱也赤烈士《就义诗》

（一）

墨雾暗无天，豺狼当道前。

高州悲赤血，黑狱泣青年。

奋斗已多年，锄奸志愈坚。

早知遭毒手，恨未御防先。

（二）

狱卒呼吾名，从容就酷刑。

人生谁不死，我当享遐龄。

（三）

白色呈恐怖，鉴江激怒鸣。

英灵长不灭，夜夜绕高城。

（四）

愁云惨雾罩南粤，志士成仁飞赤血。

浩气长存宇宙间，耿耿丹心悬明月。

（五）

为主义牺牲，为工农死节。

不负天地生，无污父母血！

何呜咽?!! 何呜咽?!!

壮哉十六再回头，破碎山河待建设。

（此组诗由共产党员刘蜀虎从高州监狱带出）

附录六

重要革命人物

一、革命烈士和重要革命人物英名录

（一）第二次国内革命战争时期牺牲的 3 人

朱也赤、杨绍栋、叶福兴

（二）抗日战争时期牺牲的 4 人

车祖胜、梁毅、李立溪、李亚晚

（三）解放战争时期牺牲的 26 人

郑兴、郑奎、李桂品、李福南、谭亚庆、李立庚、谭仲才、陈宏禄、郑康、郑金、蔡寿、郑桂、苏之日、柯文龙、陈鹏、谭汝浩、周嗣芳、何文友、周文才、黄广华、李文光、李平年、林仕发、李信、李振成、黄祖文

二、部分烈士和重要革命人物简介

朱也赤

20 世纪 20 年代，当中国共产党点燃的革命火种传播到古老的茂名大地时，年轻的共产党员朱也赤就成为这里最早的播火者，在艰苦的革命生涯中，他奠定了南路农民运动的伟业，揭开了中国共产党领导的广东南部革命武装斗争的历史篇章。

朱也赤（1898—1928），原名朱朝柱，出生于茂南区金塘镇

白土村。1919 年，高州中学毕业，以优异成绩考取广东高等师范学校（中山大学前身）官费攻读。受五四运动影响，朱也赤积极参加爱国学生运动，宣传科学与民主思想。1920 年夏，谭平山到广东高等师范任教，是朱也赤的任课教师，朱也赤很快接受了马列主义理论，树立了共产主义信仰。1922 年 5 月，朱也赤加入中国社会主义青年团，随后转为中共党员，并经党组织安排以个人身份加入国民党。

1925 年冬，党组织派朱也赤回茂名领导革命工作，他是茂名县第一个中共党员，宣传共产党政策主张，唤醒民众革命觉悟。1926 年 3 月，国民党茂名县党部改选，朱也赤当选执委会常务委员（负责人，即书记长）；5 月，中共茂名县支部成立，任书记；6 月，茂名县农协筹备会成立任主任；同年夏，任农协南路办事处总干事。在朱也赤直接领导下，茂名县掀起南路革命风暴。全县建立了县、区、乡三级农民协会，农民协会会员 14 万人，农民运动蓬勃发展。

1927 年 2 月，黄学增调离南路，朱也赤主持中共南路地委和农协南路办事处工作，继续发展中共党员，扩大农会组织，同国民党右派展开针锋相对的斗争。4 月 17 日晚上，朱也赤在高州南皋学舍主持茂名县农民代表会议，18 日凌晨忽然接到"国民党反动派镇压共产党"的密报，朱也赤当即宣布休会，布置出席会议的代表分路撤离高州。随后，南路弥漫血雨腥风，大批共产党员和农运骨干被屠杀。

为了回击敌人的血腥镇压，1927 年 5 月，朱也赤在广州湾主持召开南路党团紧急会议、南路农民代表会议，成立南路农民革命委员会，朱也赤任主任，统一领导南路的革命武装斗争。6 月在怀乡主持成立中共信宜县委。12 月 15 日，朱也赤组织领导了震惊南路的怀乡起义，朱也赤任起义军司令，罗克明任副司令兼信宜县县长。起义军攻克怀乡区署和团防局后，在区署大门挂"怀乡区苏维埃政府"的红色横额，建立了中国共产党领导的工农苏维埃政府。国民党信宜县县长杨伟绩气急败坏，纠集近2000人，由县警大队队长吴洋标率领扑向怀乡。12月19日，起义军被敌警民团包围。面对数倍的敌人，起义军士气高昂，多次击退敌人。23日夜，朱也赤率领起义队伍乘隙突破敌人重围，转移到云开深山分散隐蔽。怀乡起义是在南昌起义、广州起义影响下，中国共产党领导的南路地区重大武装起义，对敌人是一次沉重的打击。

1927年底，朱也赤遵照中共广东省委指示，回到广州湾秘密开展革命工作。1928年底，由于党内叛徒告密，国民党反动派勾结法国殖民当局，在赤坎逮捕朱也赤，引渡给国民党反动当局，国民党把朱也赤等押回了高州狱中。那时他父亲已被抓进监狱。朱也赤大义凛然，威武不屈，同敌人进行了英勇的斗争。还写下了对党和人民无限忠诚的《就义诗》。1928年12月23日，朱也赤从容走向东门岭刑场，巍然站立在山岗上，他对着驻军团长邱兆琛、县长黄咏台大声叱喝："共产党人是杀不绝的，最后的胜利属于我们！你们追随国民党反动派，残暴屠杀革命者，注定没有好下场！"他竭尽全力，用洪亮的声音高声地对围观的群众说："乡亲们，今日我要离开你们了，但我相信，胜利一定属于人民，总有一天，共产党的旗帜要插上高州城！"然后高呼"中国共产党万岁""中国工农解放万岁"英勇就义。1929年1月，中共广东省委向全省各级党组织发出通告，高度评价朱也赤的优良作风和突出贡献，对朱也赤等死难烈士表示十二分哀悼，号召全体同志继承烈士精神，前进奋斗！

杨绍栋

杨绍栋（1901—1928），茂南区袂花锦堂村人，青年时期在广州读书，受革命思想影响，在广州参加革命活动。1926 年初，杨绍栋参加中国共产党，回到茂名从事农民运动。1926 年 5 月，茂名县建立了第一个中共茂名县支部，朱也赤任书记，杨绍栋等为委员，不久，杨绍栋任茂南农民运动特派员。杨绍栋任职后，积极发动农民参加农会，成立白土、书房岭、袂花、鳌头等乡级村级农民协会，把茂南区农民运动搞得轰轰烈烈，成绩斐然。

1927 年 1 月，由于邵贞昌调动工作，上级党组织派杨绍栋出任中共电白县支部书记。他到任后，在 3 月中旬，领导电白县农民协会组织了一次全县性的、声势浩大的示威游行。各地成千上万的群众，浩浩荡荡地手执三角纸旗涌上街头和大路。游行的群众振臂高呼口号，到处张贴"劳动人民团结起来""打倒帝国主义""农民协会万岁"等口号标语，并一路散发传单，一时声势浩大，群情激昂，震动整个电白县，使那些反动地主豪绅惶恐不安。

1927 年 4 月 12 日，国民党反动派在上海发动反革命政变。随后，国民党广东当局也对高雷地区进行"清党"，208 名共产党人和农运干部被列为通缉对象，杨绍栋被悬红通缉。在斗争形势极为艰苦的条件下，杨绍栋仍然冒着生命危险坚持工作，在茂南和电白秘密隐蔽工作了较长时间。

1927 年 4 月 22 日深夜，国民党反动军队团长余汉谋带来部属 1000 多人，会同电白县土豪劣绅把持的反动民团，突然袭击全县各级农民协会，全县被捕的农民协会干部、会员共 112 人，先后被无辜杀害的达数十人。

1928 年 9 月 10 日，杨绍栋不幸被捕，10 月 3 日（农历八月二十日）在高州东门岭被杀害，壮烈牺牲。

叶福兴

叶福兴原名叶兴福（1897—1929），又名叶东海，茂南区镇盛镇那梭村委会那梭村人，出生于一个贫农家庭。父亲叶其贵，母亲肖氏，还有一个弟弟叶兴寿，家庭生活十分困难。

1925 年冬，国民革命军已取得南征胜利，陆续光复南路各县，中共党组织派朱也赤回茂名领导开展农民运动。当时，茂南以公馆茂南中学为据点，朱也赤常常来此发动进步学生与开明人士参加革命。正在茂南中学读书的叶福兴深受影响，是年投身革命，并被发展为中共党员。随后，他积极开展工作，经常随杨绍栋（伯良）、刘蜀虎等下乡，到各地发动农民建立农会，向地主要求减租减息，破除迷信，解放婢女。在那梭村建立了一个农会，有叶兴进、叶兴秀等数十人。

1927 年四一二政变后，叶福兴返回本村，以在私塾教书作掩护，继续秘密进行革命活动。

1928 年 12 月，国民党保安第八团团副曾劲带兵围村"清剿"，叶福兴不幸被捕。1929 年 1 月 25 日，叶福兴在高州遇难，年仅 31 岁。

柯义行

柯义行（？—1933），茂南区高山镇章福村委会车头屋村人，经共青团南路特委书记车振伦安排，考入茂南中学新制第二班读书，后接替潘襟江担任校团支部书记，并任车头屋农会会长。

柯义行在学校中，加强与思想进步的同学的联系，传播革命思想，发展了李荣平、潘励江等 10 多名共青团员，并以公馆圩潘胜家的水果店作为与车振伦的秘密联络点，同时将公馆圩石车河西岸边的树林作为团员集会地点。茂南中学团组织不久被国民党特务发觉，1928年清明节后，有2个国民党兵到茂南中学逮捕柯义行。那天柯义行还没有来到学校，教务主任陈希文让潘励江、阮行琼两人飞奔至小东江河岸的车头屋村，通知柯义行。柯义行随即改装出走，国民党兵扑了一个空。柯义行离家以后，辗转来到中山县小榄圩。1933年5月，李荣平获知他患肠热症，赶到小榄将他送到广州医治，因病情严重去世。潘胜是潘襟江、潘励江的叔叔，国民党兵抓不到柯义行，便把潘胜抓到狱中折磨致死。茂南中学团组织遭到破坏。

梁　毅

梁毅（1915—1945），又名梁道亮，茂南区高山镇坡头村人。1937年秋，梁毅考上茂名中学读初中。全面抗日战争爆发后，梁毅积极参加抗日救亡宣传运动，通过讲演、散发传单标语、唱抗日歌曲、演活报剧等，揭露日军侵华罪行，抨击顽固派消极抗战积极反共的错误措施，宣传全民抗战团结对敌的正确方针。在党组织教育培养下，1940年7月，由梁恩波介绍加入中国共产党。

1940年秋，党组织安排梁毅在坡头群德小学教书，参加党的地下活动。他经常向学生灌输进步思想，并带领学生到老周坡、猫仔岭、戴屋村等地向农民宣传抗日救国的道理，发动农民抗日救国。并在坡头村办夜校、妇女识字班、武术馆，扩大革命影响。

1942年春，吴化梅茂地区特派员黄明德把梁毅调到梅菉，以经商作掩护，在梁毅父亲开办的草纸铺里，建立地下党组织的联络站，掩护黄明德在这里活动。每当地下党领导在联络站停留，梁毅总是以极端负责的精神，在店铺周围放哨守护，出色地完成掩护任务。

1943 年春，党组织根据斗争形势需要，安排梁毅到长岐三民中心小学，以教师职业作掩护，开展革命活动。梁毅根据上级指示，着手组织武装队伍，发动和组织了 10 多个学生参加游击小组，准备参加武装起义。为了筹措经费，他说服父母节衣缩食拿出国币 52000 元给党组织购买枪支弹药。梁毅还到车田村保长柯宴谋家做他的思想工作，教育说服他同情支持革命，把 1 支手枪和一些白银送给梁毅。这些款项和枪支都用来武装游击小组，支持革命斗争。

1945 年 1 月 16 日，吴化梅茂边区在长岐举行武装起义，在化南一举攻占了三间乡公所，沉重打击了敌人。不久，黄明德指派梁毅到化北中峒找南路特委请示工作，参加了粉碎国民党保六大队进攻的战斗，后来随陈醒亚大队和张炎部队转移至廉江，在廉江灯草被敌人包围，梁毅随陈醒亚大队突围，化装成商人从廉江北部回到安铺。在安铺大友旅店住宿时，不幸被日伪军逮捕。敌人对梁毅严刑拷打，但他坚贞不屈，视死如归，昂首阔步走向刑场，为革命流尽了最后一滴鲜血。

柯荣萱

柯荣萱（1922—1946），茂南区新坡镇合水果子园村人。1938 年秋，他以第一名成绩考入茂南中学初中部，和进步同学积极学习进步书刊，探讨救国救民道理，组织宣传队出外宣传，散发传单，书写标语，当众演讲，唱抗日歌曲，演活报剧等，大力宣传抗日救国思想。1940 年夏，党员梁恩波在公馆圩打铁街开设新民学舍，柯荣萱经常到这里联系，借阅进步书报，受到党的教育。1941 年春，参加中国共产党，成为茂南中学党支部的党小组组长，那时的革命任务主要是争取进步同学，宣传革命道理，发展革命组织。1942 年，争取开明乡绅支持，聘用地下党员和革命骨干来合水地区任教。此后，在校内组织各种抗日宣传活动，教唱抗日救亡的歌曲。学校还办夜校及农民识字班等，借以宣传抗日救亡运动，宣传革命道理，培养革命骨干；在校外采取老师家访和学生串联办法，宣传革命道理，发展革命组织，把学校周围村庄的有为青壮年发动起来。同时，以地下党员、革命积极分子为骨干组建武术馆，以武术馆为阵地，宣传革命道理。

1944年夏，柯荣萱到浴德小学任教师。同年秋，秘密组织地下游击队。1945年1月17日，集合20多名游击队队员组成游击中队，由柯荣萱任指导员，开赴化州南部参加起义。后调往李益泰中队任指导员。起义受挫后，他返回合水，一方面做好上层乡绅的工作，一方面妥善安排先撤回的同志隐蔽，并在合水建立交通联络站，为李一鸣游击队购买武器装备。1946年7月，柯荣萱准备转移广州继续革命工作，与同乡的党员柯享元一道经水东乘船往广州，26日在水东至阳江途中，突然遇上台风袭击，柯荣萱意外坠落大海牺牲。

郑　奎

郑奎（1913—1946），茂南区鳌头镇飞马婆氹村人。他在世德中学读书时就参加国民党第十九路军爱国将领张炎的教导队，受共产党的影响，思想进步，于1939年加入中国共产党。1939年出任国民党飞马乡乡长后，聘请共产党员陈醒吾、莫芸、李嘉、许铭庄等到飞马小学任教，以此为掩护，发展党组织，建立飞马第一个党支部。党组织在飞马发动群众，开展了轰轰烈烈的抗日救亡运动，先后组织大刀队、宣传队、救护队、儿童团和举办民众夜校等，大唱革命歌曲，演出抗日活报剧，学习武艺和救护知识。扩建抗日自卫队，从原来16人增到46人，将乡属各村枪支近百支集中供乡公所使用。训练青年300多人次，为尔后的革命武装斗争打下坚实基础。

郑奎牢记党的教导，廉政奉公，为民服务，建立一个白皮红心的民主政权。他关心群众疾苦，不畏权势，深得民心。

郑奎积极领导飞马抗日武装起义。1945年2月16日，他按照党组织的指示，将飞马乡自卫队的18支步枪和数百发子弹派人送到烧酒村。随后，他率领飞马起义战士40多人到烧酒会师，组成茂南大队，郑奎任副大队长。南路武装起义遭受国民党反动派"清乡""扫荡"，白色恐怖严重的时候，郑奎以大无畏精神，深入日伪军郑剑连队，策反了郑剑连队约80人起义。郑剑起义队伍与覃巴起义队伍组成茂名大队，郑奎任大队长，在覃巴一带收缴地主武装，扩大抗日革命力量，发动群众坚持抗日。国民党反动派纠集600多人进行疯狂"扫荡"，郑奎指挥队伍与敌人激战，机智地乘渔船撤离敌人的包围圈，转战廉江、遂溪，部队被上级改编为南路人民抗日解放军四团六连，郑奎任连长。郑奎以身作则，和战士们一起吃野菜，穿烂衣，睡地铺，还亲自为伤病员看病煲药，深受战士爱戴。

1945年9月，郑奎奉命率六连返茂南活动，他不避艰险，回到飞马，把失散的同志串联起来，筹枪筹款，扩充队伍。

1946年4月，茂电信武装斗争骨干会议上决定成立茂电信武工队，由郑奎任队长。5月29日，郑奎奉命抽调精干人员21人北上信宜，开辟新区。6月3日，郑奎率队经信宜小水乡公路的合叉河时，被敌人发现，发生战斗，最后打完子弹，郑奎、张贵、杨康日、杨亚松等4人被俘，在审讯时，郑奎等坚贞不屈，任凭敌人严刑拷打，没有吐露党的机密。6月4日上午10时，郑奎等4位同志英勇就义。

李淑明

李淑明（1926—1945），女，茂南区镇盛镇联唐村委会人。1941 年秋，李淑明考进茂南中学读初中。在学校里，她结识了共产党员梁凌霄，二人很快成为知心朋友。她们又教育发展了同班两名女同学，并和上一级的进步男同学柯乙福、谭仲才联系，互相交流阅读进步书刊，交流学习心得，研究革命道理。

1943 年冬，柯乙福带钟正书到公馆找到李淑明，送给李淑明一些进步书报。1944 年秋，李淑明考上高州女子师范学校高师班，认识了党员梁蕙珍和廖奕骑、程慧庄等进步同学，和她们一起积极开展学运。10 月，她和同住的吴时苑，由钟正书、郑光民监誓，正式加入党组织领导的游击小组。1944 年冬，党组织加紧筹集武器物资，准备武装起义。李淑明积极联系发动进步同学，又主动回家说服母亲，先后从家里拿出左轮手枪 1 支、一批七九枪子弹和一些现款，交给组织。12 月，党组织在茂南烧酒筹建一个游击大队，由车振伦任大队长，通知李淑明、谭琼珍、谭仲才 3 人到烧酒参加起义。中途李淑明、谭琼珍不幸被捕。二人被解往高州后，押在监狱女牢房里。面对敌人，李淑明把生死置之度外，坚贞不屈。后来，李淑明把法庭当作战场，和敌人开展斗争，痛斥国民党黑暗腐败、丧权辱国、压迫人民。1945 年 2 月 12 日，李淑明在城外东门岭壮烈牺牲，年仅 18 岁。

李淑明牺牲后，1993 年 4 月 26 日，中共茂名市委作出决定，追认其为中国共产党党员。

谭仲才

谭仲才（1922—1945），茂南区新坡镇莲塘村委会六墩车村人。1940 年在茂南中学读初中时，他好学上进，受抗日救亡思想影响，积极参加宣传抗日的戏剧、歌咏活动。他与进步同学柯乙福、李淑明等成为战友，交流阅读进步书报。1943 年秋，他升读茂名师范中师班，跟茂师的进步老师李明华、梁巨汉，还有梁德玉、李颐年等党员同学一起，举办读书会，开展抗日救国的戏剧表演、文艺宣传活动。1944 年夏，由郑光民、钟正书介绍参加游击小组后加入党组织。

1945 年 1 月 28 日，谭仲才按钟正书通知，到大塘新圩与李淑明、谭琼珍会合，前往烧酒参加起义。谭琼珍从家里偷了一支左轮手枪，到达新圩陈佐荣家后，手枪交给了谭仲才。下午他们 3 人来到陈垌圩头一间饭铺，等候下一站交通员联系。因联络失误，交通员没来，黄昏后被乡兵包围搜查，谭仲才开枪射击，突围而跑，李淑明、谭琼珍被捕。其后，谭仲才跟随钟正书在湖塘一带活动。

烧酒起义受挫后，敌人疯狂地"扫荡"烧酒、湖塘一带，为了保存实力，游击队决定化整为零，分散隐蔽，谭仲才撤往水东、梅菉。5 月，转移到广州湾寻找南路特委，但未能联系上，隐蔽了一段时间，便回茂南寻找组织。7 月 17 日，他回到鳌头秦村村边，突然出现一队国民党兵将他包围，躲闪不及结果被捕。

谭仲才被捕后，解返保安团部，被刑讯得遍体鳞伤，但他坚贞不屈。7 月 19 日，被押至鳌头圩边杀害。

郑　金

郑金（1927—1947），茂南区鳌头镇飞马人。少年时的他聪明过人，正义感很强。

1944 年，郑金参加革命工作，在茂电信地区活动。1946 年初，郑金被任命为飞马游击区负责人兼武工队队长。他精明能干，言谈举止间，处处流露出坚定的阶级斗争立场，对革命胜利充满信心。尤其是他的警惕性很高。1946 年夏秋间的一天下午，他走出飞马村时，看见几名飞马乡公所自卫队队员远远地走来，他立即回头通知其他队员，化装成农民挑着农具，走向田间，途中几乎与自卫队擦身而过。

1946 年秋冬之间，茂电信独立连 100 多人住在簕仔岭脚下一栋房子里，被鳌头、水东联防队及小良乡队 200 余人围攻，机枪对着房子大门口猛扫。形势不利，独立连即打通屋后墙撤出，分左右翼向敌人反攻。郑金带领一个机枪班巧妙地迂回到敌人侧后，给予敌人突然袭击，配合左右翼部队猛攻，敌人害怕腹背受敌，连忙边打边撤退，部队转危为安。

1946 年秋，鱼肉人民、恶贯满盈的国民党自卫团长、小良乡乡长梁炎祥正在自家门楼的一张长竹椅上休息，郑金路过见状，拔出手枪向着他开枪，可惜枪故障打不响只好拔腿就跑。惊魂未定的梁炎祥召集乡兵前往追杀无果，放了一通子弹后就垂头丧气地缩回老巢了。

郑金不仅自己参加革命，他的母亲、妻子在他的影响下也做了大量革命工作。他已成家的大姐参加革命工作，因叛徒出卖而被敌人杀害。

1947 年夏，茂电信独立连和化州柯炽明连共 200 余人驻在飞马地区，被鳌头区队、联防队、水东自卫队、小良乡队围攻，郑金带领武工队前往支援，联合独立连将敌人打败。是年冬，郑金为营救战友梁月而惨遭敌人伏击杀害。

周嗣芳

周嗣芳（1926—1947），女，茂南区羊角镇南香村委会大田头村人。为了打击国民党反动派，她参加了党领导的游击队，在化县武装主力新四团当文化教员。不久被党组织分配到吴东北任交通联络站站长，跟随队伍。

1947 年春，周嗣芳被党组织分配到杨梅江埇村去发动群众。她化装成农妇，晚上，教群众唱革命歌曲，宣传党的政策；白天，找农村妇女谈心，讲穷人贫苦的根源是受地主阶级的剥削，宣传男女平等的道理。

5 月 27 日，化县和同庆"清乡"委员会主任带着自卫队到该村"扫荡"，周嗣芳不幸被捕。第二天，敌人秘密将她押解到化州城。周嗣芳在化州城狱中一个多月，几乎天天被刑讯。6 月间，周嗣芳又被带到同庆乡公所审讯。敌人用皮鞭、木棍、炉火、烙铁、电机等刑具轮番对周嗣芳进行严刑拷打，但她毫不畏惧，针锋相对与之斗争。6 月 28 日中午，惨遭国民党反动派杀害。

黄祖文

黄祖文（1921—1949），羊角镇山和村人。1941 年，国民党电白当局对党组织的地下活动加紧破坏，革命形势急剧恶化，白色恐怖笼罩电白。黄祖文在这严峻时刻参加由羊角地区党组织领导的读书会。他如饥似渴地阅读学习革命书刊，用革命理论武装头脑。晚上与读书会的同学向农民宣讲抗日救国的道理，教农民唱《大刀进行曲》等抗日歌曲。1942 年春由黄成煦介绍参加中国共产党。

1946 年党组织调黄祖文去信宜开辟新区工作。在信宜贵子、怀乡一带山区开展活动，工作环境、生活条件极其艰苦，黄祖文以共产党员的高尚品质、坚强的革命毅力，战胜困难，发动一批青年参加游击队。1948 年冬，黄祖文调到水东、茂南工作，获悉羊角地区游击队队员黄家明被捕叛变，他迅速向茂电信工委副书记兼组织部长林其材作了汇报，并按林其材的指示，不顾个人安危，机智利索地奔至水东等地，通知有关地下党员撤离、隐蔽。

待敌兵到羊角、水东地下交通联络站搜捕时，全部扑空。革命组织安然无恙。

1949 年秋，电白县委为了加强华东区（含马踏、岭门等地）的领导，决定调黄祖文到该区任区委副书记。9 月 27 日下午，黄祖文带领武工队队员何强、卢松仔、何燕兆、陈什林等 4 人从大衙板桥出发，经半天一夜的赶路，天将拂晓之际，到达旱平村，突然被敌兵重重包围，遭到敌人机枪、步枪密集扫射，5 位勇士当即壮烈牺牲。

车振伦

车振伦（1907—1981），原茂名县（现高州市）里麻村人，广东南路早期中共党员。

1926 年夏，车振伦于广东高州中学毕业后考入国立中山大学。1927 年初，任共青团广宁县特支委员；同年夏，调任共青团南路特委负责人，在茂名县里麻村家里建立中共地下交通联络点。1928 年 2 月，与中共广东省委候补委员、南路巡视员周颂年组织沙田农民暴动，3 月失败后，茂名县党团组织遭受全面破坏。车振伦无畏白色恐怖，在和李发重建茂名县委未遂后，潜入茂南公馆，秘密重建了共青团茂南中学支部，继续发动青年进行斗争；同年 7 月，任中共南路特委委员、共青团南路特委书记；同年末，因中共南路特委被严重破坏，他与党组织失去联系，曾多次找党组织未果。1938 年，他与党组织重新取得联系。1944 年冬，车振伦奉命担任夺枪战斗总指挥，组织突击队，选择茂名县沙顿乡大垌村路头铺作为伏击敌人地点，成功夺取两挺轻机枪与一批枪支弹药，揭开了抗日战争时期茂电信地区人民在中共领导下独立开展武装斗争的序幕。

1945 年 2 月 18 日，中共茂南军事负责人车振伦、刘炳燊集中陈垌乡、飞马乡、烧酒乡的中共党员与游击小组成员、革命群众骨干等160多人召开大会，举行茂南烧酒抗日武装起义，宣布成立南路人民抗日解放军茂南大队，由车振伦担任大队长。由于敌强我弱，车振伦报告中共茂电信特派员陈华同意后，下令各中队撤回原地，分散隐蔽，同时开展小规模武工队斗争。后来国民党军队多次前来，对烧酒、陈垌、飞马地区进行大"扫荡"，因起义部队已分散转移，采用隐蔽斗争与武工队活动相结合的新斗争方式，让敌人"围剿"扑了空，粉碎了敌人阴谋，保存了大量武器和革命骨干力量，为后来茂南在抗日战争后期和解放战争初期成为茂名县武装斗争中发展最好的地区打下了基础。1946年2月，任中共阳东区委委员。1946年秋，任香港南光中学校长。1947年12月，任中共茂名中心县委委员兼中共茂名县负责人。1948年4月，任中共茂电信工委委员兼工作组组长；同年12月，任中共茂电信工委常委，分管军事，主管茂名县，并具体负责茂南电白武装斗争。1949年，经过中共组织的持续策反，国民党广东省保安三师副师长兼保九团团长陈赓桃表示愿意起义。高州地委决定派常委车振伦担任兵运工作组组长兼起义部队党代表，领导陈赓桃部起义的组织工作。后来敌情遽变，车振伦临变决断，与陈赓桃商定，马上提前起义。1949年10月15日，车振伦、陈赓桃率领保九团第一、三营和团部三个直属连以及其弟陈赓彬领导的保二师一个营共1200余人，在吴川博铺宣布起义，成立中国人民解放军粤桂边纵队暂编第二团，并移驻分界地区，随后挥师解放了信宜县城。接着，车振伦指挥起义部队配合二野四兵团，在宝圩取得围歼白崇禧残部的战斗胜利，为夺取茂电信地区全境解放作出重要贡献。1949年11月5日，任中共茂名县军政委员会（后改为军事管制委员会）主任、茂电信支前司令部司令员。1950年3月，任茂名县人民政府县长。后调入省政府与华南垦殖系统工作。1966 年离休。1981 年病逝于广州。

钟正书

钟正书，海南临高县文英村人，1925 年 1 月出生。于 1944 年在高州师范读书时参加共产党，1945 年 2 月后在茂电信参加武装斗争，曾任茂南大队副政委、武工队指导员、茂电信独立大队政委、中共茂电信中心县委委员、茂电信地工委和高州地委委员，1949 年 6 月任电白县委书记，为茂电信革命斗争的胜利作出了重要贡献。

日本侵占海南后，钟正书从海南到遂溪寸金桥省立琼崖中学读书，积极参加党领导的救亡运动。根据党的安排，于 1943 年考入高州师范读书。从 1944 年开始，高师参加抗日游击小组的有50 人，钟正书也在这年被吸收入党。

1944 年秋，日本侵略军已占领雷州半岛和廉江安铺地区，中共茂电信特派员陈华布置有条件的地方组织抗日武装起义，派车振伦、刘炳燊、钟正书等到茂南，会同当地党组织发动抗日武装起义，钟正书负责陈垌方面的起义组织工作。1945 年 2 月 18 日，宣布成立南路人民抗日解放军茂南大队，车振伦任大队长，刘炳燊任政委，钟正书任副政委兼陈垌中队指导员。

在起义受挫后，党组织安排钟正书在茂南和电白领导武装斗争达 3 年之久，逐步锻炼成为有胆识、有才能的指挥员。1946 年春，陈华指示钟正书，由他领导茂电信武装斗争并成立茂电信武工队，任命郑奎为队长，梁振初为副队长，钟正书为指导员，黄载源为参谋。武工队的任务是发动群众，坚持反"扫荡"斗争，恢复老区，开辟新区，肃特锄奸，筹粮筹款，组建主力队伍等。1946 年 8 月，钟正书回到覃巴区，与梁振初带领武工队 30 多人及革命群众 50 多人，突袭国民党吴川县谢麟图自卫大队梅福庙中队，打了一次漂亮的胜仗。后把原茂电信各地起义留下来的部队与覃巴起义部队整编为茂电信独立大队，钟正书任政委，梁振初任大队长。后来，这支队伍整编为粤桂边纵队司令部警卫连，1948 年编入东征支队挺进粤中。1947 年 6 月间，钟正书带武工队在羊角区活动。6 月 22 日，电白特派员钟永月等集中 40 多名参军青年到羊角区，钟正书带武工队 10 多人护送他们到化县入伍。途中与敌兵狭路相逢，游击队发挥近战优势，一轮火力打得敌人蒙头转向，取得边塘突围战斗的胜利。

解放战争初期，钟正书负责电白武装工作。1948 年 3 月负责电白全面工作，1949 年成立县委，钟正书任书记。1953 年钟正书调任湛江市教育局局长。1960 年，调任广东省教育厅党组成员、师范处处长。1980 年，任广东省教育学院党委书记，一直到 1987 年退居二线。中华人民共和国成立后他在教育战线任职 30 多年，为广东教育界培养了大批师资人才。

（注：车振伦、钟正书非茂南籍，但二人在革命时期，长期领导茂南武装斗争，功勋卓著。）

李延年

李延年，1911 年生，羊角镇田头屋村人。1938 年，李延年毅然报名参加国民党第十九路军爱国将领张炎组织的电白乡村工作队。1939 年，李延年加入了中国共产党，是在抗日战争初期电白最早入党的三人之一。随后回到羊角田心、凰渐、黄塘窿等村庄组织青年读书会，学习进步书刊，传播革命思想。1940 年 9 月，羊角党支部成立，李延年任支部书记。

1940 年至 1941 年，经过李延年等人的努力，不少乡绅、保长暗地里支持羊角游击区的工作，使统战工作取得良好成效。

1944 年 6 月，李延年和黄成煦在田心召开党支部会议，羊角革命根据地的建立与发展拉开了帷幕。同时，茂名县党组织领导人车振伦通过李荣平与电白李延年等人取得联系，并制订了相互配合、开展地下革命活动的计划。

1948年4月，茂电信工委派李延年接任"国际队"指导员。"国际队"在茂南刚落脚不久，国民党联防队就前来"扫荡"。在当地群众及武装力量的配合下，"国际队"打了两场名声大震的漂亮仗，使当地反动势力受到震慑，加速了中间势力向共产党靠拢，地主、乡绅和部分保长纷纷向"国际队"捐粮捐款，人民群众更是大力支持"国际队"的革命活动。此后，"国际队"在李延年的领导下，与茂南独立大队相互配合，不断打击敌人，活动范围逐步扩大到儒洞、沙扒、上洋、蒲牌等地，茂南游击区得到扩大。

1948年，阳江儒洞附近的陈观星股匪有200多人，扰乱社会治安。李延年给匪首陈观星作思想教育工作，最终说服陈观星同意改造土匪队伍。经过一段时间的改造，该股土匪大多数成员的思想觉悟有很大提高，决心痛改前非，愿意跟共产党走。

1949年10月29日，在羊角区，李延年与黄成煦奉命收缴武器和接收国民党政权。11月3日，李延年被任命为电白县副县长。11月4日，李延年任电白县支前司令部副司令员，较好地完成四项支前任务。中华人民共和国成立后，李延年历任电白副县长兼法院院长等职。离休后，他为教育青少年做了大量工作，受到各级组织的表彰，1991年12月被中国关心下一代工作委员会授予"全国关心下一代工作先进个人"称号。

黄成煦

黄成煦，1920年生，羊角镇山和村人。1940年11月，黄成煦加入了中国共产党。1941年，羊角革命斗争处于低潮。在这个严峻的时刻，黄成煦在林屋村以塾师职业为掩护，坚持工作，常到潭板高圳车村，向负责电白工作的党组织领导庞自、严子刚汇报请示工作，并带回大批进步报刊，秘密发给电白中学羊角分教处的学生阅读，宣传党的抗日救亡主张，开展抗日救亡活动。1942 年 2 月，经党组织批准，吸收黄增显、黄祖文入党，并成立羊角党小组，黄成煦任组长。1948 年 6 月，黄成煦在茂名仁里乡崩塘仔村做群众工作时，遭遇敌人包围，100 多名敌人集中向其射击。黄成煦无所畏惧，机智地利用地形脱险。1947 年 8 月，国民党茂电两县的军警在羊角地区及茂南一带开展大"扫荡"，历时 9 个多月。为粉碎敌人的"扫荡"，黄成煦率领羊角武工队撤到茂南坚持游击斗争。

1948 年冬，黄家明被捕叛变，羊角游击区革命斗争十分艰险，敌人悬赏追捕黄成煦，但黄成煦依靠群众的支持，以大无畏的斗争精神，常常独自来往于羊角游击区的村庄，了解敌情，开展对敌斗争。黄成煦母亲虽是一个农村妇女，但深明大义，支持儿女参加游击队，并且在家境极为困难的情况下，节衣缩食，支持武工队，并常为武工队站岗放哨。特别是她协助武工队智斗敌特的事迹，更在游击区传为佳话。黄成煦带领羊角武工队，机智勇敢，取得了反"扫荡"的胜利。

新中国成立后，黄成煦历任电白县计委主任、电白县政协副主席等职务。

李颐年

李颐年（1920—2014），山阁镇烧酒村人。父亲李云堂是当地有名的开明绅士。1939 年，李颐年在高州加入了国民党第十九路军爱国将领张炎组织的抗日学生队，接受教育与训练。1941 年7 月考入茂名师范读书，积极投身抗日救亡活动。1943 年 1 月，在校加入共产党。1945 年 2 月，任南路人民抗日解放军茂南大队副政委兼烧酒中队队长。1947 年 8 月，任粤桂边纵队司令部警卫连指导员。1948 年 3 月任粤中纵队独立一团政治处宣教股长。1949 年 11 月至 1950 年 12 月，任广东南路军分区茂名县大队副政委。1952 年 7 月，任茂名县人民武装部部长。后辗转海廉、湛江、省军区 201 医院等地任职。1974 年 11 月任吴川县人民武装部政委。1977 年 6 月离休，享受副师级待遇。

在茂名师范读书期间，李颐年和郑光民、钟正书等人，积极组织高州抗日爱国读书会，在参加学运活动中，提高了政治觉悟，1943 年 1 月，经陈华介绍，加入了中国共产党。后返回烧酒党支部开展革命工作。1945 年 2 月，参加烧酒起义并担任烧酒手枪队队长，负责组织军事训练。后任南路人民抗日解放军茂南大队副政委，兼任烧酒中队队长。起义受挫后，李颐年和 3 个手枪队队员组成武工队，在烧酒附近坚持斗争。5 月，国民党茂名县警察局长黄光弼带领自卫队 300 多人，包围烧酒村，抄了李颐年的家。为了捕捉李颐年，国民党出国币 5000 万元花红悬赏。1946 年，李颐年担任高州云潭游击区负责人和茂电信游击队负责人，长年在高州云潭一带开展游击活动。1946 年春末夏初的一个晚上，被老虎咬伤，幸得战友相救，虎口脱险。李颐年虎伤痊愈后，继续带领游击队坚持武装斗争。

在革命战争时期，李颐年因为参加革命，失去两位亲人以及全部家产。为了掩护革命，他经常为战友无偿提供食宿和出行费用。中华人民共和国成立后常从自己微薄的工资中，拿出大部分接济困难群众。1977 年，李颐年和妻子张泽民决定捐出全部积蓄用来扶贫，离休后爱心足迹遍布广东、广西20 余所贫困小学和多个贫困山村，受过他们帮助的人不计其数。李颐年夫妇还多次奔走茂名市、茂南区两级老促会，促进烧酒大桥成功建设，解决了烧酒老区人民的出行困难。据核算，到 2017 年止，李颐年夫妇捐赠"扶贫济困助学爱心款"约 400 多万元。用爱心和助人善举，促进了社会和谐。

柯乙福

柯乙福，原名柯越馥，广东省茂南区公馆镇东华岭村人，1924 年 11 月 29 日生。1944 年，在茂名师范学校参加地下游击小组。1945 年 4 月，参加中国共产党。1946 年，负责合水片地下革命工作。1947 年，任汝嘉小学校长，地下党负责人。1948 年 10 月，任茂东南区工委书记。1949 年 5 月，任茂南区委书记。1950—1953 年，在揭阳、遂溪县搞土改，任土改队组长、队长，区委委员。1954—1987 年，先后任广东省总工会粤西办事处科长、副主任，湛江地区经委办公室主任，糖厂书记，地区医药公司副经理。1987 年离职休养。

柯日轮

柯日轮（1924—2010），广东省茂南区高山镇文秀村人。1942 年在茂名中学读高中时参加中国共产党。1944 年，在合水汝嘉小学任教，搞地下工作。1945 年，组织游击队参加化南武装起义，任游击队中队长。1946—1948 年，先搞内线工作，后任合水武工队队长、茂东南区工委副书记。1949 年 5 月，任茂东区委书记。茂名解放前夕，组建粤桂边纵队第五支队第十四团时，任第二营营长兼教导员。10 月 31 日，率领队伍解放高州（原茂名）县城。中华人民共和国成立后任军分区参谋、助理员等职，转业后在茂名石油工业公司、湛江医学院等单位任科长。

郑凌华

郑凌华，1924 年出生，鳌头镇飞马大村人，其父过早去世，母亲在水东当富户佣人，家境十分贫寒，生活、读书至高中毕业主要靠叔父郑实孝照顾。在高州读中学时受进步思想影响，积极参加爱国学生运动。1943 年由中共党员李嘉介绍参加革命工作，他化名梁明，在参加学生运动期间，曾发表散文、杂文、评论 10 多篇，揭露批判旧社会的种种黑暗现象。这些文章，极大地鼓舞和引导众多青年学生走上了革命道路。郑凌华因此遭到了反动当局的通缉。

郑凌华是飞马革命斗争的卓越领导者之一。他于 1944 年 3 月加入中国共产党。1947 年春，茂电信党委把郑凌华从电白调回飞马，领导飞马、覃巴等地区的武装革命斗争。他正确贯彻执行党的革命路线和组织路线，采取一系列有效措施，使飞马老区各项工作取得新的进展。历任中共茂南区委委员、武工队队长、粤桂边纵队第五支队第十四团第三营营长。1949 年，他率领第三营一举解放鳌头、袂花、小良、公馆和高州城等地，取得了解放茂南的重大胜利。中华人民共和国成立后任茂名县第四区（鳌头、袂花、小良、兰石、罗安、镇盛均属第四区管辖）区委书记兼区长。1953 年调中共中央第六中级党校（即广东省委党校）学习，学习结束后留校任教。1965 年起历任中共广东省委宣传部宣传处处长、广东省革命委员会宣传组副组长、省委宣传战线整党办公室主任（厅级），负责省委宣传部直属干部的调配处置，曾受到省委、直属机关工委的多次表扬。

郑凌华离休后，对家乡的教育事业一直非常关心。他在领导飞马革命老区工作期间，曾在飞马创办了新民中学。中华人民共和国成立后，新民中学迁出鳌头圩，后并入袂花显臣中学（今茂名市第六中学），他都以不同形式表示关切。他还积极支持家乡各项公益建设，如修建鳌头大桥时，争取省各有关部门调拨钢筋水泥，使大桥能顺利建成。飞马老区在 1998 年筹建一条由飞马至电白县田头屋的跨境公路时，他争取省老促会拨款 10 多万元。家乡建设飞马大桥和安装自来水工程他也积极捐资，献出了爱心。

李亚泉（？—1945），李颐年胞弟，1945 年 5 月，被敌人拷打致残牺牲。

李立溪（？—1945），支持革命的烧酒村保长，1945 年 5 月，被敌人枪杀。

蔡守祥（？—1947），茂电信独立连一排排长，在簕仔岭战斗中重伤被俘，后被押至水东英勇就义。

蔡胜坤（？—1947），茂电信独立连班长，在簕仔岭战斗中重伤被俘，后被押至水东英勇就义。

郑康（？—1947）、**陈桂**（？—1947）、**蔡寿**（？—1947），武工队队员，在簕仔岭战斗中壮烈牺牲。

梁月（？—1947），女，鳌头镇人，飞马武工队队员，1947 年 6 月被捕，后英勇就义。

罗淑英（？—1947），女，1947 年 9 月中旬，被捕后在高州城英勇就义。

周文才（1917—1947），羊角镇南华人，1944 年参加游击队，1947 年 8 月，被国民党反动派围村搜捕，在突围中牺牲。

何文友（1920—1947），羊角镇禄段人，1944 年参加游击队，1947 年 7 月在羊角禄段战斗中牺牲。

林仕发（1919—1948），羊角镇石曹人，1944 年参加游击队，1948 年 1 月，在苏上鹤与敌作战中牺牲。

黄广华（1919—1947），羊角镇南华人，1944 年参加游击队，

1947 年在化州县被杀害。

李文光（？—1947），羊角镇田心人，1944 年春参加革命，1947 年被捕杀害。

李平年（1927—1947），羊角镇田心人，1943 年参加游击队，1947 年在鳌头镇被捕，不久在高州被杀害。

李信（1901—1948），羊角镇爱群人，1947 年参加游击队，中共党员，1948 年 6 月在新兴县带头村与敌作战中牺牲。

李振成（1912—1948），羊角镇爱群人，1944 年参加游击队，1948 年 12 月在羊角地区被捕杀害。

红色土地的革命印记

金塘镇白土村委会

白土村委会截至 2019 年有迳谷岭、新塘岭、天塘坡、韩鉴山、杨梓塝、宜良山、温屋、方田屋、沉陂圩、石头屋、新村、村头、村尾、面前园 14 个自然村，26 个村民小组，1130 户，4850 多人，共产党员 61 人，耕地面积 2138 亩，是中共广东南路特委委员朱也赤的故乡。老区含迳谷岭、方田屋、大村（现为村头）、沉陂圩、石头屋、新村、村尾 7 个自然村（第二次国内革命战争时期）。

土地革命战争时期。1925 年冬，中共党员朱也赤回到茂名，广泛深入地发动群众，开展农民革命运动。1926 年夏，组织了白土农民协会，入会的有 200 多人，由朱祖武担任农会会长，宣布"一切权力归农会"，农民革命运动轰轰烈烈地开展起来，对南路革命具有很大的影响。在组织农会的同时，组织了农民自卫队（又称农军），队伍有 130 人，进行了军事、武术训练，先后筹集了抬炮 4 门，步枪 8 支，火药枪 24 支，刀叉剑戟一大批，农军人手都有一件武器。1926 年至 1927 年，白土村的政权，完全为农会所掌握。1927 年四一二反革命政变后，朱也赤被通缉，党组织被迫转入地下，他仍常潜在白土村坚持革命斗争，镇压了参与谋杀他未遂的反动地主朱仲荣。1928 年 12 月，朱也赤被捕牺牲，白色恐怖日甚，上级党组织和白土的联系中断。

抗日战争时期。中共茂名县党组织恢复后，地下党的领导人车振伦等常到白土村进行革命活动，茂名县委派龙思云来白土重建党的组织。该村党员朱耀荣，骨干分子朱耀权、朱耀文等通过统战工作，控制着乡村政权。1938 年 9 月和 1939 年 3 月，朱耀荣先后两次与罗明领导的乡村工作团和战时工作队到白土村宣传发动组织群众，开展抗日救亡活动。茂电信党组织众多领导也常来指导帮助，先后在该村组织了抗日宣传队、交通联络站等，使白土村的抗日救国运动扎扎实实地开展起来。以朱耀荣、朱耀权等人为骨干，组织了抗日游击小组，筹集武器一批、队员 60 人，后朱耀权惨遭敌人逮捕杀害。

解放战争时期。党组织在白土村不断发展，中共茂名县委、地下党的领导多数聚集在该村进行革命工作，1949 年建立了党支部，由冯柱朝任支部书记。解放战争时期，武装队伍迅速发展壮大，保卫了聚集在白土村的茂名县委领导的安全，保卫了县人民政府机关，直至全县获得胜利解放。

金塘镇民主村委会

民主村委会截至 2019 年有新坡、富地坡（原芋地坡村）、灯园、清水湖、莫大山 5 个自然村，13 个村民小组，70 多户，2800 多人，共产党员 38 人，耕地面积 1320 亩，地处金塘镇最北部。老区含上新坡、下新坡、富地坡、灯园 4 个自然村（解放战争时期）。

抗日战争时期。1944 年冬，在高州城读书的冯柱朝经钟正书、郑光民介绍参加游击小组，随即回该村进行革命活动，并建立交通联络站。冯柱朝参加游击小组后，吸收冯杉太加入游击小组，1945 年茂名武装起义前后，钟正书、梁之模等曾多次到该村活动，指导革命斗争。冯柱朝通过父亲的关系，把保长教育争取过来，支持党的地下革命活动。

解放战争时期。1946 年 5 月，冯柱朝加入中国共产党，7 月被指定在芋地坡一带负责党的地下工作，后被任命为中共茂东南区工委委员。他先后吸收了冯秀起、冯秀兰入党，并在芋地坡、上下新坡、灯园组建游击小组，发动群众开展减租、抗丁的革命斗争，取得胜利。这期间，茂电信工委领导林其材、车振伦，茂名县委书记龙思云，茂名县委委员陈以大、梁振初等领导多次到芋地坡村开展秘密活动。撤离高州城到粤桂边康遂游击根据地的革命人士，也经该站然后护送转移。1947 年，冯柱朝先后发展 8 人加入游击小组，由冯秀起任组长。1948 年 7 月，从游击小组成员中挑选冯秀起、冯杉太等组成武工队，接送来往这里的革命人士，为地下党领导站岗放哨。1948 年中秋节，配合地下武工队在二十四岭袭击特务头子关怀德。1948 年至 1949 年间，多名游击队队员随军入伍参战。

金塘镇五联村委会

五联村委会截至 2019 年有石坡、油桁屋、上勒角塘、下勒角塘、沙洲坡、田头屋、担窿、黄屋、立竹山、毛屋、三丫塬 11 个自然村，11 个村民小组，401 户，1520 人，共产党员 27 人，耕地面积 985 亩，地处金塘镇的北部。老区含三丫塬、毛屋、立竹山（原勒竹山村）3 个自然村（解放战争时期）。

解放战争时期。1948 年 7—8 月，冯柱朝到三丫塬、毛屋、立竹山等村开展活动，吸收多名青年相继加入游击小组，并以游击队队员骨干为主组成武工队。武工队成立后经常配合石鼓、茂化等地武工队一起执行任务，巡逻放哨，保护来这里活动的革命人士。1948 年至 1949 年间，毛茂苍、毛绍裕等随军入伍参战。同时，积极发动三村群众开展抗租、拖租的斗争。在此期间，茂电信领导人龙思云、梁昌东、梁振初以及地下党人朱至唐等人多次在这里活动和住宿。

金塘镇南塘村委会

南塘村委会截至 2019 年有白岭、窿尾、新村、旧村、坡尾、板坡、叶屋、塘头、陈屋、黎屋、桥头、新农村、林屋、江松林、大埌尾 15 个自然村，31 个村民小组，1268 户，5310 人，共产党员 41 人，耕地面积 3020 亩，地处金塘镇北部。老区含新村、旧村 2 个自然村（解放战争时期）。

抗日战争时期。1944 年 7 月，罗秋云、钟正书等到南塘、陈垌一带开展游击活动，吸收南塘人朱福中参加中国共产党，在南塘村的大兴园秘密建立联络站，成立游击小组，开展抗日救亡宣传工作。下半年，南塘建立了 9 人组成的游击小组，朱福中任组长。1945 年 2 月，该村游击小组编入陈垌游击中队，随队开往烧酒集中攻打仁里乡公所。受挫后又奉命撤回烧酒、南塘等地活动直到年底。此时，联络站和游击队由钟正书直接领导。这期间，党组织领导人廖铎、梁惠珍、崔雪飞等人多次回南塘隐蔽活动。

解放战争时期。1945 年 11 月，成立有 30 人的南塘村护垌会，广泛发动群众连续三年开展减租减息活动，还经常组织骨干力量到处征集地主富农的钱粮交给地下党、游击队使用。1946 年 2 月，南塘村党组织和游击队伍由梁璧、杨超等负责。到 1948 年底，由陈昭正负责，钟正书、罗秋云、梁振初等也经常到此指导和布置工作。

金塘镇文林村委会

文林村委会截至 2019 年有文林大村、田头屋、茂东坡、禾塘岭 4 个自然村，18 个村民小组，670 户，3000 多人，共产党员 42 人，耕地面积 1600 多亩，地处金塘镇东南部。老区含文林大村和田头屋、茂东坡、禾塘岭（后面 3 个村从文林大村分出）4 个村庄（解放战争时期）。

抗日战争时期。1944 年 7 月，中共广东南路特委派罗秋云、钟正书到文林、陈垌一带开展游击活动，吸收文林陈道清参加中国共产党，在陈洪华所在的田头屋秘密建立联络站，成立游击小组，开展抗日救亡宣传工作。1944 年 7 月到 1945 年 10 月，联络站和游击队由钟正书直接领导。这期间，党组织领导人廖铎、梁惠珍、崔雪飞等人多次到文林一带隐蔽活动。1945 年 10 月，南路人民抗日解放军四团六连被派回茂南，首先就回到文林活动。

1944 年下半年开始，南塘建立由 9 人组成的游击小组，朱福中任组长。1945 年 2 月，该村游击小组编入陈垌游击中队。不久便随队开往烧酒集中攻打仁里乡公所。由于受挫，他们又奉命撤回烧酒、陈垌、红粉营、文林等地活动直到年底。同时，争取保长为地下党和游击队办事。

解放战争时期。1945 年 10 月，成立文林村生理会（即护垌会），有 30 多人。生理会成立后，广泛发动群众连续三年开展减租减息活动，还经常组织骨干力量到处征集地主富农的钱粮交给地下党、游击队使用。1946 年 2 月，文林村党组织和游击队伍由梁璧、杨超等负责。1947 年 9 月 20 日，游击队队员陈洪禄不幸被国民党反动派杀害。到 1948 年底，文林村党组织和游击队伍由陈昭正负责，钟正书、罗秋云、梁振初等也经常到此指导和布置工作，并于 1946 年秋留下梁振初以教功夫为名，长时间在文林关帝庙等地继续发动武装群众，协助陈昭正坚持地下斗争。

金塘镇桥东村委会

桥东村委会截至 2019 年有板桥坡、大园角、田头屋、杨屋、邓屋、云路、烧酒、岭仔头、苏村、上村、下村 11 个自然村，21 个村民小组，786 户，3300 人，共产党员 63 人，耕地面积 2600 亩，地处金塘镇西部。老区含田头屋 1 个自然村（解放战争时期）。

抗日战争时期。1944 年，田头屋村江柱石、江柱良等在高州城读书时，参加进步教师熊夏武组织的抗日宣传队，回家乡用革命思想教育和影响该村的乡亲父老，为开展革命活动打基础。1944年到1945年间，熊夏武多次到田头屋村活动。

解放战争时期。1948年7月，党组织领导人冯柱朝在桥东田头屋村江绍麟家建立联络站，指定白土共青团员朱诚中负责该村的秘密交通情报工作，并于7—8月建立一支17人的游击小组，以游击小组骨干为主，组织武工队队员12人，配合白土一带武工队执行任务，保卫来这里活动的革命人士的安全，组织生理会和姐妹会，发动和支持群众在该乡开展抗丁抗税的斗争。同时，还教育争取该村保长转化过来，建立"两面政权"，为党组织所用。这期间，通过生理会，开展抗丁抗税斗争，仅1948年秋季，逃避抓壮丁4人，减租13石。1949年，解放高州城时，田头屋村出动20多人到公馆搬运枪支弹药回石鼓。武工队队员江家枢等3人还加入粤桂边纵队第五支队第十四团随军参战。这期间，茂电信工委领导人车振伦，地下党人熊夏武、朱至唐及团员朱诚中等多次来到田头屋活动。

公馆镇旧村村委会

旧村村委会截至2019年有木头塘、益智山、坡脊、马鞍岭、朱砂岭、旧村、地福、角塘、三角山、新龙村、北马坡、山车、新福13个自然村，26个村民小组，890户，4635人，共产党员64人，耕地面积1800亩，地处公馆镇东部。老区含木头塘、益智山、坡脊（以上属抗战时期）、马鞍岭、地福、朱砂岭（以上属解放战争时期）6个自然村。

解放战争时期。1948年5月，地下党人柯永泰在巩固木头塘、益智山村革命阵地的基础上，发动马鞍岭、朱砂岭、地福村共10多人参加游击小组。7月，在柯永英家里举办这三个村的革命骨干学习班。之后，组织兄弟会、姐妹会、睇垌会等革命群众组织。当年秋天，合水武工队玉仔、胜仔到各村协助组织武装巡逻队，除保护好外来革命人士的安全外，还领导群众进行拖欠地主、祖尝田租和国民党税收的斗争。1949 年 9 月下旬，马鞍岭等 3 个村游击小组带领 60 人前往东江口搬运回陈赓桃起义部队留下的枪支弹药，还挑选了柯永英等 5 人参加了十四团合水连队。

公馆镇艾屋村委会

艾屋村委会截至 2019 年有艾屋、陈福地、勒古窝、鹧鸪坡、枫梢林、和村、合坡、公和山、龙头车、旺基塘、上水榕、下水榕 12 个自然村，22 个村民小组，1082 户，4982 人，共产党员 83 人，地处公馆镇西北部。老区含艾屋、陈福地、勒古窝（原勒股窝）3 个自然村（解放战争时期）。

解放战争时期。1947 年 9 月，中共党员陈朝阳吸收艾屋村张海生加入游击小组。同月，张海生回艾屋村组织游击小组。1948 年春，发动群众成立同心会，开展抗丁抗粮、拖欠地主及祖尝田租斗争，保护合水地下党与化州地下党的交通联络线。1948 年 8 月成立武工组。武工组以维护乡村治安、看管生产为名，成立生理会，组织巡逻队，动员大家献枪献粮，把村里以祖尝经费购买的枪支子弹收集起来统一使用。武工组一方面发动群众抗丁抗粮，一方面，严密监视敌人的动向，剪断敌人的电话线。张海生通过做保长的转化工作，使其为地下党所用。还派阮绚国、梁保年打入卫安乡公所自卫班，进而把 10 多个乡兵转化过来。从 1948 年至茂名解放，艾屋村武工组书写革命标语 300 多张，贴遍卫安乡 10 多个村庄，大大鼓舞了农民群众的革命斗志，积极为武工组筹集活动经费，支援解放战争。1949 年 10 月，艾屋武工组带领 30 多人前往合水果子园村会师，接收新治乡公所。

公馆镇造腾村委会

造腾村委会截至 2019 年有造腾、田寮、大垌、槌子、铁炉山、新塘、沙莳坡、门口山、油桁屋、坡仔、旧屋 11 个自然村、17 个村民小组，1008 户，4548 人，共产党员 85 人，耕地面积 2770 亩，地处公馆镇西南部。老区含新塘、油桁屋 2 个自然村（解放战争时期）。

解放战争时期。1948 年 5 月，中共党员张海生到新塘村开展革命活动，发动 32 人参加同心会，发动全村 80 多人组织生理会。同年 11 月，取得了少交地主租谷、拖欠地主债利斗争的胜利。新塘村游击小组、同心会组织巡夜队。同年秋，中共党员陈朝阳到新塘村吸收巡夜队的积极分子阮百熙等 4 人组成武工组，把巡夜队的 2 支左轮手枪、5 支七九步枪和 191 发子弹集中起来使用。1949 年，在阮春林家里设临时交通站。同年 10 月，国民党县政府科长躲藏于该村并伺机外逃时，被新塘村武工组发现并捉起来。在建立武工组的同时，通过打入敌乡公所的阮绚国、梁乙安二人，做卫安乡副乡长的转化工作，让其积极为地下党服务。

公馆镇油甘窝村委会

油甘窝村委会截至 2019 年有白银镜、油甘窝、古城山、车头屋、角塘坡、垌尾、林底村、林底、垌心墩、垌心、禾塘岭、姓王、大坡、广西、六角 15 个自然村，27 个村民小组，1230 户，4980 多人，共产党员 73 人，耕地面积 3200 多亩，地处公馆镇的东北部。老区含林底、大坡、广西、垌心墩、禾塘岭 5 个自然村（解放战争时期）。

解放战争时期。1947 年秋，陈朝阳先后吸收林底村陈朝柱、陈朝伯、陈就儒、陈富华等人参加游击小组，领导群众开展革命斗争。1948 年 9 月，游击小组的成员分头去各村串联发动群众，吸收了 20 人为骨干，分别回各村组织生理会，其后建立武工组，陈朝阳为组长。群众革命热情很高，进行了抗丁抗粮，拖欠地主及祖尝田租的革命斗争。陈朝阳通过对两名副保长做教育转化工作，使他们为党组织服务。这期间，保护地下党领导陈以大到林底村隐蔽活动。为了支援解放战争，武工组发动各村群众献粮献款献枪。1949 年秋，林底村武工组与艾屋、新塘村武工组紧密配合，一夜之间就在林底村及附近村庄张贴革命标语 300 多张。1949 年 10 月，林底村武工组前往东江口搬运回陈赓桃起义部队留下的枪支弹药。后来又带领 30 多人，去合水大会师，接收新治乡公所。

公馆镇东华岭村委会

东华岭村委会截至 2019 年有东华岭、梅岭、三台岭、蔗园、塘尾 5 个自然村，9 个村民小组，715 户，2835 人，共产党员 43 人，耕地面积 735 亩，地处公馆镇东南部。老区含东华岭 1 个自然村（解放战争时期）。

抗日战争时期。1944 年 7—8 月，党组织领导人钟正书与该村柯乙福联系，秘密组织七兄弟姐妹会，吸收李淑明、谭琼珍等参加游击小组。在柯乙福家里和公馆源栈，秘密建立了交通联络站。党组织领导人林其材、陈以大、柯日轮、冯柱朝、李匡一等常来这里秘密活动，研究工作或进行革命联系。该站在侦察敌情、传递信息、安全护送革命人士来往方面做了大量的工作。

解放战争时期。1946 年下半年，柯乙福回东华岭村，吸收柯庆全等 3 人参加游击小组，并以他们为骨干，串联发动 20 多人成立生理会。1948 年，柯乙福负责中共茂南区工委书记工作后，委派中共党员陈朝阳负责东华岭村革命工作，组成 9 人的睇垌队，保护交通站和革命人士来往的安全。生理会、睇垌会还进行组织农民拖欠户口谷、壮丁钱及减租等工作。这期间，柯乙福、陈朝阳通过做保长的教育转化工作，使其经常为地下党通风报信，把保里仅有的 2 支七九步枪和几十发子弹，以及 20 多元白银交给武工组。1948 年，林底村和东华岭村连为一片，建立 9 人的武工组。武工组建立后，为革命借粮、借钱，筹集经费。随着解放战争形势迅猛发展，柯乙福同陈朝阳研究，决定扩大桥工队，一方面破坏水东至高州的桥梁，阻止敌人撤退，另一方面抢修和修复桥梁，保证解放军追击匪军。

公馆镇竹仔岭村委会

竹仔岭村委会截至 2019 年有竹仔岭、九子坡、吐花山、旧车轧、军路、大园山、大墩 7 个自然村，10 个村民小组，325 户，1600 人，共产党员 38 人，耕地面积 2100 亩，地处公馆镇西部。老区含竹仔岭、吐花山、军路、大园山、大墩 5 个自然村（解放战争时期）。

解放战争时期。1946 年，中共党组织派李雅南领导武工队开辟新区，到竹仔岭等村庄发展革命力量。下半年，到竹仔岭、吐花山以及其他村庄吸收陈茂廷等 10 多人参加武工组。1946 年冬，武工组扩充到一个连，李雅南为连长，柯炽明为指导员。1947 年春，这个连队离开后，柯炽明又发展了一个连队，叫"柯连"，也在当地活动。6 月，柯连一走，李益林连又相继到这里活动直至茂名解放。那时，曾为革命人士做饭的曾益杰、曾益飞两位武工组组员被敌人抓去杀害。1948 年，吐花山佃户在共产党的支持下，迫使竹仔岭村地主减少租谷。吴川长岐党组织领导人之一的李雨生家乡的革命群众常遭到国民党反动派屠杀，不少群众跑到竹仔岭村避难。

鳌头镇飞马一、二、三村委会

飞马革命老区位于鳌头镇东面，地处茂南、电白、吴川三市县交界的地带，西面有袂花河、东面有北斗河，水陆交通方便。飞马一村委会截至 2019 年有东村、南村、中南村、西村、六扇车村 5 个自然村，11 个村民小组，670 多户，3300 多人，共产党员 45 人，耕地面积 1128 多亩；飞马二村委会截至 2019 年有新安、大坡、乙斗、大同、同四、同五、张村 7 个自然村，11 个村民小组，600 多户，2700 多人，共产党员 43 人，耕地面积 1800 多亩；飞马三村委会截至 2019 年有北头、渡头、新圩、双湖、筒仔车、良扇车 6 个自然村，15 个村民小组，560 多户，2500 多人，共产党员 23 人，耕地面积 700 多亩。飞马一、二、三村委会连成一处。老区村庄：飞马一村委会 4 个，大村（现划入东村、西村、中南村、南村）、上六扇车和下六扇车（现均划入六扇车村）、姓胡村（现划入东村）；飞马二村委会 8 个，婆迏（现为同四村）、大坡、大塘边（现划入大同村）、大同、上乙斗和下乙斗、张村、新安；飞马三村委会 6 个，飞马北（现为北头村）、渡头、新圩、筒仔车、双湖、良扇车（以上均属抗战时期）。

飞马乡的革命斗争，在中共吴化梅及茂电信地下党领导下，由郑奎、李嘉二人组织发动。1939 年，郑奎通过抗日爱国将领张炎安排，出任飞马乡乡长。中共梅菉地下党组织派陈醒吾到该乡以担任乡公所文书为掩护，从事革命活动，发展党的组织。1938 年，飞马党组织由中共梅菉地下党直接管辖，由林林联系领导。1940 年，林林调职，由陈醒吾担任支部书记，郑奎、李嘉任支委。1941 年夏，由吴梅地区特派员黄明德联系领导。党支部书记由郑奎担任。该乡党员在开展抗日救亡运动、反封建斗争、准备武装起义、参加武装斗争等过程中，展现了很强的战斗力。1946 年，郑奎、李嘉牺牲后，飞马党组织由梁关、郑金接着领导，1947 年，梁关、郑金在反"围剿"战斗中先后牺牲之后，上级党组织及时从电白调郑凌华、欧忠两人，巩固对飞马党组织的领导，党组织得以继续发展壮大。到 1949 年党员已发展到 32 人。1943 年春，飞马党支部划归茂电信地区管辖，党组织关系交由特派员陈华接收领导。1945 年秋，茂电信特委分工，飞马乡党支部连同整个中共茂南党组织改由郑光民联系。1946 秋直至茂名解放，飞马乡党支部先后由茂电信特派员、茂名中心县委、茂电信地工委、茂名县委、茂南区委领导。

飞马地区是茂电信的武装斗争活动中心之一。郑奎掌握乡政权后，积极组织武装力量。1943年日军占领广州湾后，郑奎建立了一支50多人的抗日武装游击中队，同时派吴心平、陈卓勋分别进入鳌头、袂花乡任自卫队队长，把两乡的武装力量掌握起来。1945年2月17日，郑奎、李嘉宣布举行飞马武装起义，后开赴烧酒起义，起义受挫后，郑奎带队潜回飞马乡，坚持地下武装斗争。1945年7月，郑奎率领飞马乡游击队攻占覃巴乡公所，后编入南路人民抗日解放军第四团第六连。1946—1947年，郑奎、梁关、郑金等先后牺牲。1947年，郑凌华领导飞马乡武工队，先后粉碎了敌人7次"围剿""扫荡"，发展扩大了革命队伍，确保了中共地委在飞马乡举办的三期骨干学习班安全。在郑凌华、欧忠的领导下，当时党团员发展至60多人，武装工作队、游击队发展至380多人，遍及鳌头全区。1949年按照上级的指示，在飞马村集中队伍，建立粤桂边纵队第五支队第十四团第三营，10月30日解放鳌头区署，10月31日率队与解放军部队会师高州，解放了茂名县城。

鳌头镇文蓬村委会

文蓬村委会截至2019年有文蓬、忠保、上文扬（上田洋）、下文扬（下田洋）、新沟、佗仔6个自然村，14个村民小组，610多户，2750多人，共产党员44人，耕地面积1300亩，地处鳌头镇东南部。老区含上文扬、下文扬（以上属抗日战争时期），文蓬、忠保、桃子（归文蓬村）（以上属解放战争时期）5个自然村。

抗日战争时期。郑奎在飞马乡建立"白皮红心"两面政权时，去旧换新，任用郑述全、郑有初担任文蓬正、副保长，飞马乡武装起义前，郑述全、郑有初把保内的 5 支步枪交郑奎作起义之用。起义受挫后，郑奎曾带队回文蓬村驻扎，该村群众让房让床给游击队住宿，捐粮捐款解决游击队生活所需，为游击队放哨。1945 年秋，文蓬村建立了民兵小组，组员有 12 人，在组长郑乃奎、郑述宣的带动下，紧密配合游击队、武工队进行革命活动和武装斗争。同时，以生理会为名，秘密组织民兵小组，紧密配合武工队开展革命活动。

解放战争时期。村民郑天权、郑燕为武工队买菜被敌人发觉捉去坐了 3 年牢，郑发平为游击队煮饭，被敌人捉去鳌头圩杀害。在严酷的斗争环境中，文蓬村的群众没有一人泄露过党的机密。1946 年 6 月，郑奎在信宜县东镇牺牲时，该村郑天才不怕危险赶到现场把烈士埋葬。其后武工队队长郑金也常带队在该村驻扎。郑金牺牲后，中共茂南区委负责人郑凌华、欧忠等继续以该村为据点，领导广大群众开展革命斗争直至茂名解放。1947 年 4 月，簕仔岭战役中，武工队队员郑康中弹受伤倒在血泊之中，文蓬村民兵郑述宣等人把他抬回抢救。1948 年秋，郑凌华带领一批党员骨干在文蓬村活动，发动群众进行"吊耕""罢耕"运动。随着革命形势发展，青年民兵郑述宣等人请缨参军参战。1949 年 10 月，解放鳌头圩时，文蓬村的革命群众 30 多人，扛起长矛、大刀、扁担、绳索等工具，随部队做好接应进攻鳌头圩的工作。

鳌头镇潮利村委会

潮利村委会截至 2019 年有潮利南、潮利北、南一、坡仔、车头、茅屋掘、后村、东沟 8 个自然村，26 个村民小组，750 户，3780 多人，共产党员 68 人，耕地面积 1600 多亩，地处鳌头镇东南部。老区含后村、车头、东沟 3 个自然村（解放战争时期）。

解放战争时期。1945 年，烧酒会师受挫后，郑奎带领游击队到东沟村隐蔽活动，并选择 12 人组织保卫队，负责保卫防范、带路送信等工作。1946 年，郑奎、郑金先后带领游击队在后村驻扎活动，建立交通站，与飞马、覃巴形成交通线。建立农会、民兵班和妇女会，后村成为游击队重要据点之一。1947 年 10 月，郑金带领武工队 20 多人驻扎在后村、车头村，"清乡"委员会主任带兵前来"扫荡"。得到群众及早报信后，武工队迅速疏散转移，女游击队员梁月不幸被捕，后遭杀害。敌人乘机入村大肆抢劫。籍仔岭战斗前，茂电信独立大队部分队伍在东沟村驻扎。这次战斗中，该村村民郑贵在组织救护队抢运伤员过程中不幸中弹牺牲。战斗结束后，国民党小良乡长、"清乡"委员会主任带兵搜查东沟村，掠夺了一批财物，并把郑其发等多位村民捉去，严刑逼供。但他们受尽折磨也不吐露关于共产党活动情况，郑其庆、郑其发被打至重伤，后不治身亡。1948 年冬，东沟村和后村群众开展以"吊耕""罢耕"为名的斗争，取得减租减息胜利。1949 年，郑凌华奉命组建十四团第三营，后村的何恒均、车头村的郑其信被编入第八连，随军转战直至全国解放。

鳌头镇民庆村委会

民庆村委会截至 2019 年有民庆、新圩、牛头岭、瑶山、当群岭、新屋仔、上埇仔、下埇仔、谷岭、新村仔、田头屋、金章、塘口 13 个自然村，17 个村民小组，约 700 户，3400 人，共产党员 55 人，耕地面积 900 多亩，地处鳌头镇东部。老区含新村仔、当群岭 2 个自然村（解放战争时期）。

解放战争时期。地下武工队领导郑奎、郑金先后率队在新村仔驻扎，开展革命活动，新村仔成为游击队的活动据点。1947 年，茂电信工委王国强、钟正书等领导带领两个主力连 100 多人在该村驻扎，被国民党地方反动武装发觉并联合进攻，革命主力部队与敌人在籍仔岭激战一天一夜。该村群众不怕牺牲，踊跃为部队运送弹药和送饭送水，支援战斗，抬运伤员。战后，部队转移，该村遭受反动派的洗劫，房屋被烧毁，树木被烧光，牲畜、家禽、粮食、衣物被抢劫一空。群众损失惨重，无家可归。后在党的领导关怀下，易地修建房屋，群众生活逐步安顿下来，恢复了生产，开始了新的生活（村名因而改称为新村仔）。

鳌头镇腾蛟村委会

腾蛟村委会截至 2019 年有庄揽东庄、庄揽西庄、庄揽南庄、上腾蛟、下腾蛟、新兴、江仔边一、江仔边二、江仔边三、田头屋（文昌村）、田头屋（潘文村）、田头屋（杨氏村）、大路、腾蛟洋、沟仔边、下文贡、坡仔、杨屋 18 个自然村，30 个村民小组，1200 多户，7200 多人，共产党员 96 人，耕地面积 2400 多亩，地处鳌头镇东部。老区含下腾蛟、新兴、沟仔边、田头屋（从沟仔边村分出）4 个自然村（解放战争时期）。

抗日战争时期。1938 年，郑奎安排蔡乃庚任下腾蛟村的保长。1945 年 2 月，郑奎带领游击队转入地下活动，到下腾蛟村驻扎，吸收了蔡寿为游击队队员。在蔡寿、蔡乃庚的带动下，群众普遍发动起来，纷纷参加革命，成立同心会、秘密农会和民兵组织，并建立交通站，与飞马乡交通站连成一线，紧密配合革命活动和武装斗争。

解放战争时期。1947 年 4 月在箦仔岭战役中，该村群众不怕流血牺牲，为作战部队送水送粮，救护伤员。蔡寿在作战中不幸壮烈牺牲，敌人获悉蔡寿是下腾蛟人，发兵包围下腾蛟村，捉走 90 多人逼供线索，群众坚贞不屈，敌人恼羞成怒，把蔡周仁、蔡乃祥押去高州坐牢，逼蔡乃庚指证群众，蔡乃庚被迫悬梁自缢。1948 年，中共茂南区委委员郑凌华多次带领党员骨干到下腾蛟村活动，重建了农会和民兵小组，由蔡周南任农会会长，蔡榜书为民兵队小队长，还确定蔡周南家为交通站，专线与飞马交通站联络。是年冬，发动群众合办糖寮，抗交糖税。群众对共产党非常信任，纷纷捐粮捐款支援武工队。1949 年，郑凌华奉命组建粤桂边纵队第五支队第十四团第三营时，该村民兵队 4 人加入部队，随军转战直到全国解放。

鳌头镇塘扎村委会

塘扎村委会截至 2019 年有塘扎、关屋、隔海车、里甲、顿谷车、百子车、鱼笱车 7 个自然村，18 个村民小组，1370 多户，4600 多人，共产党员 91 人，耕地面积 1420 多亩，地处鳌头镇南部。老区含关屋、隔海车 2 个自然村（解放战争时期）。

抗日战争时期。郑奎任命关屋村林法仁为保长、隔海车村的梁增荣为副保长。每次革命队伍进驻关屋、隔海车村，都是他们牵头做好队伍的食宿安排工作。1945 年 2 月，烧酒会师受挫后，郑奎带队到关屋、隔海车村隐蔽，组织了农民队，队长为梁增荣。在梁增福家中建立了交通站。郑奎牺牲后，郑金在该村组织发动群众进行革命斗争。

解放战争时期。1945 年冬，关屋村建立了民兵小组，组员有12 人，配备有七九步枪 3 支、火药枪 5 支等。1946 年 6 月，武工队队长郑金在关屋村组织起地下农会，由林秀轩任会长。成立民兵小组，关安隆任组长，组员有 6 人。1947 年 5 月，小良乡及鳌头乡两伙反动军队 110 人，包围"扫荡"关屋村。由于林法仁事前及时报信，武工队和村内的骨干迅速化装疏散，化险为夷。1948 年 3 月，郑凌华、欧忠带领 10 多人在隔海车村活动，小良乡乡长梁炎祥派兵前来围攻。正在田野劳动的梁增荣冒着生命危险赶回报信，游击队及时渡河疏散，使敌人扑空，而梁增荣不幸被捕，梁广礼、梁增福被通缉，隔海车村受到洗劫。梁增荣在狱中受尽折磨，始终坚贞不屈，直到鳌头解放时才从狱中出来。到1949 年，茂南区委委员郑凌华组建粤桂边纵队第五支队第十四团第三营时，关屋村村民林廷钧、张瑞仪等编入第八连，随军转战直至全国解放。

鳌头镇林道村委会

林道村委会截至 2019 年有林道、埠头、西慧、上塘札、上袂蓬、下袂蓬、车仔、新屋、曾屋、旺家山、周屋和鱼良 12 个自然村，23 个村民小组，1240 户，5600 人，共产党员 78 人，耕地面积 1700 亩，地处鳌头镇南部。老区含林道村、旺家山村、下袂蓬村 3 个村庄（解放战争时期）。

抗日战争时期。郑奎安插了林道村的林普全为保长，林普全把保内 3 支步枪拿给郑奎作飞马起义使用。起义受挫后，郑奎曾带队到林道村驻扎。郑奎牺牲后，武工队队长郑金也常带队到该村隐蔽活动，群众站岗放哨，刺探敌情，保护武工队的安全。武工队在该村成立了交通联络站。林普全的儿子林忠君为站长，与飞马总站连为一体。武工队队员何其贵在水湖岭作战，中弹受伤，多次转移到林道村妇女会延医医治。

解放战争时期。1947 年冬，郑凌华、欧忠带领武工队队员到林道、旺家山村活动，以成立睇峒会为名建立农会，发展会员 90 多人。同时又组建了民兵队，任命林宏庚为民兵队队长，配备七九步枪 6 支、六五步枪 3 支。1948 年秋收后，郑凌华带领队员到林道村发动广大农民，进行减租抗税运动。1949 年，林道、旺家山村群众捐钱捐粮支援前线。同年秋，林道、旺家山村 4 名青年加入粤桂边纵五支十四团三营，转战南北直至全国解放。

鳌头镇塘边村委会

塘边村委会截至 2019 年有塘边东、塘边南、红坎、埠头、竹坡园、北淦仔、何屋岭、上官地 8 个自然村，19 个村民小组，900 户，3900 人，共产党员 65 人，耕地面积 1000 亩，地处鳌头镇南部，距镇政府 500 米。老区含塘边、红坎、埠头 3 个村庄

（解放战争时期）。

解放战争时期。1947年9月，中共茂梅边区委委员李冠中、欧忠带领武工队队员吴汉章等，到鳌头圩边南闸口的陈洪恩家开展革命活动，安排陈洪恩为交通站站长，梁秀珍为交通员，专线与茂梅边区联系。吸收了梁创新、陈茂松、梁铿、陈寿、柯怀道、陈岳等人参加革命地下工作。

1948年2月，郑凌华、欧忠带领武工队队员到埠头村陈山家里驻扎开展活动，委派陈山为交通站站长，与飞马、覃巴、文运、兰石等交通站连成一线。经过党组织讨论研究，决定茂梅边区部分村庄划归茂南区委领导。武工队、游击队队员挨家串户发动群众，成立了秘密农会，发展会员60多人，推选陈巨享为农会会长。建立了民兵队，陈清彬为队长，配备七九步枪12支，配合武工队、游击队行动，顺利完成了各项斗争任务。塘边村群众积极支持革命斗争，有不少外地革命人士被关押在鳌头区署，无人送饭送水，塘边村的群众冒认亲戚朋友，端水送饭，为他们传递信息，排难解困。1949年，塘边村群众集捐了白银100多元、稻谷100多担支援前线。解放军到来时，参军参战的有陈山、陈茂松等10多人。在革命斗争期间，有陈茂松、梁铿、梁创新等人加入中国共产党。

鳌头镇北淦村委会

北淦村委会截至2019年有上北淦、下北淦、车田屋、黄箩、埇尾、田头屋6个自然村，13个村民小组，700户，3200多人，共产党员41人，耕地面积1200多亩，地处鳌头镇东部。老区含下北淦、埇尾、田头屋等3个村庄（解放战争时期）。

抗日战争时期。下北淦村村民吴心平赴韶关参加短期军训学习后，返回高州投效于车振伦领导的抗日自卫大队，被任命为分队长。郑奎在茂南成立抗日自卫大队时，吴心平任分队长，后郑奎安排他担任北淰乡乡队队长，把乡队的武装实力掌握在地下党手里。吴心平还在下北淰吴氏宗祠设立庆武堂功夫馆，从馆员中发展革命对象。1945 年 2 月烧酒乡起义受挫，郑奎常带队来下北淰，驻扎于庆武堂进行隐蔽活动。7 月，吴心平受到国民党的通缉追捕，辗转于广州湾各地行医。

解放战争时期。1948 年春节期间，郑凌华带领武工队队员到下北淰埔尾、田头屋等一带村庄开展革命活动，深入发动各村群众 100 多人以同心会、助贫会、姐妹会等形式，秘密组建农会和民兵队，推选吴作胜为农会会长，吴汝才为民兵队队长。继而建立了地下交通站，吴作彬为站长。8 月，郑凌华将时任鳌头乡乡长的吴伯任教育转化过来，为了武装民兵队伍，吴伯任捐出七九步枪 6 支，还指示从吴氏族中抽调步枪 8 支、粉枪 10 支供各村民兵队使用。各村民兵积极筹款筹粮运送枪支弹药支援部队，传送准确情报，破坏敌人的电话线路。其后，吴伯任再次交出左轮手枪 1 支、驳壳枪 2 支、步枪 15 支和子弹 1000 发，支援装备武工队。10 月，郑凌华等组织民兵到鳌头圩进行抗烟税、抗糖税、抗交市场税运动，取得了胜利。1949 年秋，各村村民积极响应支援部队，还先后发动一批青年参加由郑凌华组建的粤桂边纵队第五支队第十四团第三营，随军转战直到全国解放。

鳌头镇文运村委会

文运村委会截至 2019 年有文运、塘尾岭、那陂尼、大龙尾、边垌尾、马路尾、下文运、石盘塘、车田仔、和星、马路头、苏文 12 个自然村，24 个村民小组，998 户，4160 人，共产党员 41 人，耕地面积 1300 亩，地处鳌头镇政府东部。老区含全部 12 个自然村（解放战争时期）。

解放战争时期。1947 年 4 月，文运村青年陈希、郑丽娟在飞马村参加了革命工作。7 月，武工队在陈希家建立交通站，发动各村群众成立同心会、看峒会、妇女识字班、儿童歌唱队等组织，随后成立农会。同时，秘密成立民兵队，由武工队安排方进为队长，各自然村再成立民兵小组。民兵队共配备有土制七九步枪 13 支、火药枪 21 支，以保护生产为名，巡查看峒，站岗放哨。

茂名县委指示郑凌华安排陈希担任保长，陈希又安排骨干民兵曾秀南到鳌头区署充当内线，安排陈照到袂花乡公所乡队中做卧底。1948 年 7 月，武工队队员欧旭荣、招高达等带一个武工小组在文运活动，被敌人察觉前来"扫荡"，由于曾秀南提前报信，武工小组及时撤离，没有受到损失，而乡兵却捉走了 12 名群众，陈希通过各种渠道把他们全部保释出来。8 月，龙思云和郑文辉吸收陈希加入共产党。陈希派陈永寿以甥舅的关系向鳌头乡乡长吴伯任借了 7 支步枪和 1000 多发子弹。其时陈赓桃起义部队交出的武器有轻机枪 2 挺、步枪 30 多支、子弹 1 万多发、手榴弹 4 箱和一大批填满子弹的弹夹和刺刀等，陈希发动 80 多位群众参加搬运，将武器弹药秘密运回各村分散保存，听候党组织处理。1948 年秋，陈希带领武工队组织群众开展"吊耕"、"罢耕"、减租减息斗争，还组织群众抗交糖税、拖延征兵等。1949 年 5 月，成立了团小组。7 月，龙思云和梁昌东在飞马村举办党员干部学习班，被国民党茂名县长缪任仁带兵"扫荡"，龙思云预先收到鳌头乡乡长吴伯任派陈永寿送来的情报，将学习班分成三路迅速疏散。其中一路转移到文运村继续开班。文运村民兵小组和群众加强放哨掩护地下党的安全，保证了学习班圆满结束。1949 年，郑凌华奉命把飞马和覃巴两地区的武工队组建成粤桂边纵队第五支队第十四团第三营，文运游击队组织群众把保存在村中的武器全部集中送给第三营装备队伍，还动员 20 多名青年参加第三营，随军转战，解放茂名全境。

鳌头镇彰教山村委会

彰教山村委会截至 2019 年有彰教山、雍樟、旺基坡、旺基顶、岭荡、李屋、车仔、文明、塘口 9 个自然村，17 个村民小组，760 多户，3300 多人，共产党员 50 人，耕地面积 880 多亩，地处鳌头镇北部。老区含旺基坡村（解放战争时期）。

解放战争时期。1948 年 8 月，旺基坡村成立了交通站。陈泽永、郑凌华、陈擎天等领导和武工队队员经常到旺基坡村开展革命活动，武工队从农会民兵中挑选 16 人组建游击小队，配合武工队行动。武工队指派交通站负责人陈赞斌做保长的转化工作，革命事业在当地得以稳步发展。1949 年 7 月，武工队领导陈泽永在旺基坡村组织 50 多名群众成立接收枪运队，连夜把国民党三十二集团军司令陈沛之弟交出的武器运回旺基坡村贮藏，后分发到文运、飞马、覃巴等地加强部队的装备。8 月，旺基坡村游击队队员跟随车振伦、李灏、陈孔安到梅菉博铺做陈赓桃起义的策反工作，陈赓桃指派已转变过来的连长、旺基坡村人陈乃伟从博铺用船偷运了大批武器回旺基坡村，随后又分发到各地装备革命队伍。10 月间，武工队领导陈擎天、陈泽永在陈赞斌家里商讨下一步的工作，因拆驳壳枪走火打死了陈泽永，旺基坡村群众不胜悲痛，齐心协力把陈泽永安葬，做好善后工作。其后，旺基坡革命据点工作转由陈作屏负责，随着大好形势的发展，旺基坡群众革命热情高涨，维护村中治安，迎接解放胜利的到来。

镇盛镇彭村村委会

彭村村委会截至 2019 年有彭村、雍州岭、低车、塘口、低山、山辽山、岗隔岭、油桁屋、上村 9 个自然村，30 个村民小组，1079 户，5509 人，共产党员 57 人，耕地面积 1500 亩，地处镇盛镇东部。老区含彭村（解放战争时期）。

抗日战争时期。1945 年，彭村人吴时苑在茂名师范读书时加入中国共产党，10 月后林其材派他回家乡开展地下革命工作。随后，吴时苑发展了吴作模、吴立中、吴时奉、吴焰勋夫妇、吴官贵、陈懿芬等人参加彭村地下革命组织，组建了 10 多人的游击小组从事地下革命活动。

解放战争时期。1947 年上半年，中共茂化梅边区委委员李冠中率武工队到鳌头、镇盛、彭村一带活动，把彭村地下联络站主要负责人吴作模、吴立中和下车村地下联络站主要负责人吴均、吴成权等组织起来，有分有合地开展两地的地下革命活动。1948 年上半年，彭村游击队已发展到 30 余人，革命队伍不断壮大。同时，成立了睇垌会，日夜巡逻放哨，监视敌人，保护地下活动的安全，并以歉收为由迫使地主减租二至三成，取得减租斗争的胜利。游击队把乡长、保长教育争取过来，为革命工作所用。乡、保长的暗中支持，使游击队开展地下活动安然无恙。1949 年秋，李冠中、吴汉章到联络站开会，筹划收缴地主武装及扩大武装斗争等问题。9 月中旬一个夜晚，游击队、武工队突击行动收缴全村地主武装，下车游击队亦前来彭村支援，共缴驳壳手枪 6 支，七九步枪 30 余支，子弹 3000 发。同年 10 月，游击队参加接收鳌头区乡政权工作。

镇盛镇竹山村委会

竹山村委会截至 2019 年有上博郡、婆奶、徐樟窠、黄樟窠、吴樟窠、古樟窠、石塘尾、蕉子坡、羊初、龙岭、新屋、龙面坡、陂头、曲郊、竹山、阳炉、苏村、田头屋 18 个自然村，31 个村民小组，1350 户，5900 多人，共产党员 53 人，耕地面积 2700 亩，地处镇盛圩边。老区含新屋、竹山、龙面坡 3 个自然村（解放战争时期）。

解放战争时期。1948 年初夏，村中青年李锦豪、李伙、李金富在党组织的领导下，开展革命宣传活动。到 1948 年秋，在武工队队员龚瑞芳、柯铁屏等的指导下，竹山村先后有 28 人参加了游击队。同年 11 月成立了睇垌队。1949 年夏收时节，武工队和游击队队员深入发动群众抗交地主的谷债，取得胜利。1949 年 1 月，被转化过来的副保长联合村中群众保释了被捕的李伙。6 月 28 日，当白沙乡丁 10 余人准备捉拿武工队队员龚瑞芳、柯铁屏等时，又是其暗中及时通知疏散。10 月 31 日，李锦豪、李伙、李金富等参加接收白沙乡公所工作。

镇盛镇茂山村委会

茂山村委会截至 2019 年有外飘坡、羊界坡、新角、周屋、狮子岭、文章坡、石板、石板新村、公步山、白石坡、荔枝园、巡步岭、水波岭、长塘、三丫、塘底山、平垌、陂头、那垭垌、碑岭 20 个自然村，29 个村民小组，1200 多户，6300 多人，共产党员 61 人，耕地面积 3000 多亩，地处镇盛镇北部。老区含平垌（含碑岭）（解放战争时期）。

解放战争时期。1947 年初，茂电信武工队队员欧忠、何其贵等到平垌村秘密活动，建立秘密据点。6 月开始，武工队队员黄成煦、吴汉兴、何亚顺等 10 多人，经常到该村进行革命活动，发动村民成立看垌队，开展减租等革命斗争。在敌人大"扫荡""围剿"期间，钟正书、欧忠、梁关、郑金等领导经常在该村隐蔽，研究和部署工作。武工队还在该村发展游击小组，吸收了进步农民古华章等人为组员，为武工队日夜巡逻放哨，保卫和护送党组织的领导来往。

镇盛镇环江村委会

环江村委会截至 2019 年有禾地屋、环二组、环一组、元岭、下车、茅蔗江、立平岭、沙洲坡、麻岭 9 个自然村，13 个村民小组，550 多户，2780 多人，共产党员 33 人，耕地面积 1117 亩，地处镇盛镇南部。老区含下车、古梁（现属环一组、环二组）、元岭 3 个自然村（解放战争时期）。

抗日战争时期。下车村属鳌头乡，元岭村属白沙乡，古梁村属兰石乡管辖。1943 年上半年，下车人吴均接受共产党员李雨山的安排，回家乡开展地下革命活动，在下车村吴成康家建立了地下通讯联络站。1944 年上半年，吴均在下车建立游击小组，发展了吴成权、吴成筹、梁芳权为游击队队员。后来，又在元岭村的琼斋书院建立了地下通讯联络站，开展革命斗争。

解放战争时期。1947 年来，中共茂化吴梅边工委、中共茂化梅边区委领导多次到下车村活动，为环江革命斗争取得硕果打下了坚实的基础。下车游击队把白沙乡元岭村保长争取过来，为地下党通风报信，使下车、元岭、古梁等村的地下革命活动安然无恙。1948 年上半年，下车村成立了睇垌会，日夜巡逻放哨、监视敌人，保护地下革命活动。还把农民组织起来，同地主进行减租、反欺压的斗争。10 月，白沙乡乡队副邓兴带领乡兵来下车、沙洲坡等车陂炸鱼，睇垌会和群众数十人赶到车陂现场，同邓兴开展面对面的斗争，使邓兴一伙无法放炸药，无奈收场。1949 年，游击小组已扩展到 20 多人，主要队员有吴成权、吴成筹、吴成裕、吴成瀚、吴成海等。1948 年至 1949 年间，下车游击队（含古梁、元岭）支援彭村群众反抗白沙大地主邓秀川霸占彭村大塘而开展激烈斗争，取得了胜利。1949 年 9 月，下车游击队参加协助支援彭村游击队突击收缴彭村地主的武装的斗争。10 月参加接收鳌头区、乡政权，部分队员参加了区、乡政府武装队伍。

镇盛镇联唐村委会

联唐村委会截至 2019 年有联唐、梁屋山、车子、田头屋 4 个自然村，25 个村民小组，803 户，3800 多人，共产党员 62 人，耕地面积 1391 亩，地处镇盛镇东部。老区含联唐、梁屋山 2 个村庄（解放战争时期）。

抗日战争时期。1937 年，李淑珠以青年学生的身份回本乡传播革命真理，大大地提高当地民众的革命觉悟，其妹李淑明则受到更大启迪。1938 年李淑珠千里迢迢赶赴革命圣地延安参加革命。1944 年 4 月，钟正书、谭仲才等领导在公馆圩吸收了李淑明和谭琼珍等参加地下游击小组，布置李淑明在联唐村串联思想进步群众，积蓄革命力量。在这期间，李淑明动员家里把七九枪弹 200 多发，左轮手枪 1 支交出献给组织调配使用。1945 年 2 月，组织动员李淑明、谭琼珍、谭仲才参加游击队，李淑明、谭琼珍因执行任务到分界区陈垌圩路边铺处，不幸被敌人检查逮捕，押送到高州去坐牢，谭琼珍经家人活动周旋担保出来。李淑明由于身带百多发子弹，敌人对她严刑拷打，她守口如瓶，没暴露半点革命情况，最后壮烈牺牲。1993 年 4 月 26 日，中共茂名市委作出决定，追认李淑明为中共正式党员。

解放战争时期。中共茂梅边区工委领导人陈春英、李冠中和吴汉章等人转战到茂南地区，在联唐李慕兰家建立交通联络站，深入串联发动广大群众，以宣誓参加成立同心会为名，成立秘密农会，发展会员 900 多人，成立 30 多人的民兵队，从中挑选 14 人为武装民兵，配备七九步枪 11 支，粉枪 3 支，枪支大部分是联唐村李氏祖尝的公用防盗枪。民兵紧密配合武工队行动，站岗放哨，日夜巡逻，维护革命队伍的安全。1948 年夏，武工队领导人郑凌华派陈希、叶五姑等到联唐村革命据点与吴汉章、李慕兰接头，做联唐村保长思想工作，使其逐步转变过来为共产党办实事。1948 年秋收后，联唐村、下车村、彭村的广大农民在武工队的组织发动下，开展了反"三征"（征粮、征税、征兵）和收借私家枪运动，取得胜利。1949 年，百万大军渡江南下，联唐村广大群众群策群力踊跃捐粮支援前线，请缨参军参战的有李慕兰、李宝玲、李亚旺、李玉芬等人。

袂花镇北斗村委会

北斗村委会截至 2019 年有上北斗、下北斗、上黄、下黄、埠头、新村 6 个自然村，11 个村民小组，564 户，1968 人，共产党员 34 人，耕地面积 230 多亩。地处茂南、电白交界的袂花圩边。老区含上北斗、下北斗、新村（以上属抗日战争时期），上黄、下黄（以上属解放战争时期）5 个村庄。

抗日战争时期。1939 年，荔枝车共产党员陈擎天带领爱国将领张炎的学生队和茂南中学的宣传队回荔枝车、北斗等地开展抗日救亡宣传活动，北斗村青年陈泽永积极随队参加活动。1943 年，陈泽永加入中国共产党，与陈擎天、陈燊组成党小组，2 月，陈泽永在北斗村组织了抗日游击小组，队员有 10 多人。进入冬季后，陈泽永和陈擎天组织北斗村和荔枝车村村民进行了抗盐税的斗争并取得胜利。1944 年，地下党员黄作标在陈泽永家写作和印刷了大量革命文件，印发到各地。陈泽永以游击小组为基础，在北斗村开设武术馆，吸收 30 名进步青年参加，并以武术馆名义，利用社会关系向陈沛之弟陈国宽借到步枪 32 支，子弹 600 发。1944 年冬天，陈泽永和陈擎天假装在张屋村神庙聚赌，诱使陈沛家丁和保丁前来捉赌，当场缴获驳壳枪 4 支、步枪 3 支、子弹 500 发。1945 年春，陈泽永带领北斗村民参与了由陈擎天指挥的抗糖镬税的斗争。茂电信地下党组织领导怕建立在荔枝车的联络站暴露，决定将联络站转移到北斗村，由陈泽永负责联络站的工作。同年 10 月，黄屋村群众参加抗糖镬税的斗争，为了对付国民党当局的武力镇压，成立了敢死队、救护队，还组织 200 多名群众，携带枪支弹药、锄头、扁担、石灰等，和北斗村民在袂花河边严阵以待，国民党当局派出的几十名警察听到消息后慌忙掉头逃跑。

解放战争时期。以北斗村为中心的革命斗争工作，扩展到整个袂花地区，党员发展到 11 人，陈泽永被选为中共茂南区委委员，并在北斗村成立了党支部。陈泽永加强对袂花乡第九保长的政治教育，使他积极为地下党通报情况，安插游击队队员去乡自卫队参加军事训练，抗交壮丁，为地下党领导人办一批"身份证"等，从 1942 年起，北斗村保政权实际被地下党控制。1949年 10 月，为了阻止国民党喻英奇残部向西逃窜，黄屋村同心会发动群众，把袂花江的渡船、渔船撑走以重物压沉，拖延其逃跑时间。后又撑船回来并拆门板搭浮桥，协助解放军部队渡河追歼残敌。同时，收缴国民党军长陈沛家的枪支弹药共计机枪 3 挺、驳壳枪 12 支、步枪 60 支、子弹 80 箱，由党组织分发给飞马、合水等地的武工队使用。

袂花镇荔枝车村委会

荔枝车村委会截至 2019 年有荔枝车、板排、砥山、候伯坡、中间、大座、卫国 7 个自然村，19 个村民小组，共有 188 户，822人，共产党员 63 人，耕地面积 398 亩，东面与北斗老区隔江相望。老区含荔枝车（抗日战争时期）、板排（解放战争时期）2个村庄。

抗日战争时期。1939 年，该村党员陈擎天带领茂南中学学生70 人，回到荔枝车村进行抗日宣传活动，激发群众的爱国热情，同时争取到保长从祖尝中拿出 2000 多斤稻谷解决了活动经费。成立了青年队、妇女队、儿童团等群众组织。1940 年，陈擎天奉命回荔枝车建立地下交通联络站，收集情报，传递信息，开展革命活动。1941 年吸收该村青年陈燊入党，从这时候起，联络站转由茂电信地下党组织直接领导，成为茂电信地下党领导人长期活动的据点。1943 年 2 月，陈擎天在荔枝车村以原有的青年宣传队为基础，组建抗日游击小组，成员有 10 多人。同年 6 月，陈擎天与鳌头镇飞马地下党负责人郑奎组建茂名独立连，陈擎天任指导员。进入冬季后，陈擎天与陈泽永组织荔枝车和北斗村民与袂花圩盐贩子联合起来抗盐税。1945 年春，陈擎天领导群众开展袂花抗抽糖镀税斗争，并派出抗税人员到鳌头、公馆、镇盛等圩和农村去宣传联络，各地都积极响应，取得了抗糖镀税斗争的胜利。

解放战争时期。1948 年在板排村建立了兵器修造厂，被称为茂电信地区的小兵工厂。1948 年底，组建了 20 多人的武工队，由陈凤周担任队长，组织同心会 40 多个，有会员 1000 多人。1949 年，中共革命活动由荔枝车、北斗村扩展到板排、椰子等 20 多个村庄，党员发展到 11 人，建立了袂花党支部，由陈作屏任支部书记。组织武装队伍强行收缴陈沛家的大批武器，协助地工委争取国民党陈赓桃部起义，切断桥梁，阻止国民党部队西窜，为革命工作作出了贡献。

山阁镇烧酒村委会

烧酒村委会截至 2019 年有秀主（现分为秀主头、秀主尾）、良屋头、良屋中、良屋尾、良小头、良小尾、清湾、清湾岭、荔枝园、龙底（现分为龙底头、龙底尾）、扶南（现分为扶南头、扶南中、扶南尾）15 个自然村，43 个村民小组，1179 户，5176 人，耕地面积 2200 亩，共产党员 82 人，地处山阁镇北部。老区含龙底、秀主、扶南 3 个村庄（抗日战争时期）。

抗日战争时期。1942 年，党组织派中共党员龙思云到崇礼小学任教，以教师职业为掩护，进行抗日救亡活动。1944 年，成立以龙思云任书记的中共烧酒支部。团结争取烧酒保长支持革命，发动佳山保长参加革命，建立"白皮红心"政权。中共烧酒支部发展李维品等游击小组成员 170 多人，向群众宣传中国共产党的抗日救国主张。1945 年 1 月 24 日，中共茂电信特派员陈华在烧酒李氏宗祠召开会议，部署茂南烧酒和电白华楼举行抗日武装起义。2 月 18 日，中共茂南负责人车振伦、刘炳燊，在烧酒乡龙底村崇礼小学操场，集中陈垌乡、飞马乡、烧酒乡参加起义的中共党员与游击小组成员、革命群众骨干约 160 多人，举行茂南烧酒抗日武装起义，起义受挫后，转为隐蔽斗争。

1945 年 4—6 月，国民党茂名县警察局局长黄光弼调集保安团、自卫队等各种反动武装 700 多人，多次对烧酒进行疯狂"清乡""扫荡"，凡 16 岁以上的男子，全部被拘禁关押在李氏宗祠，逐个审查。据不完全统计，被关押群众 400 多人。起义之后，龙思云、李颐年、李维三留在烧酒及附近村庄坚持武装斗争。夜卧野外山沟，日入村庄隐蔽。革命堡垒户冒着生命危险，收藏中共党组织领导人与游击队队员，站岗放哨，收集情报信息，传送信件，让中共领导人与游击队队员随时掌握敌情动态，确保革命活动安全顺利进行。李维三次子李立庚后来参加茂电信武装队，在覃巴战斗中，为掩护伤员被俘牺牲。游击队队员李福南于 1947 年运送武器去湛江时被捕，在遂溪被敌人杀害。

解放战争时期。1947 年冬，电白县羊角游击区中共领导人黄成煦进入茂名县仁里乡活动，开展恢复烧酒乡游击区工作，组建游击队，吸收当时在佳山小学任教的车鹏、车崇杰为游击队队员。佳山保长是中共地下堡垒户，积极掩护革命同志。1949 年，全国解放战争进入新阶段。茂南地区游击根据地迅速发展扩大，烧酒附近的沙车、双山、关塘、铺仔岭、屋地角、上下崩塘、石鳌塘等也成为中共武工队的活动村庄。11 月，茂电信区域全境解放。

山阁镇合益村委会

合益村委会截至 2019 年有佳山、平田、塘边、富裕窝、车角山、丝茅园、木榄车、东风、石岭 9 个自然村，22 个村民小组，970 户，4300 多人，耕地面积 1600 多亩，共产党员 55 人，地处山阁镇北部。老区含佳山、平田 2 个村庄（抗日战争时期）。

抗日战争时期。1940 年，原张炎学生队成员李颐年、车崇秋、车崇策、车乃保等返回烧酒、佳山、平田一带开展革命活动。

1943 年，中共茂电信地下党组织派龙思云到烧酒小学，跟李维三一起在佳山、平田一带村庄进行革命活动。1944 年 1 月，烧酒村党支部分工李颐年负责佳山、平田两村的宣传工作。茂电信党组织再派革命骨干力量，带领游击队先后进入佳山、平田村开展革命活动，并在佳山村车振荣家和平田村车信兴家建立了秘密交通联络站。为了掌握地方政权，李颐年对佳山村保长做了深入细致的思想教育工作，引导他和 3 个保丁参加了游击队。接着，游击队在佳山、平田发动群众向地主开展减租减息斗争并取得胜利。同年 8 月，茂电信地下党组织在烧酒、佳山、平田一带村庄成立了 50 人的武装游击队，佳山、平田村有车崇泽、车德、车荣庭、李创基等 20 多人参加了武装队伍，1945 年 2 月参加了烧酒武装起义。4 月，国民党反动派纠集了大批军队对佳山、平田等一带村庄大举"围剿""扫荡"10 多次，游击队队员家属全部被拘捕勒索过，他们受尽折磨，但从没有泄露地下党和游击队的秘密。

解放战争时期。1946 年，车鹏加入中国共产党。车德参加了人民解放军，随军征战。

山阁镇那际村委会

那际村委会截至 2019 年有上那、中那、下那、龙山坡、树森渡、大圳口和车田屋 7 个自然村庄，10 个村民小组，385 户，1728 人，共产党员 32 人，耕地面积 280 亩，地处山阁镇东部。老区含上那、中那、下那、龙山坡（以上属抗日战争时期），树森渡、大圳口、车田屋（以上属解放战争时期）7 个村庄。

抗日战争时期。1940 年底，中共羊角地下党支部书记李延年在那际一带村庄开展革命活动。为便于活动，1942 年秋，李延年租耕了山鸡窟地主在龙山坡的土地，建了五间田头屋，一边种田，一边组织那际村、龙山坡村的青年到此，宣传党的政策。1944 年 7—10 月，先后吸收那际村吴连、黄茂龙，龙山坡村苏之越、孔中文加入共产党，建立了党小组。在苏之越家建立地下联络站。同年秋，组建20多人的抗日游击小队，正、副队长由苏之越、吴连担任，参加了电白华楼和烧酒起义，后编入羊角武工队。争取那际村乡绅苏月秋支持革命工作，由苏月秋出面保举其当游击队队员的儿子苏春辉任保长，把保政权控制在地下党手里。安排游击队队员黄仲芬任农会会长，开展减租减息斗争并取得了胜利。12月，茂电信党组织召集茂北的郑光民、杨麟，茂南的钟正书、罗秋云，烧酒的龙思云、李颐年，羊角的李延年、陈广杰等，到那际村举办为期7天的军事训练班。1945年3月起，国民党地方当局对那际、龙山坡等村先后进行了多次"扫荡""围剿"，由于党组织和游击队事先得到消息，全部安全撤离。但游击队队员苏春辉、苏之越、吴连的亲人，还有几个群众被捉去坐牢，他们虽然遭受严刑拷打，但对地下党活动的秘密守口如瓶。1945年，在李佐增家建立地下交通联络站。李佐增任中共南香支部书记。同年夏，陈华在那际田头召开中共各县领导人会议。

解放战争时期。1946年，地下党的活动扩展到树森渡、车田屋、大圳口等村庄，龙思云、李延年等在树森渡境主庙，组织村里20多名青年参加读书学习班，吸收10多人组成游击小组，发动群众抗交地主租息。4月，陈华在田头屋召开羊角地下党骨干会议，决定一线是武装斗争，由钟正书负责，公开打击敌人；另一线秘密组织活动，单线联系，支援武装斗争，由钟永月负责。1947年负责这三个村的保长经教育和争取，积极支持革命工作。1948年3月，仁里乡准备派乡兵围捕地下党游击队，他偷偷回村里通知游击队迅速转移，并为游击队筹钱筹粮。

山阁镇山阁村委会

山阁村委会截至2019年有山阁、山脚、元屋岭、正塘、黄屋、沙田、酒铺、茶根、莫屋、坡园、坡尾、田桥12个自然村，

52 个村民小组，1617 户，7806 人，共产党员 103 人，耕地面积 2227 亩，地处镇政府的西北部。老区含元屋岭、山脚、酒铺 3 个自然村（解放战争时期）。

解放战争时期。1948 年春，中共茂电信地下党羊角地区负责人黄成煦、李延年和那际村地下党员吴连，带领武工队队员经常到元屋岭、山脚、酒铺一带村庄开展革命活动，宣传共产党的政策。在酒铺村邓伯英家建立革命据点，动员青年参加武术馆，建立游击小组，群众自觉为武工队站岗放哨，互通情报，保护武工队在这一带活动的安全。第六保保长麦超是山脚村人，经黄成煦、李延年教育和争取参加了地下游击小组，后任组长。在地下党组织领导下，武工队动员群众拖欠地主租息，取得了减租减息斗争胜利。1949 年春，地下武工队通过元屋岭武术馆师傅沈汝朝、沈汝兰，先后吸收沈汝朝、沈汝兰、沈中伦等 10 多人参加游击小组，壮大武工队力量。同年夏天，陈赓桃率部起义后，大批武器弹药存放于分界田头屋。游击小组成员 30 多人，将这批武器分别运送到电白林头、坡心交给地下党组织使用。

山阁镇禄村村委会

禄村村委会截至 2019 年有禄村、南坑 2 个自然村，15 个村民小组，723 多户，2700 多人，共产党员 63 人，耕地面积 1500 多亩，地处山阁镇西部。老区含禄村、南坑 2 个自然村（解放战争时期）。

解放战争时期。1946 年，禄村车良驹、车前驹等进步青年组织成立了 18 人的读书会。1947 年春，茂电信地下党羊角地区负责人黄成煦在烧酒、佳山一带活动期间，在读书会上向青年们宣传党的政策，教育动员他们参加革命工作。1947 年 4 月，黄成煦安排车一国进入禄村保公所任干事，及时掌握和通报敌情。1948 年 3 月，黄成煦、李延年将读书会改组成游击小组，由车良驹任游击小组组长。当时的副乡长车宗谋、保长车伯兰转变过来接受武工队的指挥，从乡公所交出1挺轻机枪，步枪子弹50发，其他子弹和手榴弹一批。5月，黄成煦等地下党员遭敌人围捕，武工队武器弹药欠缺，禄村游击小组通过车宗谋向其上级申请，购回步枪子弹100发，及时送到崩塘仔村支援武工队。车伯兰还腾出保公所，让游击队在里面编印大量革命宣传资料到各地散发。6月，黄成煦、李延年布置武工队发动群众捐款捐粮支援解放军部队，在车良驹的带动下，禄村群众纷纷捐粮捐款，集中起来支援部队。

山阁镇高车村委会

高车村委会截至2019年有增红、高车头、大碰、黄坭车、大坡、大塘埯6个自然村，15个村民小组，460户，2360人，共产党员32人，耕地面积600多亩，地处山阁镇东部。老区含高车头、大碰、黄坭车、大塘埯和增红5个村庄（解放战争时期）。

解放战争时期。1947年春，茂电信武工队负责人钟正书委托羊角地区党组织负责这一片的革命工作。羊角地下党负责人黄成煦、李延年带领武工队队员到这一带开展革命活动，钟正书亲自带领地下党员和武工队队员在这里召开秘密会议，研究和布置工作。同时，在几个堡垒户家里召开群众会议，宣传党的方针政策，教育群众团结起来闹革命求解放。为了控制乡村政权，武工队对第十保两个保长分别做思想转化工作，争取他俩支持革命。1948年夏天的一个夜晚，敌人要包围增红村捉拿中共党员黄仲芬，保长暗中派保丁通知黄仲芬打扮成担糖佬撤出，结果乡兵扑了空。1948年，吸收了增红村和高车头村郑立贤、郑立祥、郑立德、郑立儒，大碰村林广南、林广清，黄坭车村陈世锋，大塘埯村陈世全等10多个青年建立了游击小组。1949年，由于敌人的突然袭击，游击队队员林广南撤退时负伤，壮烈牺牲。

山阁镇霞池村委会

霞池村委会截至 2019 年有霞池、大坐、对面、旧村、谭窝、上竹山、下竹山、上白花林、下白花林、瓦岭、冷水坑 11 个自然村，18 个村民小组，550 户，2600 人，共产党员 47 人，耕地面积 900 多亩，另有荔枝、龙眼等果树 1000 多亩，地处山阁镇西北部。老区含上白花林、下白花林、谭窝 3 个村庄（解放战争时期）。

解放战争时期。1945 年，白花林村李明基带领几个青年参加烧酒起义，起义受挫后分散撤回村里隐蔽活动。1948 年春，羊角地区武工队进入谭窝、上白花林和下白花林一带村庄开展革命活动，并在苏怡盛家建立秘密交通联络站，发展了苏怡盛、张常青、余杰兴等 10 多人组成游击小组，协助武工队做好各项工作。罗秋云打入国民党当局担任陈垌乡乡长期间，安排思想进步的人担任保、甲长，他们积极为武工队筹集钱粮，对地下武工队在这一带村庄的革命活动起到了支持的作用。武工队发动群众向地主开展抗租抗息的斗争，还发动村民组织成立看垌队。同年 9 月间，国民党当局派出保安团包围谭窝和上、下白花林村，由于村里群众及时通知，住在苏怡盛家里的黄成煦、车鹏、车一平、黄仲芬等人迅速分散隐蔽撤离，使敌人扑了空。钟正书和黄忠二人，在白花岭正好与国民党保安队相遇被怀疑而遭追捕，他俩冲入白花林村得到群众掩护而脱险。

山阁镇金塘岭村委会

金塘岭村委会截至 2019 年有金塘岭、簕竹山、蓝仔塘、大园头、新屋、向阳、大榕山、新村、山塘边、山塘尾、新陂、新荡 12 个自然村，15 个村民小组，630 户，2729 人，共产党员 55 人，耕地面积 1020 亩，还有果树 2213 亩，地处山阁镇西北部。老区含大榕山、新陂和山塘尾 3 个村庄（解放战争时期）。

解放战争时期。1945 年，罗秋云把陈垌乡第二保的原任保长撤掉，换上新陂村的地下游击队队员梁植庭。年底，茂电信地下党武工队负责人钟正书和地下党领导人经常到大榕山、新陂、山塘尾这一带村庄开展革命活动。在大榕山村李氏家建立了秘密交通站。地下党特派员陈华、涂锡鹏等常住在这里开展活动。经过宣传发动，吸收了梁栋兰、梁其等 5 人成立游击小组，组织群众成立看垌队，为地下游击队在各村的革命活动站岗放哨，保护游击队的安全。后来，为了更隐蔽的需要把秘密交通站转移到新陂村保长梁植庭家里，其他人员分散到新陂村和山塘尾村居住。1946 年，武工队发动村民与地主开展减租减息的斗争并取得胜利。1948 年 8 月，地下党派黄忠送信到新陂村地下联络站时，及时将敌人要来包围这一带村庄的情报向住在这里的钟正书、郑光民等领导汇报，随即分头到各村通知武工队队员转移到金塘白土小学隐蔽起来。敌人多次"扫荡"都无法找到中共党组织的踪影。

新坡镇合水村委会

合水地区属丘陵地带，东有小东江，西有白沙河，在这里汇合流入梅江上游，故名合水。中华人民共和国成立前中共茂东南区工委、茂南区委都设在这里，合水党组织发展为党总支，领导原白沙、新治、卫安三乡（现新坡、高山、公馆、镇盛四镇）人民进行英勇的革命斗争。合水村委会截至 2019 年有合水大村、果子园、郁芬、里八、新屋、高地、东利、南利 8 个自然村，14 个村民小组，846 户，3200 人，共产党员 12 人，耕地面积 1200 亩，地处新坡镇西南部。老区含合水、果子园、东利、新屋、高地、郁芬、里八、新村（东利、新屋、高地、郁芬、里八、新村从果子园分出）8 个自然村（抗日战争时期）。

抗日战争时期。1941 年梁恩波在公馆茂南中学吸收柯荣萱参加中国共产党，柯荣萱入党后，回到合水开展革命活动，通过统战工作，把当地乡绅汝嘉小学董事长柯成西争取过来。1942 年开始，把一批共产党员和进步青年安插入汝嘉小学任校长、教师，一方面在该村开展抗日救国的革命活动，一方面也努力做好教学工作，因而获得乡绅、群众的信赖和支持，为革命工作的进一步开展创造了有利条件。10 月，茂名县委派共产党员李福全到合水村，被柯成西等开明校董聘任为汝嘉小学校长。1943 年开始，果子园村革命工作者以补习班、识字班、武术馆、睇峒队等形式组织群众，对他们进行政治思想教育，激发爱国热情，引导他们走向革命。随后，党组织不断开辟新阵地，东南扩展至文秀新福村，西面扩展至木头塘等村。同年，县委派共产党员梁平为合水党组织负责人，同时还派来共产党员罗燕萍、李白杨、柯日轮以及革命青年谭坤等人到合水果子园村工作，他们以汝嘉小学教师身份作掩护，进行革命工作。保长柯凡旋经教育后，不但同情支持革命，还同意其儿子柯荣茂参加抗日游击队，去化南参加武装起义。该村的甲长柯明坤和保丁柯裕木、柯荣梅经教育后，都被吸收为游击队队员。1944 年夏，该村组建游击小组，全村共有 37 人参加。同年底，柯荣萱被任命为合水党组织负责人。1946 年柯荣萱牺牲后，合水党组织负责人由柯乙福接任，直至全国解放。

新坡镇文冲口村委会

文冲口村委会截至 2019 年有文冲口、文安、烧酒坡、文进、陈屋坡、新屋、文新、中心塘、屈屋、谢屋 10 个自然村，13 个村民小组，600 多户，2500 多人，共产党员 50 人，耕地面积 320 多亩。村委会位于新坡镇西北角，地处茂名市区西出口地段。老区含文冲口、烧酒坡、捉鱼坡（后并入烧酒坡）、文安 4 个村庄（解放战争时期）。

解放战争时期。1948 年 3 月，合水地区党组织派柯进到文冲口进行秘密活动，发动群众。6 月至 8 月，先后有柯作琼、陈淑坤、柯碧等一批武工队队员进驻该村，协助柯进开展革命工作，先后在该村吸收了柯辉基、柯益汉等 8 人参加武工小组，进行经常性的巡逻放哨。后又成立了同心会、姐妹会、妇女小组、秘密游击小组等一系列的革命群众组织。9 月起，动员群众开展拖交地主田租，拖欠抗缴国民党户口、壮丁税谷和逃避拉壮丁等一系列革命斗争。1948—1949 年，白沙乡第八保保长在共产党的统战工作感召下成为革命的支持者。1949 年初，茂名县委委员梁振初到该村召开群众大会，向群众进行"九苦十八忧"革命形势教育。同年，该村经受革命斗争考验，表现突出的柯玲、柯肖芬等 5 名青年被吸收加入新民主主义青年团。8—9 月，该村选派了柯辉基、柯益汉等青年参加粤桂边纵队第五支队第十四团。9 月下旬，武工队从梅箓运回三木船枪支弹药，该村革命群众连夜出动，将枪支弹药搬走藏好。

新坡镇车田村委会

车田村委会截至 2019 年有车田、北斗、公塘、岭仔、林屋、新福 6 个自然村，8 个村民小组，251 户，866 人，共产党员 52 人，耕地面积 146 多亩，地处新坡镇南部。老区含车田、岭仔、北斗 3 个自然村（解放战争时期）。

解放战争时期。1948 年 6 月，合水地下党的负责人之一柯逮钊吸收车田村的柯兆焜参加革命游击小组，派其回车田村开展革命活动。1949 年 7 月，该村的柯兆焜、柯俦等 5 名青年被吸收为新民主主义青年团团员，通过发动广大群众，成立了同心会、妇救会、睇垌队。开展拖欠地主租谷、逃避拉壮丁等一系列的斗争并取得胜利。积极做好国民党新治乡第三保保长柯宴谋的统战工作，他从家中多次拿出钱、粮等物资解决进驻车田村的革命同志的伙食，安排革命同志到他家居住。1949 年 7 月，国民党茂名县属下的第二营夜围车田村，由于他及时通风报信，使地下党组织及革命同志免遭损失。1949 年，粤桂边纵队组建十四团，车田村选送了柯兆焜、柯兆和、柯俦等 5 名青年到部队参军。9 月，武工队将陈赓桃起义前交给部队的枪支弹药从梅菉运到小东江口，该村群众连夜出动，将木船上的枪支弹药搬走藏好。

新坡镇关车村委会

关车村委会截至 2019 年有沙车、瓦言坡、加鸟山、鲫鱼塘、关塘、关塘坡、新圩坑、鹿岭头、新村、旧村、万民坡 11 个自然村，18 个村民小组，1200 多户，3800 人，共产党员 52 人，耕地面积 1300 多亩，地处新坡镇东北部。老区含关塘、沙车、加鸟山 3 个自然村（解放战争时期）。

解放战争时期。1947 年夏秋期间，羊角地下党领导钟正书派武工队负责人黄成煦、队员吴连等到该村开展革命活动，向群众宣传革命道理，发展了一批革命积极分子。钟正书、李延年、黄成煦等领导经常做十保乡贤苏月秋的工作，使其积极支持革命。此后，保长、副保长、保丁等人事安排和保内的大小事务均按照苏月秋的意见办理，该保的政权实质掌握在地下党人手里。武工队到村中活动后，得到群众的积极支持和拥护，成立了读书会、妇救会、巡逻队等革命群众组织，群众自觉地为武工队放哨把风，保护革命同志的安全。并按照地下党和武工队的指示，拖欠地主的租债不交，拖欠国民党的户口门牌、壮丁税不交，使得地主恶霸束手无策。该村还先后选送苏芝城、郭焜壬、郭焜仲、赵玉等参加武工队，为当地解放战争作出了贡献。

高山镇章福村委会

章福村委会截至 2019 年有章福、长山、姓许、车头屋、品盛 5 个自然村，12 个村民小组，500 多户，2260 多人，共产党员 52 人，耕地面积 470 多亩，地处高山镇西部。老区含车头屋、品盛

2 个自然村（抗日战争时期）。

抗日战争时期。1927 年秋，章福车头屋村柯义行经党组织安排，任茂南中学共青团支部书记、车头屋农会会长。1928 年清明节后，为摆脱国民党反动派派兵围捕，远走中山、广州等地。后于广州去世。1942 年开始，中共茂名县委派来共产党员罗志坚、李辉雄、柯荣萱、柯日轮等，在合水及章福的车头屋村、品盛村一带工作，教育和发动群众，争取到当地联保主任、保长的支持，为开展革命斗争打下了基础。1944 年夏，该村组建游击小组，发动群众对地主展开抗租减租斗争。1945 年 2 月下旬，该村游击队队员参加化南武装起义受挫后，回村里分散隐蔽，坚持革命活动。同年秋，车头屋村柯义文毅然投身革命，1947 年春任车头屋交通联络站负责人，他在其父亲的支持下，全家省吃俭用，节省钱物支持地下交通联络站的活动。1949 年秋，柯义文被选为车头屋村农会会长，后被穷凶极恶的国民党反动派杀害。1949 年国民党陈赓桃部队起义前，送出一批武器、弹药，章福的车头屋村和品盛村的群众，积极参加搬运和收藏工作。

高山镇文秀村委会

文秀村委会截至 2019 年有文秀、新福、泥屋、潘屋、转位、上长、中长、下长、新村 9 个自然村，12 个村民小组，1000 多户，3500 多人，共产党员 72 人，耕地面积 900 多亩，地处小东江沿岸、高山镇西部。老区含文秀、新福（以上属抗日战争时期），转位、长山坡（现为下长）（以上属解放战争时期）4 个自然村。

抗日战争时期。1942 年初，柯日轮经党组织安排到文秀村开展革命工作。1943 年开始，中共茂名县委派来共产党员罗志坚、李辉雄、柯荣萱以教师身份在该地工作。1944 年夏上级派来该村工作的共产党员有 6 人。他们深入宣传抗日救国思想和共产党的主张，教育发动群众，同时，进一步做好乡绅及保长的统战工作，控制村政权，为开展革命斗争建立了阵地。与果子园、车头屋、木头塘等村组织起来的游击队队员共 70 多人，合组成一个中队，由柯日轮任中队长，柯荣萱任指导员。后成立功夫馆，组成睇峒队，队员明里打着日夜看守田峒的旗号，暗地里为地下党同志通风报信。秋季，党员罗志坚串联发动群众展开抗租斗争。1945 年 1 月，柯日轮从该村游击队队员中挑选 7 人参加化南起义。

解放战争时期。1946 年，党组织决定该地区工作由柯乙福接管，当时长山坡、转位村的工作由文秀柯业凡游击小组负责联系。1947 年柯乙福吸收柯志飞、柯日恒参加中国共产党。1948 年夏，柯日轮在合水地区组建武工队，常驻长山坡村联络站。1948 年秋，开展了拖欠租谷斗争并取得胜利。1949 年春，开展学潮罢课斗争取得胜利，浴德学校牢牢掌握在地下党手里。7—8 月，陈赓桃部队起义前将一大批枪支弹药运回东江口，长山坡、转位村群众 60 多人，把物资搬回该村收藏保护好。十四团组建时，该村游击队队员中有 3 人参加该团。

高山镇坡头村委会

坡头村委会截至 2019 年有坡头、刘屋、道公、禾地屋 4 个自然村，17 个村民小组，970 多户，4000 人，共产党员 54 人，耕地面积 1300 多亩，地处高山镇南部。老区含坡头（抗日战争时期），刘屋、道公（以上属解放战争时期）3 个自然村。

抗日战争时期。1939 年春，该村青年梁恩波入党，1940 年吸收同村梁毅、梁浩熙入党。1941 年至 1943 年，梁恩波、梁毅等得到乡、保长及乡绅的支持，取得群德小学控制权，把共产党员梁志珍、罗志坚、李辉雅等先后安排入群德小学当教师，积极开展抗日救国活动。1943 年夏天，梁毅先后发展了 30 多名游击队队员，进一步健全该地区的识字班、武术馆、睇峒队、生理会，把群众组织起来，提高阶级觉悟，日夜巡逻放哨。1943 年秋，梁毅指示保长组织农民开展抗租减息的斗争并取得胜利。1944 年 7 月，梁毅筹款秘密购买到长枪 15 支、短枪 2 支、手榴弹 40 枚，全部送去飞马村郑奎游击队用。1945 年 1 月，梁毅参加化南起义后不久，政委黄明德派他去特委请示工作，于安铺被日伪巡查队逮捕，壮烈牺牲。吴时奉接任游击队负责人。

解放战争时期。1947 年柯乙福接管领导工作，派柯作琼到刘屋交通站开展革命宣传发动工作。1947 年至 1949 年，柯作琼发展新的游击队队员 10 多人，共有队员 30 人，扩大了游击队武装力量。1948 年成立青年妇女识字班，动员妇女参加革命。同年初，武工队派组长柯铁屏往刘屋交通站进行革命工作，基本上每户都有人参加地下组织。1949 年，车振伦、梁昌东、郑凌华等领导到刘屋居住和指导工作，开展武装斗争。夏天，地下党领导车振伦、梁昌东、郑凌华率武工队 10 多人集中于刘屋村，从刘屋村动员组织 30 多个年轻力壮的游击队队员和革命青年运送枪支。7 月，3 名游击队队员加入十四团，随军转战至茂名解放。

羊角镇南香村委会

南香村委会截至 2019 年有新塘仔、麻雀、南香塘、田头屋、石界冲、倪屋、文才、禄陂、朱仔凌、陂仔、新屋仔、潭罗陂、南香、父子塘、大田头、牛岗路、大园、陂肚、陂面、厚禄陂、坡塘、鸡园共 22 个自然村，34 个村民小组，2200 多户，10600 多人，共产党员 184 人，耕地面积 2800 亩，地处羊角镇西南部。老区含陂仔、大园、大田头、文才（以上属抗日战争时期），牛岗路、南香、新屋仔、南香塘、陂面、厚禄陂、石界冲、禄陂、父子塘、朱仔凌、田头屋、倪屋、鸡园、坡塘、麻雀、潭罗陂、新塘仔（以上属解放战争时期）21 个自然村。

抗日战争时期。1942 年至 1945 年，南香地区青年周之干、周积荣、周元声、周国强、周元等人加入中国共产党，分散到各村去开展革命活动。1944 年，南香地区建立游击小组，周元声负责南香地区下片，包括南香村、潭罗陂村、大田头村、牛岗路村、厚禄陂村及茂名边界一带村庄，周积荣、周文才负责南香上片，包括书房村、门口坑村、石界冲村、南香塘村、田头屋村、麻雀村、新塘仔村、大园村和猪㙟屈村（黎明村）。1945 年春，南香地区成立民兵小组，建立了 7 个农会。8 月，先后发展了 70 多人加入游击小组，与地主恶霸展开针锋相对的斗争，取得"二五"减租的胜利。这期间，钟正书、李延年、黄成煦、周之干等人通过做思想工作，先后将南乡保长、甲长争取过来，参加游击小组的保长有黄元魁、周廷元、周文喜、周以兰、周达英 5 人及大部分甲长。

解放战争时期。南香地区建立党小组，周积荣任组长，党员有周元声、周国强、周文才、周元、李春龙等人并加入武工队，转战茂电信吴化等地区。1947 年，敌人 5 个中队进驻羊角，反动头子周泽甫带一个中队驻南香，屠杀革命同志，逐家逐户搜查，企图赶尽杀绝，8 月 17 日，王杰在陂肚被捕，8 月 18 日，周文才在书房村突围牺牲，接着周文汉、陈学兴、黄元魁等革命同志和一些群众被捕。10 月 14 日，有两个装扮成"猪牙郎"的便衣特务进入麻雀村，被游击小组和革命群众捉起来并处决了。中华人民共和国成立前，多名进步青年参军，转战粤东粤西。

羊角镇青山村委会

青山村委会截至 2019 年有雷加坑、上沙园、下沙园、青山、上那邹、下那邹、坡塘岭、黄佛子、黄竹头、木头塘、白石洞、三石、水鸭塘、山脚、加田、根基坑、大园、白银沟、牛岗路、坡仔、青泉、河面、桥头 23 个自然村，32 个村民小组，2221 户，12232 人，共产党员 115 人，耕地面积 2360 亩，地处羊角镇的东北部。老区含木头塘、白银沟、下那邹、上那邹、牛岗路、黄竹头、上沙园、下沙园、水鸭塘、黄田仔（现为黄佛子）、青泉、坡仔、大园、河面、白石洞、雷加坑、根基坑、三石 18 个自然村（解放战争时期）。

抗日战争时期。1940 年，青山村青年廖鸿才在电白简师读书时加入了中国共产党，1942 年秋回家教书，中共电白特别支部书记庞自和地下党员王学明也来到青山小学任教，设立电白县党组织领导指挥机构。他们通过各种渠道，把大部分保长争取了过来。至 1944 年秋，先后在青山地区吸收了廖太周、廖祖训、廖善祥等加入中国共产党，到 1944 年冬，各村都建立了游击小组。1945 年初，成立青山游击大组，组员有廖开熙等共 30 人。秋季，青山地区成立农会，廖太祥和廖亚兴为正、副农会会长，会员人数多达 600 多人。青山地区建立了一批交通站，主要负责接待来往的同志和通信联络工作。先后有党组织领导人陈华、庞自、王学明、严子刚以及羊角游击区领导人李延年、黄茂坚等到该村布置任务和指挥革命工作。

解放战争时期。1946 年 3 月，农会组织群众会聚于青山祠堂，迫使国民党顽固分子、大地主同意执行"二五"减租。随后，群众自发组织巡逻队，不分日夜为革命同志站岗放哨，传送情报。1947 年 4 月，王杰带着 40 多名输送到独立连的农民群众，误经青山联防队门口，展开了激烈的枪战，王杰打死了敌人一名哨兵，黄竹头村的群众及时赶到，帮助王杰及 40 多名参军农民全部撤离隐蔽到乡下。5 月中旬，黄竹头村群众在廖开熙带领下和独立连战士一起作战，在马头岭一带与敌人展开了激烈的战斗，俘虏了 3 名敌人，缴获步枪 10 多支。1947 年 8 月至 9 月间，国民党兵对青山地区进行了多次"扫荡""清剿"，至 10 月，敌人改用"定点打钉"办法。面对强大的敌人，群众从不畏惧，在党的领导下，同敌人展开了一次又一次的斗争。1947 年至 1948 年间，青山地区广大青年踊跃报名参军,为革命作出了贡献。

羊角镇石曹村委会

石曹村委会截至 2019 年有桂章岭、福地角、石曹、坑仔塘、黑石岭、大塘边、屋地岭、窿口、六寮角、石曹岭上、石曹岭下、走马山东、走马山西、架口塘、上宾塘、沙田坡、金煲、铺仔岭、望天塘、白牛脚、水牛埇、黄塘窿、长湖窿 23 个自然村,44 个村民小组,2100 多户,11500 多人,共产党员 198 人,耕地面积 2500 亩,地处羊角镇西部。老区含沙田坡、福地角、黄塘窿、上宾塘、大塘边(以上属抗日战争时期),铺仔岭、走马山西、石曹岭、架口塘、走马山东、黑石岭、六寮角、桂章岭、金煲、白牛脚、窿口、坑仔塘、长湖窿、望天塘、石曹、屋地岭、水牛埇(以上属解放战争时期)22 个自然村。

抗日战争时期。从 1942 年 8 月开始,羊角党支部领导黄成煦等到石曹地区开展革命活动,先后发展了林仕发、林高、黄茂坚、黄子元加入中国共产党。到 1946 年夏,参加武工队和游击小组的有 40 多人。抗日战争后期,羊角党支部领导黄成煦、李延年带着武工队队员到石曹地区,通过做思想工作把保长争取过来。从 1945 年开始,石曹地区保长、甲长、绅士为地下党探听情报,捐钱捐粮,保释被捕的革命同志和群众。为武工队站岗放哨,使武工队对敌人的行动了如指掌。

解放战争时期。1946 年春,黄成煦带领黄家明、黄茂坚等武工队队员进入石曹村开展革命活动,成立民兵组织,黄德珍任组长。从 1946 年春至茂名解放,先后进入石曹村开展革命活动的有黄成煦、李延年、钟正书等 10 多人。在党的领导下,石曹地区群众热情支持、参加革命,配合武工队打击敌人。为解决武工队和游击队人员食宿,群众经常献钱买菜、献米做饭。1947 年底,钟正书带领黄茂坚等人在石曹村活动,被敌人包围,黄德珍、黄德辉等人立即带领群众掩护钟正书等人，边打边撤，最后安全离去。1947年，敌人集中强大兵力驻进羊角地区，进行全面"清剿""扫荡"，黄茂英、黄茂梅被捕，在电城坐牢至茂名解放。10多名群众被捉，花了大笔钱物才保释出来。1948年初，林仕发壮烈牺牲。石曹地区多名青年加入独立连和其他部队，随军转战杀敌。

羊角镇爱群村委会

爱群村委会截至2019年有黄竹坑、上高、油桁屋、黄渐、路车、高五、高六、黄泥屯、新兴、新建、军窟、交椅岭、九尾垌、路车坡、车田屋、沙园、坎沙树、邓屋底、塘博窟、大村、水门、沙古墩、山尾、石仔地、碰塘25个自然村，39个村民小组，1896户，共10098人，共产党员168人，耕地面积共2860亩，地处羊角镇西部。老区含灶香、石仔地、凰渐（现为黄渐）、大村、车田屋、沙园、邓屋底、高坡顶（以上属抗日战争时期）、水门、路车、沙古墩、交椅岭、塘博窟、坎沙树、军窟、九尾垌、上坡、黄泥屯、新建、油桁屋、路车坡、埲塘（现为碰塘）、山尾（以上属解放战争时期）23个自然村。

抗日战争时期。1939年冬，李延年进入该村以读书会为名开展革命活动。1940年春，吸收进步青年李佐平加入党组织。同年冬又在读书会中吸收李泮兰、李联模等人加入党组织，并成立了游击队。随后在各村建立游击小组，共有组员34人。1944年至1945年间在读书会里吸收了山尾地区李成兴、李联横等加入党组织，游击队负责人为李立兴、李佐平，1944年11月4日，茂电信特派员陈华根据南路特委温焯华的指示，派车振伦、罗秋云带队进驻李荣平家，后建立党的交通站，负责人为李荣平。

解放战争时期。1945年冬，羊角党组织领导人李延年、黄禄海等人在山尾和凰渐建立农会，会长李益武，会员有270多人。1945 年冬至 1947 年冬，山尾游击队队员发动群众和游击小组参加"二五"减租斗争活动并取得胜利。山尾、凰渐地区七保、八保的保长经地下党争取过来后，为党组织服务，帮助不少同志脱离敌人虎口。1947 年 6 月，爱群游击队配合羊角和陈垌武工队，袭击了陈垌麻田坡村国民党少将丁龙起老家。参战的有李佐平、李岳平等人。1948 年至 1949 年初，山尾、凰渐、石仔地等村参战的有李泮兰、李振盛、李立兴等人，后整编为粤桂边纵队第五支队第十三团。

羊角镇罗浮村委会

罗浮村委会截至 2019 年有大油麻坡、小油麻坡、雍菜园（原属油麻坡村）、坡边、黄村、集莺、桥头、石龙头、长山阁、碧桥、打砖塘、旧村、长山、树标岭、径下、河屋瑯、坡瑞、铺仔、白鹤塘 19 个自然村，29 个村民小组，1338 户，7666 人，共产党员 101 人，耕地面积 2819 亩，地处羊角镇东北部。老区含油麻坡、雍菜园（以上属抗日战争时期），坡边、黄村、集莺、桥头、石龙头、长山阁、碧桥、打砖塘、旧村、长山、树标岭、径下、河屋瑯（以上属解放战争时期）15 个自然村。

抗日战争时期。1944 年秋，羊角党支部领导李延年进入长山阁村开展革命活动，成立了民兵小组，有 5 名成员。1945 年夏，长山阁及附近 10 多个村庄建立农会，有会员 500 多人，朱立武任农会会长。同时，朱立枢等人利用亲戚朋友的关系协助党的工作，在水东开设小商铺，以做买卖为掩护，建立大小交通站。抗日战争后期，李延年等通过亲戚关系和直接做思想工作，把乡长、保长争取过来，以掩护和支持当地革命斗争的开展。

解放战争时期。敌人多次对长山阁村包围"扫荡"，企图捉拿革命人士，在广大群众的掩护下，游击队一次次地破坏敌人的"扫荡"。1945 年冬，从 10 多个村庄的民兵小组抽选骨干组成游击队，由朱达仁领导，成员有 30 多人。1947 年 10 月，游击队配合武工队袭击了南蛇教的"北虾老"，缴获粮食、钱款一批和枪 2 支。11 月，敌人包围径下村，为掩护革命同志撤退，朱丽明、朱丽儒、朱丽阳、朱兆全等 5 人被捕入狱不幸遇难。为了支援前线，长山阁村群众捐献钱 900 多元，粮食 3000 多斤，还有其他物资一批。

羊角镇禄段村委会

禄段村委会截至 2019 年有丰塘、石井、西瓜地、新屋、后中坡、松柏岭、油桁屋、后背塘、走马坡、军地、沙墩、井头、妙义、金竹山、石桥、鸡藤坡、乌泥、上泗水、下泗水、上水牛坡、下水牛坡、金岗冲、禄段、丝茅田 24 个自然村，34 个村民小组，1608 户，有 8261 人，共产党员 115 人，耕地面积 2633 亩，地处羊角镇西北部。老区含乌泥、妙义、上水牛坡、下水牛坡（以上属抗日战争时期），上泗水、下泗水、金竹山、丝茅田、丰塘、石桥、松柏岭、西瓜地、沙墩、后中坡、后背塘（以上属解放战争时期）15 个自然村。

抗日战争时期。1943 年冬，禄段青年何文有先后加入羊角游击队、武工队。1944 年 5 月后，党组织先后派黄祖文、黄有文、李延年等到禄段地区开展革命工作，吸收进步青年何开谋等 17 人参加革命，并建立游击小组，组长何开谋，成立民兵组织，民兵小组组长何发谋。成立农会，会长贾应兰。整个禄段地区各村连成一个战斗整体。同年秋，通过思想教育，把国民党乡长、保长、甲长等争取过来，传递情报，支援钱粮，为地下游击队提供食宿方便。

解放战争时期。1945 年 11 月，禄段地区的农会组织群众会集在禄段祠堂要求地主减租，斗争取得胜利。1947 年夏，李颐年带领茂电信独立连随茂电信军事特派员王国强在这一带活动，与敌人展开激烈战斗，打死敌机枪手 1 名，伤敌数十人，俘敌多人，缴获一批武器。10 月，由于叛徒出卖，何文有、吴连等在鸡藤坡活动时被敌人包围，何文有为掩护其他同志撤退时不幸中弹牺牲，敌人还把烈士的头颅割下到处示众。1947 年至 1948 年初，国民党曾几次重兵包围松柏岭等村庄，由于已统战过来的副乡长、保长等及时通报，在广大群众的掩护下，使敌人的"扫荡""围剿"落空，一名游击队队员在战斗中被害。

羊角镇共同村委会

共同村委会截至 2019 年有苦草、大王斜、高龙、南华、岭南、塘仔尾、黄竹塘、黄坭塘、车田屋、张屋村、竹仔角、新园、三顶车、山尾、中合、百叶车、沙车、下塘、上塘、文头窿、油麻岭、新建、爱国、渡头、新农、牛厄岭、田心、门口坡、大中 29 个自然村，29 个村民小组，1331 多户，8740 人，共产党员 94 人，耕地面积 2000 多亩，地处羊角镇的北部。老区含大中、山尾、大王斜、田心、南华、苦草、百叶车、三顶车、黄坭塘、竹仔角、门口坡 11 个自然村（解放战争时期）。

抗日战争时期。1943 年冬，党组织派黄祖文、何文有到百叶车及附近三顶车、山尾、黄泥塘等村秘密开展革命活动。黄祖文以教师身份秘密开展革命工作。1944 年至 1947 年间，李延年、何有文等以交朋友形式，对该片正副乡长、保长等进行形势教育，使其转变思想，争取过来支持革命。1945 年 11 月，党组织发动群众要求地主减租并取得胜利。

解放战争时期。1945 年冬起，电白县党组织领导人李延年、杨超等分别在共同各村庄建立起游击小组，先后吸收了进步青年 20 人参加革命，何文生、何祖跃任组长。接着成立农会，何杰甫和何聚连任会长，并从中抽出多人成立民兵组织，何开明为组长，为革命同志站岗放哨，传递情报。1947 年 7 月，国民党军官杨爱周带兵"扫荡"百叶车、竹仔角等村，到处围村截路，封屋捉人。地下党采取"敌来我退，敌走我进"的作战方式，何祖儒、何祖荣率领游击队队员到禄段、乌泥作战，击溃了前来围攻的茂名保警中队，打死敌机枪手 1 名，打伤敌人 10 名。8 月初，又击毙杨爱周保警中队队员两名，缴获步枪 8 支。

羊角镇柏屋村委会

柏屋村委会截至 2019 年有柏屋、龙马、白马琅、打铁坡、陂头、垌心、社村、新园、旱塘、三步坎、增良、十八岭、陂头口、泉水窟、白贝塘 15 个自然村，16 个村民小组，1339 户，7941 人，共产党员 116 人，耕地面积 3100 亩，地处羊角镇中部。老区含新园、旱塘、三步坎、增良、十八岭、泉水窟 6 个自然村（解放战争时期）。

抗日战争时期。羊角游击区党组织和武工队的领导人李延年、黄成朐等进入三步坎、新园等多个村庄开展革命活动，指定李业龙、李玉斋家为联络点。在三步坎成立民兵小组，成员有 6 人。之后，去邻近村庄物色进步青年参加革命，建立游击小组，成员有 20 多人，陈世兴任组长。为了适应复杂的革命斗争形势，将三步坎地区保长、副乡长争取过来，支持革命。

解放战争时期。1946 年初，以游击队队员、各村民兵和进步青年为骨干，建立农会，陈世兴为农会会长，后带领群众开展减租减息的斗争并取得胜利。1947 年，敌人大"扫荡"期间，游击队队员不分昼夜到羊角圩侦察敌情，还张贴革命标语 500 多份。1947 年 8 月，李业龙、李锦明等游击队队员协助群众抓到 5 名敌人派来的便衣特务，就地处决。1948 年初，敌人派兵包围三步坎、泉水窟等村庄，争取过来的保长事前探到消息，及时报告地下党，在群众的掩护下，革命同志安全转移。

羊角镇来龙村委会

来龙村委会截至 2019 年有来龙、南池塘、冷水坑、公山、石板、白背岭、石碑、牛屎堆、方园、下西冲、上西冲、公岭 12 个自然村，15 个村民小组，800 多户，5000 多人，共产党员 81 人，耕地面积 1100 亩，地处羊角圩西部。老区含上西冲、方园、公山、牛屎堆、来龙 5 个自然村（解放战争时期）。

解放战争时期。1946 年冬，羊角游击区领导人黄成煦等人进入来龙村开展革命活动，指定林树金家为地下联络点，吸收了进步青年 20 多人加入游击小组，李权任游击小组组长。接着在方园、公山、上西冲等附近村庄成立农会，推选李权为会长，会员有 160 多人，公开进行"二五"减租和抗"三征"斗争。来龙村林树金、林树华、欧开瑞等 10 多人还组织了一个单车队，以载客作掩护，护送革命同志，配合武工队的各项行动。来龙村的保长早在抗日战争后期就被共产党争取过来，1947 年春和 1948 年夏，国民党曾多次派兵包围牛屎堆等村，由于保长及时准确地报告敌情，掩护革命同志撤离，使队伍免遭损失。

羊角镇坡仔村委会

坡仔村委会截至 2019 年有下坡仔、文行、上坡仔、下车、冲仔、山仔、洪儒坡、田中间、黄泥塘、红坎、九尾冲、谷仓 12 个自然村，16 个村民小组，1210 户，6800 人，共产党员 98 名，耕地面积 1410 亩，地处羊角镇东北部。老区含下坡仔、文行、上坡仔 3 个自然村（解放战争时期）。

抗日战争时期。1944 年 5—6 月，革命组织秋白社的成员刘东勃等回家乡开展革命工作，广大群众纷纷起来支持革命，吸收了坡仔村刘东普等 10 名进步青年成立游击小组。至 1945 年初，坡仔村成立农会，会长刘文。为了使革命活动得以顺利进行，在坡仔、文行等村建立了"两面"政权。保长、开明绅士除了探听敌情、通风报信、掩护革命同志外，还捐钱捐物一大批给党组织，腾出房屋给革命同志使用。

解放战争时期。1945 年冬到 1946 年初，坡仔、文行一带的农民，在游击小组和农会的带领下，到处张贴革命标语，同地主展开减租斗争并取得胜利。上级党组织派共产党员赖冠华、赖光华、林鸿年等人来到文行、下车、山仔等一带村庄，以刘勃源家为联络点，组织青年读书会进行革命活动，吸收刘勃源等 8 人成立游击小组，同时成立 10 多人的民兵小组，建立 40 多人的农会。1947 年夏至 1948 年初，国民党反动派到坡仔、文行一带村庄进行"围剿""扫荡"，广大群众冒死掩护革命同志，一次次破坏敌人的"扫荡"阴谋。1947 年末，进步青年李日南参军参战，英勇杀敌，后在战场上牺牲。1949 年初，刘勃源等 4 人参军，在前线英勇杀敌。

羊角镇山和村委会

山和村委会截至 2019 年有山和、水鸡塘、坎头山、山鸡窟、深水田、路边园、旧营 7 个自然村，16 个村民小组，720 户，共3799 人，耕地面积 986 亩，共产党员 101 人，地处羊角镇西北部。老区含山和、坎头山、水鸡塘（以上属抗日战争时期）、旧营、路边园、深水田（以上属解放战争时期）6 个自然村。

抗日战争时期。1940 年春，羊角地下党领导人李延年开辟了山和一带的革命活动区域，吸收黄成煦加入党组织，同年冬又吸收了黄祖文、黄增耀、黄守全、黄祖实、黄祖耀等加入革命队伍，并以他们为骨干分派到旧营村、路边园村、深水田村开展活动，分别在这几个村庄建立了读书会，向各村青年宣传共产党的政策，并组织各村 20 多名青年参加游击队，负责人是黄成煦。1945 年夏，在山和成立了农会，农会会长是黄伟尧，农会会员有 250 多人。1945 年秋，与地主开展"二五"减租的斗争，取得了胜利。1947 年 6 月下旬，国民党"清乡"委员会主任杨爱周带兵对山和一带村庄摆出"推虾式"阵势，妄图将地下党赶尽杀绝。争取过来的乡、保长，向地下党报告了敌人的"清乡"方案，尽管敌人派兵重重包围，其"清乡"的计划仍然落空，无功而返。

羊角镇田心村委会

田心村委会截至 2019 年有田心、山口、秧地头、田头屋、山斜、沙塘琅、大坡、山口墩 8 个自然村，22 个村民小组，703 户，共 3743 人，共产党员 94 人，耕地面积 1420 多亩，地处羊角镇西南部。老区含田心、秧地头、田头屋、山斜、山口、沙塘琅（以上属抗日战争时期），大坡、山口墩（以上属解放战争时期）8 个自然村。

抗日战争时期。1939 年山口、田心村成立了羊角第一个党小组。1940 年 8 月建立党支部，李延年任书记，其后山口墩及附近村庄的进步青年李芳、李子钦、李鹏年加入共产党。1941 年秋以党员为骨干成立抗日游击队，30 多人加入游击队。1944 年冬，李延年等进入山口墩村开展革命活动并成立民兵小组，有成员 8 人，郭开进任组长。到 1945 年春，已有 10 多个青年加入游击队。同时，建立农会，会长郭开进，会员有 400 多人。同年秋天，组织广大群众进行减租斗争取得胜利。8 月，李鹏翔、李应超、李迪兴等青年加入中国共产党。这期间，地下党十分注重统战工作，田心地区的李业初是个开明绅士，全力支持革命，掩护和营救了不少被捕的革命同志。

解放战争时期。1947 年 6 月，田心游击队协助武工队袭击了国民党少将丁龙起老家，引起了敌人的注意，敌人集中 1000 多兵力驻围田心等地，对各村反复"扫荡""清剿"，企图将革命力量一网打尽。1947 年 12 月，党组织领导钟正书、黄茂坚等人在山口墩村一带活动时，被王正中队包围，但在广大群众掩护下，钟正书等人边打边退，安全脱险撤离。山口墩等村先后为革命牺牲的同志有郭开、李平年、李明、李文光等。山口墩村、田心村保长等在抗日战争末期参加了游击队，并利用做保长的职权全力支持革命。

羊角镇黎明村委会

黎明村委会截至 2019 年有上清湖、下清湖、黑石岭、黑坡园、孟坡、旧堡、朱堡堀、二村仔 8 个自然村，20 个村民小组，1029 户，5452 人，共产党员 66 人，耕地面积 2520 亩，地处羊角镇西南部。老区含上清湖、朱堡堀 2 个自然村（解放战争时期）。

抗日战争时期。1942 年春，羊角党组织领导人李延年、党员黄祖文进驻朱堡堀一带开展革命活动，吸收周之干入党。1945 年春，从抗日队伍骨干中吸收周积荣、周元声、周国强、周文才、周元、周寿加入党组织，并成立党小组，周积荣任组长。同时，通过形势和思想教育，把保、甲长争取过来，秘密参加游击队活动。

解放战争时期。1946 年初，朱堡堀村成立了游击队和农会，由陈学兴负责。1947 年 8 月，国民党对朱堡堀地区进行了 5 次大"扫荡"，在战斗中，周文汉、陈学兴、黄元魁 3 名游击队队员，22 名群众被捕入狱，武工队队员王杰在突围中不幸被捕，周文才在掩护同志突围中牺牲。另外，在全国解放战争中转战南北的黄广华在部队参战中光荣牺牲。

羊角镇大同村委会

大同村委会截至 2019 年有坡心、山脚坡、罗德坡、洞心、高博头、塘尾、大塘坡、大塘博、黄坭田、上白肚、下白肚、下塘、九眼塘、新丰塘、大村、铁寮、酒铺、猪母车、下村、樟木坑 20 个自然村，34 个村民小组，2100 多户，11000 多人，共产党员 166 人，耕地面积 2186 亩，地处羊角镇东北部。老区含樟木坑、塘尾、洞心、黄坭田、上白肚、下白肚、九眼塘、大村、酒铺、高博头 10 个自然村（解放战争时期）。

抗日战争时期。1945年初，羊角党组织布置武工队队员黄茂坚、何文有等进入大同一带村庄开展革命活动。杨超也带领部分六连战士到大同地区，与先期进入这一地区的武工队会合，分别在各村庄进行革命宣传活动。首先在各村动员青年组织起来，建立游击小组，吸收20多个青年组成了大同地区游击小组，组长是周兆伟。后在各村建立民兵小组，组员达110人。同时，通过各种渠道，把乡长、大部分保长都教育转化过来，将政权控制在地下党组织手里。同年夏天，大同一带村庄在武工队和游击小组的发动和引导下，成立了农会组织，群众推举周兆良为农会会长，会员有300多人。

解放战争时期。1945年冬，发动农会会员开展减租减息的斗争并取得胜利。1947年7月开始，茂名、电白两县国民党集中兵力对大同地区进行"清剿""扫荡"，大同群众积极协助武工队队员隐蔽和撤离，使敌人阴谋落空。10月，敌人再派一个中队对大同地区重点"清剿"，到处围村截路。周兆伟、朱德龙等6名游击队队员和群众在掩护武工队撤退时不幸为敌人所捉，敌人把他们押解到田心、羊角圩等地进行威逼和严刑拷打，但他们没有向敌人泄露半点地下党的机密。12月上旬，武工队队员吴连、苏之越路过大同，正好遇上王正带领自卫中队围村守路设卡。吴连、苏之越在大塘尾村群众配合下狠狠地打击了敌人，待敌人清醒过来时，他俩已在群众掩护下，安全撤回了那际村。

羊角镇横岭村委会

横岭村委会截至2019年有佛子窝、横岭（原属佛子窝）、长山、窝尾、大书房5个自然村，20个村民小组，642户，3022人，共产党员49人，耕地面积1200亩，地处羊角镇西北部。老区含佛子窝、横岭（以上属抗日战争时期）、长山、窝尾（以上属解放战争时期）4个自然村。

抗日战争时期。1942 年，长山地区有 3 名青年加入由李延年组织的读书会。1944 年春，李延年等人深入长山、窿尾等村，成立民兵小组，有成员 30 多人。他们找横岭保长做思想工作，把他争取过来并让其加入游击队。1945 年初，长山、窿尾、横岭等村成立农会，有会员 300 多人。白花岭起义失利后，有两位轻伤的同志由田心游击队队员带到长山、窿尾两村隐蔽疗伤。1945 年秋，组织广大群众开展减租减息斗争并取得胜利。

解放战争时期。1947 年 6 月，敌人集中 1000 多兵力进驻羊角对革命村庄反复"清剿"，长山、窿尾、秧地头、田心、田头屋等村的放哨人员及时发现敌人的动向，掩护革命同志及时撤离。在反"围剿"中，地下党员李鹏翔不幸被捕入狱，受尽折磨与严刑拷打。而在战斗中牺牲的有李平年、李文光、李旺、李庭年等人。1948 年初，先后有李应堂等 8 人加入中国人民解放军。

羊角镇新城村委会

新城村委会截至 2019 年有三台岭、新村仔、黄泥沟、岭头下、坡头、古木山、茶湖、博罗、杨屋山、柑木冲、岭南、上河边、下河边、镇隆、上白牛脚、下白牛脚、黄屋、林屋、车仔、格坑 20 个自然村，20 个村民小组，2000 户，11182 人，共产党员 130 人，耕地面积 2305 亩，地处羊角镇西部。老区含林屋、镇隆（以上属抗日战争时期），黄屋、格坑、上白牛脚、柑木冲、车仔（以上属解放战争时期）7 个自然村。

抗日战争时期。1940 年 8 月，李延年派黄成煦、黄祖文、周文才组成一个党小组到黄屋村发展党组织。1944 年党小组进驻上白牛脚村组织游击小组。9 月，李延年派黄成煦、黄祖文、李立兴组成党小组，进驻格坑村开展工作，不久就吸收了进步青年林英、林仕兴入党。他们宣传发动群众参加革命，组成游击小组，组员有 10 多人。为了使革命活动能顺利进行，党组织通过写信及他们的亲戚朋友劝说把新城的两个保长争取过来。

解放战争时期。1945 年 9 月，羊角区党组织领导人李延年、黄成煦派党员李佐平、李立兴、黄祖文、周之干到车仔村李崇文家建立联络点，吸收进步青年 5 人加入革命队伍，成立游击小组。同时成立农会，会员有 200 多人，取得减租斗争的胜利。1948 年春，国民党出动两个中队兵力包围车仔等村庄，进行"扫荡"，已争取过来的保长及时通知革命同志，在游击队和民兵的掩护下安全转移。冼应良、苏明华为革命献出了生命。1948 年和 1949 年初，莫可熊、刘锦成、林高、林胜等多人参加解放军。

羊角镇竹营村委会

竹营村委会截至 2019 年有禾塘岭、下庵、上竹营、牛角湾、下竹营、方田墩、中间坡、文山、罗山、玉树、田头屋、罗江、里鱼塘 13 个自然村，27 个村民小组，1130 户，6500 多人，共产党员 98 人，耕地面积 1890 亩。老区含牛江塘（现为罗江）、田头屋 2 个自然村（解放战争时期）。

抗日战争时期。地下党领导人李延年教育争取了竹营副乡长和保长转变过来，积极支持农会的行动取得减租斗争胜利。1945 年 10 月，羊角武工队队员骨干分别进入牛江塘村和田头屋村开展地下革命工作，建立地下交通联络点，召开群众会议，宣传共产党的政策，教育群众起来闹革命。通过培养教育，挑选李家林等一批进步青年分别建立田头屋、牛江塘村游击小组。李延年、黄成煦再在邻近村庄挑选廖万祥等多人组成游击小组，将各游击小组合拼成一个游击大组，由陈世兴任组长。各村游击小组组织民兵日夜站岗放哨，保护地下党武工队在各村活动的安全。

解放战争时期。1946 年初，在牛江塘村、田头屋村和附近几个村组织成立了农会，农会会员由游击队队员、各村民兵和进步青年等 50 多人组成，推选陈世兴担任会长。1947 年，国民党反动派对羊角地下党游击区进行"扫荡""围剿",各村游击小组派出民兵加强站岗放哨,及时发现敌情,在游击队和群众掩护下,地下党和武工队领导人安全转移,使敌人屡次入村都扑空。

羊角镇上庵村委会

上庵村委会截至 2019 年有七王岭、山贝、徐屋仔、陈屋、上庵、糖寮、卖腊、山尾、大田头、新陂、中间垌、下底坡、大陂头、烂垭坡、黑泥塘、石仔岭、公岭、中心 18 个自然村,29 个村民小组。1436 户,7532 人,共产党员 113 人,耕地面积 2450亩,地处羊角镇东部。老区含山贝村 1 个自然村(解放战争时期)。

抗日战争时期。1942 年秋,电白县地下党领导人庞自和党员王学明、廖鸿才等人进入青山小学任教师,以教师身份为掩护开展革命活动,将山贝村、水鸭塘村、大园村、三桥石村、雷加坑村等 20 多个村庄连成一个战斗整体。到 1944 年秋,先后吸收了廖太周、廖祖训、廖善祥等进步青年加入中国共产党。1944 年冬,在地下党领导下,各村开始建立游击小组,山贝村游击小组组长是徐春树,组员有 13 人。1945 年初,青山地区抽调各村游击小组骨干,成立青山游击大组,组员有山贝村及其他村的进步青年 30 多人。同年秋,山贝村加入农会的有 20 多人。

解放战争时期。1946 年,先后有电白地下党领导人王学明、严子刚以及羊角游击区领导人李延年、黄茂坚等到山贝村布置任务和指导工作。各村联络站由游击小组日夜站岗放哨,保证地下工作人员的安全。从 1947 年 8 月开始,国民党反动派对该地区各村进行了多次的"扫荡"和"清剿",由于各村乡、保长都事先把敌人的围村方案向地下党报告,使敌人屡次围村都扑了空。

石鳌塘、南庄、石砣居委会

石鳌塘、南庄、石砣村原属高山镇管辖,20 世纪 80 年代中期伴随着茂名市区东扩而成立了官渡街道办事处，这3个村委会改为居委会建制，转归官渡街道办事处管辖。

石鳌塘、坡塘、后背坡、庙山下、铺仔岭（以上属石鳌塘居委会），崩塘、双山田、新塘仔、猪肚陂（以上属南庄居委会），石础（属石础居委会），这10个村庄相近连成一片，东面与羊角镇的南香、石曹、凰渐等革命老区村庄毗邻，均属解放战争时期革命老区村庄。

解放战争时期。石鳌塘、南庄、石础等村庄同属仁里乡第十五保管辖，是茂名县与电白县的交界处，当时国民党地方当局各自为政，有追兵不过界的规矩，便利于地下党的革命活动。

1946年，中共党组织派钟正书、黄成煦带领羊角武工队进入石鳌塘一带村庄开展革命活动，先后物色石鳌塘村谭福庆、谭伟斌、谭雄，崩塘村谭祖宜、谭柏南，后背坡村谭武瑞，石础村谭亚庆、谭汝浩等青年，吸收他们加入武工队，并在石鳌塘村谭伟斌家、崩塘村谭祖宜家、后背坡村谭武瑞家和石础村谭亚庆家建立地下联络站（点）。从羊角过来的武工队队员分散在各村开展秘密活动。吃住在各村联络站里。

当时石鳌塘村谭伟斌在村中组织了武术队，黄成煦指示以武术队名义建立地下武工队，先后参加武工队的青年有40多人。1947年初，为了争取保长支持革命工作，黄成煦先后委派谭柏南、谭福庆、谭汝浩分别做两个保长的思想工作。经过细致的思想教育，两个保长转变了过来，及时向武工队领导报告乡公所情况。2月，谭福庆安排武工队队员谭肖民进入仁里乡自卫班当副班长。4月，谭祖宜又安排武工队队员谭振德进入仁里乡自卫班，配合谭肖民一起做自卫班乡丁的思想转化工作，保护地下党活动的安全。有一次，仁里乡乡长伍礼全与王正自卫队及附近乡保丁200多人包围崩塘村，危急关头，黄成煦从村里撤出，正好与乡丁相遇，由于谭肖民和谭振德事前做通了乡丁们的思想工作，乡丁与黄成煦相距不到 20 米，却朝天放枪放行。6 月 23 日晚上，武工队执行上级党组织命令，逮捕绰号"花狗"的反革命顽固分子谭琼生并进行处决，为党为民除了一大害。同年秋，武工队和游击队队员到双山求雨岭村边捉拿低垌四保黄姓特务并当晚枪决，为民除害。1948 年 2 月 14 日，自卫队、保丁队包围崩塘村，武工队分散撤退时，谭柏南走到双山田间中弹牺牲。7 月，由于叛徒出卖，石碰村交通站站长谭汝浩被新坡合水乡公所捕捉英勇就义。同年秋，王正自卫队第三次包围崩塘村和石碰村，武工队队员何文友不幸中弹牺牲，崩塘村谭祖宜、谭权兴被捉进羊角圩监禁，后由群众担保释放。谭亚庆被捕后，押解到高州监狱，他坚贞不屈，受尽酷刑和诱逼，始终守口如瓶，同年在狱中被折磨致死。1948 年冬，上级党组织布置武工队发动群众开展减租减息的斗争取得胜利。

后记

　　为了贯彻落实习近平总书记关于"发扬红色资源优势，深入进行党史、军史、老区革命史优良传统教育，把红色基因代代传下去"的重要指示精神，根据中国老促会《关于编纂全国1599个革命老区县发展史的安排意见》，在广东省、茂名市老促会的指导下，茂南区高度重视，扎实开展《茂名市茂南区革命老区发展史》编纂工作。

　　一年多来，编写组成员克服茂南建区时间不长，各种历史档案资料还不十分健全等困难，不辞劳苦，深入茂名市、茂南区、电白区、高州市等地的档案馆、博物馆、图书馆，走访老游击战士，足迹踏遍了全区361个老区村庄，以高度负责的精神进行书稿编写。书稿形成后，90岁高龄的茂名市老促会名誉会长、市老战士联谊会会长邓刚同志严格把关，并认真细致地审阅了《茂名市茂南区革命老区发展史》的全部文稿，对书稿的栏目结构和文章史实进行了分析、研判和审核，提出了宝贵的修改意见。经过半年来的反复修改审核，至2019年6月，该书终于定稿。

　　《茂名市茂南区革命老区发展史》编写过程中，得到了相关部门、老前辈、烈士亲属、老区村庄群众、社会热心人士的支持与协助，凝聚了各级领导、专家和编纂人员的智慧和汗水。在此，我们一并表示衷心的感谢！

342

　　由于年代久远，时间仓促，编者水平有限，本书难免存在一些史实不够清晰精准、语言粗疏和错漏之处，敬请各位专家和广大读者予以批评指正。

　　本书图片由茂名市老促会、茂南区老促会提供。

茂名市茂南区革命老区发展史编委会

2019 年 6 月